어느 날 갑자기 불면증이 시작되었다

어느 날
갑자기
불면증이
시작되었다

미란다 레비 지음

정다은 옮김

시그마북스
Sigma Books

어느 날 갑자기 불면증이 시작되었다

발행일 2022년 3월 2일 초판 1쇄 발행
지은이 미란다 레비
옮긴이 정다은
발행인 강학경
발행처 시그마북스
마케팅 정제용
에디터 최윤정, 최연정
디자인 김문배, 강경희

등록번호 제10-965호
주소 서울특별시 영등포구 양평로 22길 21 선유도코오롱디지털타워 A402호
전자우편 sigmabooks@spress.co.kr
홈페이지 http://www.sigmabooks.co.kr
전화 (02) 2062-5288~9
팩시밀리 (02) 323-4197
ISBN 979-11-6862-011-7 (03180)

THE INSOMNIA DIARIES

* **시그마북스**는 (주)**시그마프레스**의 자매회사로 일반 단행본 전문 출판사입니다.

좋은 잠이야말로 자연이 인간에게 부여해주는 살뜰한 간호부다.

- 윌리엄 셰익스피어

차례

제3장 커튼 걷기

후기

추천의 글

소피 보스토크 박사

"제일 효과 좋은 조언 3가지만 해 주실래요? 200자 정도로 써야 해서요…"

가슴이 철렁한다. 수면 과학 분야에서 일하는 사람이라면 다들 이런 요구를 걱정한다. 돕기 싫은 게 아니다. 무조건 도와야 한다. 나는 증거 기반 수면 진료가 더 접근성이 높아지기를 열렬히 지지하는 사람이다. 보통 때라면 최선을 다해 필수 조건 3가지나, 5가지, 아니면 7가지 목록을 알려 주겠지만, 나는 글자 수 제한을 전혀 못 맞추는 사람이다. 문제는 불면증을 오래 앓았을수록 일반적인 조언이나 비결이, 더 나은 수면을 위한 열쇠가 될 확률은 적다는 것이다.

수면 과학은 그리 어렵지 않지만, 수면 체계에는 까다로운 부분이 제법 많다. 수면 체계가 오랫동안 깨져 있었다면 원래대로 되돌리기가 더 어려워진다.

그래서 처음에 미란다 레비를 소개받았을 때, 당시에 미란다가 〈텔레그래프〉 칼럼니스트여서 전화를 받기가 좀 꺼려졌다는 걸 인정해야겠다. '오래 안 걸리겠지'라고 중얼거리며 도서관에서 나왔는데, 40분 뒤에도 여전히 통화하면서 주차장을 15바퀴나 돌았다. 도서관에 컴퓨터를 열어 두고 나온 게 생각났다. (디카페인) 커피는 차갑게 식어 있었다. 안으로 들어가야 했다.

미란다는 달랐다. 불면증 치료법으로 뭘 추천하는지 알려고 하는 데 그치지 않고 정말로 이해하고 싶어 했다. 통화하는 도중에 미란다가 "네, 이미 그렇게 해 봤는데 안 통하더라고요"라고 했던 기억이 난다.

기자는 보통 그런 식으로 말하지 않는다. 그건 수년간 잠을 제대로 못 자면서 살아온 사람이 하는 말이다. 나는 심호흡을 한 다음 마음 사로잡기 공세를 벌였다. 연구 결과에 따르면 효과가 가장 좋다는 치료법 대신이었다.

몇 년 동안 불면증과 씨름한 사람이 온갖 새로운 '해결 방법'을 어느 정도 냉소적으로 받아들이는 것도 전적으로 이해가 간다. 진짜와 가짜를 분간하기가 어려우니까. 안타깝게도 수면이라는 분야에는 수상쩍은 만병통치약이 참 많다.

아마 여러분은 '그래, 근데 이게 나한테 도움이 될까?'라고 생각하면서 이 책을 집어 들었을 것이다.

내가 약속해 줄 수 있는 건 없지만, 나는 여러분이 미란다의 이야기에 빠져드는 동시에 새로운 것도 배우리라 생각한다. 한 사람이라도 미란다와 비슷한 길을 걷지 않는다면, 이 책은 가치가 있다. 이 책이 그 이상이 되었으면 좋겠다.

불면증은 외로운 질환이다. 그저 남이 잘 때 혼자 깨어 있어서 그런 것만은 아니다. 수면이 부족한 뇌에서 일어나는 현상 때문이기도 하다.

뇌는 수면 부족을 경고 신호로 받아들이도록 진화했다. 우리 조상은 넷플릭스보다는 약탈자 때문에 깨어 있었을 가능성이 더 크다. 수면이 부족하면 초경계 상태로 반응하는 경향이 있는 것도 그 때문이다. 우리는 잠재적인 적에 더 예민하게 반응한다. 예를 들면, 우리는 무표정한 얼굴에서 위협을 느끼고는 본능적으로 그런 사회적 상황에서 벗어나려 한다. 뇌가 자신을 방어하도록 에너지를 전달하면, 우리는 자원을 의사 결정 기제 중에 더 이성적인 부분에서 다른 곳으로 보낸다. 그러면 더 충동적으로 행동하면서 감정을 잘 통제하지 못하게 된다.

단기적으로 보면 성급하게 반응할 수 있다는 뜻이다. 하지만 장기적으로는 집중하고, 배우면서 기억하려 하며, 힘주어 말하려고 애쓴다. 논리적이면서 이성적인 결정을 내리려고도 한다.

수면과 정신 건강은 떼려야 뗄 수 없다. 잘 못 자는 사람은 잘 자는 사람보다 미래에 불안증과 우울증을 겪을 확률이 2배나 높다. 걱정하며 뜬눈으로 밤을 지새우는 사람에게는 놀랄 일도 아니다. 하지만 희소식도 있다. 바로 수면의 질을 높이면 정신 건강에 도움이 된다는 점이다.

*

수면 과학에 열정이 넘치는 사람이라면 으레 그렇듯, 나도 이 분야에 우연히 빠져들었다. 나는 늘 어떡하면 사람들이 행복해질지가 궁금했다. 의사가 되어 사람을 돕는 일이 마음에 들었던데다 시험에 합격하는 재주가 있었던 덕에 의과 대학에 들어가 학사 학위를 땄다. 하지만 의대 4학년 때 진짜 불행한 사람을 마주했다. 안타깝게도 나한테는 매일 빙글빙글 소용돌이치는 감정을 당해 낼 재간이 없었다.

나 역시 진료를 받았다. 감당하지 못하리라고 생각했으니까. 나 역시 수백만 명이 그랬듯 항우울제를 처방받았다. 22살이었다. 심리 치료를 받으려면 6개월이나 기다려야 했다. 줄줄이 이어지는 부작용 목록을 보니 겁이 잔뜩 났다. 알약에 의존하며 직업을 둘러싼 고민을 해결하는 대신 약을 쓰레기통에 버린 뒤 대학을 중퇴하고 다른 길을 찾으려 했다.

의과 대학에서 수면을 많이 다루지는 않았다(우리는 특히 음주와 관련된 각종 수면 박탈에 무진장 익숙했지만). 내 기억에 수업에서는 몸과 뇌를 서로 다른 기관으로 분류했다. 심장과 혈액순환, 간, 폐와 기도, 소화, 면역 체계 등이었다. 불면증은 수면 무호흡증, 기면증, 하지 불안 증후군이랑 같이 50분짜리 수업에 끼어 들어가 있었다. 진짜 기면증밖에 없었다. 기면증은 갑자기 급격하게 한바탕 잠에 빠져드는 증상이다. 새내기 의대 수강생으로서는 좀 궁금한 분야였다. 영국 인구의 대략 10퍼센트 정도가 불면증을 앓는데, 기면증은 0.1퍼센트도 채

안 된다.

나는 몇 년 뒤에 대학으로 돌아와 박사 학위를 마쳤다. 여전히 행복에 관심 있었다. 왜 행복한 사람이 덜 행복한 사람보다 더 오래 사는지 연구해 보기로 마음먹었다. '정신 생물학' 분야에서는 사고, 행동, 생리 현상 사이의 연관성을 연구한다. 의과 대학에서는 알지 못하던 부분이었다. 행복이나 만족감처럼 긍정적인 감정을 겪으면 스트레스 호르몬, 혈압이나 염증 등에 직접적이면서 눈에 띄는 효과가 나타난다. 그렇다면 감정을 조절하면서 긍정적인 감정도 끌어 올리려면 어떻게 해야 할까? 그러려면 신체 활동, 건강한 식습관, 그리고 수면이 꼭 필요하다.

우리는 잠을 자야 기분이 좋고, 상태도 좋아 보인다. 잠을 자면 배울 수 있으며, 집중력도 향상된다. 체중을 관리하는 동시에 자기 관리도 더 잘할 수 있고, 건강을 해칠 위험성도 줄어든다. 완전히 공짜이기도 하다. 나는 기초 의학 교육을 받았는데도 매번 깜짝 놀랐다. 성인 10명 중 1명이 수면이라는 만병통치약을 손에 넣지 못한다는 뜻이니까. 가장 먼저 권장하는 (아니면 처음 접하는) 불면증 치료법은 사실 약물치료가 아니라 증거 기반 비약물성 치료와 불면증을 위한 인지 행동 치료라는 걸 안 뒤에는 더 깜짝 놀랐다. 이 부분은 책을 통해 더 자세히 알게 될 것이다.

나는 옥스퍼드 대학교 교수이자 수면의 전설인 콜린 에스피에게 수면을 배웠다. 콜린은 국민 보건 서비스에서 임상 심리사로 수십 년 동안 일한 뒤에 옛 환자와 함께 슬리피오라는 디지털 프로그램을 만

들어 불면증을 위한 인지 행동 치료의 접근성을 높이기로 마음먹었다. 나는 6년간 연구하면서 수면의 중요성과 디지털 불면증을 위한 인지 행동 치료를 지지하다가 독립해 수면 전도사가 되었다. 그때부터 개인, 기업, 의료계 종사자, 일류 운동선수, 군인, 경찰과 일하며 수면을 개선하고 수면의 질을 높이도록 도왔다. 나는 내 직업이 세상에서 손꼽힐 만큼 멋진 것 같다.

미란다가 전해 줄 의학과의 만남과 관련된 배경을 설명하고자 내 경력이 색다른 쪽으로 흘러간 이야기를 적었다. 의학 교육은 틀림없이 발전했고, 다행히도 국민 보건 서비스에서 정신 건강 질환에 심리 치료를 활용할 가능성도 눈에 띄게 늘었다. 하지만 수면 과학을 제대로 교육받지 못한 현직 의사가 많다. 이들은 행복한 감정뿐 아니라 수면에도 영향을 끼치는 일상생활, 생각, 행동, 신체 증상, 힘이 되어 주는 사람 사이의 상관관계를 반영하는 방식으로 교육받지는 않았을 것이다.

요즘 잠을 제대로 못 자서 병원에 가면 실력이 제일 뛰어나고, 성실하며, 사람 좋은 지역 보건의마저도 기본 진료 예약 시간인 8분 안에 불면증의 원인이 될 법한 부분을 제대로 진단하고 대안 치료법을 의논하는 데 애를 먹을 것이다. 툭 터놓고 말하자면, 약을 처방하는 게 훨씬 빠르다. 수면제를 처방받아야 한다고 생각하는 환자가 대안을 믿도록 설득하려면 의사가 엄청나게 단호해야 한다.

미란다가 이 책을 쓰고 있다고 했을 때, 나는 3가지 이유로 하늘을 둥둥 떠다니는 느낌이 들었다.

첫째, 아무리 어두운 화제라도 미란다의 글솜씨라면 재미있어질 테니까. 미란다의 글은 꼭 롤러코스터 같다.

둘째, 여러분이나 주변에 마음 쓰이는 사람에게 고비가 찾아와서 미란다와 비슷한 길에 접어들기 전에 이 책을 접하길 바라니까. 누구든지 잠을 제대로 못 잘 수 있다. 이 책을 통해 흔한 함정은 피하면서 해결책으로 이어지는 지름길로 갈 수 있도록 잘 준비할 수 있을 것이다.

셋째, 지금 잠을 제대로 못 자서 고통받고 있다면 이 책으로 외로움을 덜 수 있었으면 좋겠다. 혼자서만 흔치 않은 문제를 겪고 있다는 생각이 들 텐데, 꽤 일리 있는 이야기긴 하다. 아무도 여러분과 같은 삶을 겪어 보지는 않았으니까. 하지만 이 책을 읽다 보면 그런 감정을 느끼는 데는 그만한 이유가 있으며, 효과적인 치료법이 있다는 점을 알게 될 것이다. 아무리 안 좋은 일처럼 보일지라도 희망은 있다.

2020년, 소피 보스토크 박사

주의 사항

불면증으로 고통받는 수백만 성인에 속하는데다 걱정도 된다면, 의사나 자격을 갖춘 의료인과 상의하길 바란다.

저자는 의료계 종사자도, 이 책에 나오는 불면증 분야 전문가도 아니다. 책에는 불면증과 관련된 저자의 경험과 생각이 반영되어 있다. 저자는 다른 사람의 의견을 참고하고 해석하기도 한다. 이 책은 어떤 질병도 진단하거나 치료할 목적으로 집필되지 않았으며, 이를 목적으로 사용해서도 안 된다. 책에 나오는 어떠한 개념이나 정보를 활용하든 간에 모든 책임은 독자에게 있다.

제1장

어둠이 밀려오다

3년 차

6월 29일
0시간, 0분

11시 47분이다. 옆집 사는 10대 남자애가 술 먹고 집에 들어오면서 문을 쿵 닫는다. 1시간 뒤, 지하철 막차가 덜커덩덜커덩 지나간다. 베개를 탁탁 쳐서 차가운 부분을 찾는다. 창문은 열지 않는다. 새가 짹짹 울어대며 아침을 알리는 소리를 듣는 게, 다음날이 시작되려 한다고 확인하는 게, 겁이 나니까. 게다가 난 또 실패했다. 잠을 청하는 데 실패했다. 수면은 인간의 기본적 권리라고들 하는데.

하지만 난 제네바 협약에 어긋나도록 붙잡힌 포로 신세가 아니다. 아무도 내 잠을 빼앗아 가지 않았다. 난 전극에 연결되어 있지도 않다. 밤새도록 얼굴에 네온사인이 번뜩이는 것도 아니다. 암막 블라인드도 있고, 킹사이즈 침대를 독차지한다. 내 적은 멈추는 법을 까먹은 뇌랑 몸이다.

다시 뒤척이며 리글리 껌이 쭉 늘어나듯 이불을 끌어 올린다. 생각을 어디에다 갖다 두어야 하나? 뭔가를 읽자니 기운이 너무 없다. 글씨가 눈앞에서 춤을 춘다. 몸이 힘들어서 책을 들 수도 없다. 어떨 땐 밤에 머릿속에서 소설을 쓴다. 온갖 등장인물이 변화하는 이야기다. 하지만 너무 피곤해서 종이에 펜을 갖다 댈 수조차 없다.

오늘 밤에는 〈토크스포츠〉라는 라디오 채널을 튼다. 아침 일찍 하는 프로그램인데, 신랄한 디제이 두 명이 나온다. 이름은 투 마이크스다. 내가 이걸 왜 듣는지는 모르겠지만, 둘이서 내 인생이랑은 아무 상관도 없는 이야기를 두고 농담하는 걸 들으니 위로가 된다. 가족, 친구랑 일을 '버린다'라는 죄책감도 안 든다.

이제 새벽 3시 56분이다. 나랑 자명종에 뜬 빨간색 글씨뿐이다. 잿빛이 블라인드 아래로 비집고 들어온다. 비행기가 하늘 높은 곳에서 빙빙 돌기 시작한다. 우유 배달부가 짐을 배달한다(대체 요즘 같은 시대에 누가 아직도 우유를 배달받는 거지?). 이제 뜻밖의 문제가 생긴다. 새가 새벽 합창을 시작한다. 또 다른 끝없는 하루가 시작된다는 신호다.

세상 사람들은 태양을 떠받들지만, 난 태양이 지독히도 싫다.

5년 전

1월 15일
하루에 8시간인데, 가끔은 9~10시간일 때도 있음

나는 미란다. 술집에서 퀴즈 맞히는 거랑 얼그레이 홍차(특히 금요일에 애들 내려 주고 학교 엄마들이랑 마시는 거), 잡지 편집 마감하고 진탕 마시는 봄베이 드라이진하고 토닉, 비틀스, 매기 오파렐 소설, 호텔, 페로 앤 볼 페인트, 끌로에 베이 백, 수다 (엄청) 떨면서 깔깔 웃는 걸 좋아한다. 잠은 오후 9시 30분에 자는 게 최고다. 초등학교에 다니는 두 아이 덕분에 깜짝깜짝 놀라면서도 행복하다.

난 무식한 거랑 아포스트로피를 잘못 쓰는 게 싫다.

근데 앞으로 10년 뒤에는 뭘 좋아하고 싫어할지 더는 모르겠지. 그때쯤이면 내 생각도, 성격도 거의 기억 못 할 거다. '불면증 쇼크' 기간이랑 거기에 딸려 오는 '정신과 사파리 여행'을 하는 동안 직업,

집, 외모를 잃을 테고. 잠깐 가족도 잃을 거다. 물론 제정신도. 사실 내가 유일하게 얻게 되는 거라고는 확 찐 살뿐이다.

5월 12일
8시간, 15분

40번째 생일 밤이다. 줄줄이 꿰고 있는 것 같다. 이번 주말에는 불빛이 번쩍번쩍 빛나는 파티에서 친구 50명을 반겨 주려고 한다. 런던 북쪽에 있는 빅토리아풍 테라스 뒤쪽 정원에서 말이다.

양귀비 무늬가 있는 조셉 드레스를 입고, 전매특허 자줏빛 메리 제인 구두를 신을 생각이다. 내가 얼마나 운 좋은 사람인지 돌이켜본다. 16년간 여성 잡지, 국내 신문사 기자로 일한 뒤에 막 최고 육아 잡지 편집장으로 자리 잡았다. 똑똑하고 훌륭한 자식이랑 잘생긴 전문직 남편도 있다.

옷장에는 유행을 한발 앞서는 구두랑 핸드백이 그득하다. 우쭐대는 게 아니다. 그래, 난 완전히 만족한다.

1년 차

4월 8일
8시간, 32분

내가 아이들을 학교에 데려다줄 차례인데, 늦고야 말았다. 역 근처에 차를 댄 뒤 지하철에 올라탄다. 오늘 아침에는 회의가 있다. 육아용품(유모차, 카시트, 기저귀)을 확인하는 일을 논의하려 한다. 연례 잡지 시상식을 앞두고 미리 점검하는 거다. 시상식은 11월에 열릴 예정이다. 유축기 쪽 사람들이 또 성가시게 군다.

　이제 2년쯤 일하면서 자신감이 늘었다. 시간은 좀 걸렸지만, 유능한 팀도 꾸렸다. 우린 잡지를 다시 디자인했다. 난 영국 잡지 편집자 협회상(전문가) 후보에 두 번이나 올랐다.

　난 이것저것 모아서 '결과'를 내는 일에 엄청 만족한다(요즘 같은 플랫폼 시대에는 교육과 동사는 명사가 되었다고들 한다. 그 반대도 마찬가지다. 정말로 얼마 전에 신입 사원 '교육' 이야기를 한 사람이 있다. 다들 죽기 살기로 골라야 했다). 기자랑 디자이너를 감독하는 일은 정기 간행물 비즈니스 면에서 새 정보를 입수하는 것만큼이나 보람 있다.

여성지(아기와 관련된 것도) 업계는 화려하다. 나는 초기에 고급 잡지사 몇 곳에서 일했고, 글쟁이로서 국내 타블로이드판 신문사 몇 군데를 거쳤다. 내 주 업무는 파크 레인 호텔에서 유명인사에게 시상을 하는 것이다. 저녁 식사가 나오기 전에 일어서서 600명 앞에서 환영사를 읽어야 한다. 프롬프터도 쓴다.

일하는 동안 다른 곳에서는 덜 유명한 사람이랑 사진 촬영을 하고 커피를 마신다. 올해 초에는 부편집장이랑 같이 당시 런던 시장이었던 보리스 존슨이 여는 행사에 참여했다. 우리는 술에 좀 취해서 보리스 존슨한테 런던 지역에서 유모차를 끌고 다니기가 말도 안 되게 어렵다고 열변을 토했다. "옥스퍼드스트리트에 유모차 도로를 놔 달라고요!"라고 따지면서 불쌍한데다 당황하기도 한 보리스 시장의 가슴을 쿡 찔렀다.

난 이 출판사에서 일하는 데 만족한다. 상사랑도 잘 지낸다. 지금 자리에서 성장하면 더 크고 주류인 잡지사 편집장으로 지원할 수도 있을 듯하다.

시상식 회의가 끝난 뒤에는 소호에 있는 식당에서 기고가랑 점심을 먹는다. 그다음에는 원고를 교정한다. 우리가 새로 고용하기로 한 삽화가의 포트폴리오를 본다. 하루가 휙 지나간다. 서둘러 집에 와서 방과 후에 아이들을 돌봐 주던 보모를 퇴근시킨다. 아이들을 씻긴 뒤 재운다. 피노 누아 와인을 한 잔 따른다. 한 잔 더 따른다. 선거를 앞두고 수다 떠는 걸 보다가 블랙베리로 이메일을 확인한다.

밤 10시 30분쯤 목욕하고 책 좀 읽다가 바로 잠이 든다. 아침 7시가 되기 직전에 눈뜬다.

7월 16일
7시간, 22분

손에 세인스버리 쇼핑 봉투를 쥔 채 앞문을 통과한다. 난 아직도 파워 플레이트 수업용 운동복 차림이다. '마법의 금요일'에 출근을 안 하면 하는 일과다. 남편이 거실에 서 있는 모습을 보니 놀랍다.

남편이랑 난 13년간 같이 살았다. 결혼한 지는 9년 되었다. 하지만 일이 바쁜데다 20개월 차이로 태어난 두 아이 때문에 피로도 쌓이다 보니 우리 둘 사이에 금이 가기 시작했다(난 42살이고, 남편은 몇 살 연하다). 얼마 동안 상황이 안 좋긴 했다. 하지만 난 일이랑 친구, 가족한테 집중하면서 잊어버리려고 했다. 남편이 말을 꺼낸다. 내 귀에는 일부만 들어올 뿐이다. 그래서 당황스럽지만, 결과는 이렇다. 남편은 결혼 생활을 끝내고 싶어 한다.

사람들이 '슬라이딩 도어즈 모먼트'* 이야기를 하는 걸 들었다. 내

---

* sliding doors moment: 지하철 문이 닫히는 찰나에 탈지 말지 고민하듯, 순간의 선택 때문에 전혀 다른 삶이 펼쳐진다는 뜻.-옮긴이

편이 갑자기 사라진다는 이야기였다. 이제 그 말뜻을 알겠다. 다시는 아무것도 예전 같지 않겠지.

그다음엔 어떻게 되었는지 제대로 기억나지 않지만, 나한테는 할 일이 하나 있다. 흔들리지 않을 작정이다. 다음 날은 아들의 6번째 생일이라 축구 경기장 모양 케이크를 만들 거다(세인스버리 쇼핑 봉투에는 밀어서 펴 바를 아이싱, 초록색 식용 색소랑 골문이 들어 있다. 종이에 밑그림도 그려 두었다. 대단한 업적이 될 예정이었다. 난 제빵사가 아니니까). 어쨌든 잠결에 케이크를 만든다. 어느 순간 절친이랑 통화하다 펑펑 운다. 근데 거의 아무 생각 없이 이러고 있다.

평소처럼 자기 전에 식구들이랑 인사한 뒤 밤 11시쯤 잠자리에 든다. 하지만 새벽 2시가 지날 때까지 못 자다 4시 30분쯤 깬다. 쭉 미끄러지는 기분이다. '그때로 되돌아'가고 싶지 않다.

7월 17일
2시간, 13분

아들이 축구 파티를 한다. 기억이 하나도 안 난다.

7월 18일
35분

'그때로 되돌아간다' 함은 몇 년 전에 불면증을 6개월간 앓았던 시절로 돌아간다는 뜻이다. 크리스마스가 되기 며칠 전이었다. 웩웩 구역질을 하다 문득 참을 수 없는 복통에 시달렸다. 아이들이 유치원생이었던 만큼 위장염이 옮았다고 생각했다. 지역 보건의는 결국 내가 아침 일찍 응급실에 갈 때까지 3일 동안 계속 집에 돌려보냈다. 그리고 맹장이 터졌다고 진단받았다.

그렇게 크리스마스날 복막염과 패혈증으로 응급 수술을 받았다. 의사는 살아 있는 게 다행이라 했다.

실력 좋은 외과의 덕분에 몸에는 아무 탈 없었지만, 2주 동안 환하고 시끄러운 국민 보건 서비스 병동에서 정맥용 항생제를 맞고 있자니 잠자는 데 심하게 방해되었다. 이상하게도 집에 돌아와서 어두컴컴하고 조용한 방에 누웠는데도 나아지질 않았다.

몇 달 동안 불면증 때문에 정상 생활을 할 수가 없었다. 프리랜서 기고가로 일할 수도, 그때는 걸음마 단계였던 아이들을 제대로 돌볼 수도 없었다. 가끔 처방받은 수면제가 도움이 되긴 했지만, 고작 밤에 몇 시간만 먹힐 뿐이었다. 여전히 엄마로서 최선을 다하려고 하는데도 역부족이었고, 남편이 소매를 걷어붙였다(내가 평생토록 고마워할 부분이다). 아무튼 내 입맞춤은 뜨뜻미지근했다. 난 온종일 아이들을 씻기고 책을 읽어 줄 준비만 했다.

동화책에 나오는 이야기가 중국어로 되어 있었는지도 모른다. 골디락스, 메그와 모그, 찰리와 롤라는 다 나를 놀리려고 음모를 꾸민 것 같았다. 다들 한결같이 잠들었으니까.

결국 난 남편이 도와주고 이해심 많은 정신과 의사가 트라조돈(진정성 항우울제로, 소량만 복용해도 수면에 도움이 된다고 들었다)을 '필요량 이하'로 처방해 준 덕분에 나아졌다. 매일 밤 거의 눈에 띄지 않을 만큼 조금씩 더 자더니 점점 더 괜찮아졌다. 이후 4년 동안은 좋았다. 그냥 좋은 정도가 아니었다. 육아 잡지 편집장이 되었고, 하루에 8시간에서 9시간, 가끔은 10시간씩 자기도 했다.

이번에는 치료할 시간도, 도와줄 남편도 없다. 4년 전에 진료받은 전문의한테 연락했건만, 그 사람은 은퇴했단다. 내가 정말 새로운 전문의한테 다시 상담받고 싶은 걸까? 고작 며칠 못 잤을 뿐인데?

불면증이란?

'불면증'이라는 용어는 이런 상태를 나타낼 수 있다.

- 잠들거나 푹 자기가 어렵다. '비회복성 수면'을 겪을 수도 있다(즉, 아침에 개운치 않다는 뜻이다).
- 잘 시간이 있고, 계속 깨어 있을 만한 외부 요소가 없는데도 위 증상이 있다.
- 다음날 일할 때 짜증이 나거나 상태가 안 좋게 느껴진다(건강이 안 좋아진 느낌과 고통을 많이들 느낀다).

불면증은 얼마나 흔할까?

연구진에 따르면 성인의 30퍼센트가 불면증을 겪는데, 이 수치를 50퍼센트로 추정하기도 한다. 열 명 중 한 명은 만성 불면증에 시달린다.

다들 적어도 며칠은 제대로 못 잔 적이 있다 해도 과언이 아니겠지. 그럼 얼마나 기운이 쭉 빠지는지도 알 테고.

누가 제일 위험할까?

불면증은 누구한테든, 언제든 앙심을 품고 찾아올 수 있다. 하지만 다음과 같다면 불면증에 더 시달릴 수 있다.

- 여성인 경우: 한 논문에 따르면 여성은 남성보다 불면증에 걸릴 확률이 40퍼센트 높다. 불면증은 임신 중에, 도한*이 날 때와 폐경기에 호르몬 변화가 생길 때 나타날 수 있다. 여성은 직장에 다니더라도 어린아이와 연로한 부모를 책임지며 돌볼 확률도 더 높다. 스트레스를 자주 받을 만도 하다.
- 60세 이상인 경우: 나이가 들면서 생물학적 변화가 일어나면 잠자기가 더 어려워진다. 예를 들면, 노인은 일주기 리듬(체내 시계)이 바뀌어서 초저녁부터 잠이 오고, 다음날 너무 일찍 일어난다. 나이와 관련된 질환, 예를 들면 만성 폐쇄성 폐 질환과 알츠하이머병도 불면증을 유발할 수 있다.
- 수면 무호흡증에 시달리는 경우: 잠시 반복적으로 호흡이 중단되는 증상 때문에 밤에 잠을 설칠 수 있다.
- 몸이 아프거나 고통스러운 감정을 느끼는 경우, 아니면 뭔가 걱정되는 경우
- 일주기 리듬이 엉망진창인 경우: 평일에 잠을 줄였다가 주말에 '수면 부채'** 를 보충하려 하기 때문일 것이다. 야간 교대근무를 하거나 잘 시간을 놓쳐서 그럴 수도 있다(261쪽에서 시차가 있어도 잠자는 장거리 비행사의 팁 참고).

---

* 수면 중에 나는 식은땀.-옮긴이
** 수면이 불충분해 건강에 부정적인 효과가 누적되는 경우.-옮긴이

불면증에는 어떤 종류가 있을까?

급성 불면증: 단기성 불면증으로 가장 흔하며, 스트레스와 관련 있을 때가 많다. 예를 들면, 면접 등 일 때문일 수도 있고, 사랑하는 사람이 세상을 떠나서 그럴 수도 있다.

이 유형은 보통 몇 주 내로 해결된다. 반면에 '적응성 불면증'이라는 불면증의 원인은 다음과 같다.

- 소음이나 불빛 등 환경적 요인. —예: 새 집에 커튼이 없을 때, 이웃집에서 파티를 벌일 때, 새로 태어난 아기가 제멋대로 굴 때.
- 호텔 등 낯선 침대에서 잘 때.
- 수술 후 통증이 있거나 허리가 안 좋은 등 몸이 불편할 때. 알레르기가 있을 때.
- 일반 의약품을 복용했을 때. 아나딘 엑스트라와 비샴 콜드 앤 플루 캡슐에는 카페인이 들어 있어서 수면을 방해할 수 있다. 프로 플러스나 과라나처럼 '밤새' 공부하거나 파티할 때 복용하는 보조제에도 카페인이 대량으로 함유되어 있어서 수면에 정말 도움이 안 된다.

만성 불면증: 일주일에 최소 3일, 3개월이 넘도록 자는 데 어려움을 겪는다면 의사가 '만성'으로 진단할 것이다. 불면 상태가 이토록 오래가는 데는 여러 가지 원인이 있다.

- '수면 위생'의 질이 낮을 때(34쪽 참고).
- 천식, 갑상선 기능 항진증, 위-식도 역류 질환, 파킨슨병 등 질병을 앓을 때.

- 수면 무호흡증(192쪽 참고) 등 수면 관련 질환이 있을 때.
- 우울증, 불안증, 외상 후 스트레스 장애 등 정신 질환이 있을 때. 보통 정신 '질환'이 있으면 수면에 방해되는 경우가 많다. 수면 과학자이자 전문가인 소피 보스토크 박사는 "스트레스가 나타나는 형태는 다 달라요. 다른 말로는 '과잉 각성'이라고도 해요. 신경을 끊을 능력이 없다고 보기도 하고요. 본인은 스트레스를 받았는지조차 느끼지 못하지만, 실은 늘 '받은 상태'예요"라고 말한다.
- 항우울제(뭐가 문제인지 알겠는가?)나 스테로이드 등 약을 먹었을 때.
- 생활 방식과 관련된 요소가 있을 때. 교대근무나 장거리를 자주 다니는 것이 그 예다. 일주기 리듬은 수면-각성 주기, 물질대사, 체온을 관리한다. 이렇게 자연 주기에 지장이 생기면 자고 싶을 때 잘 수가 없다.

7월 19일
0시간, 0분

짜증이 나고 지친다. 앞날도 걱정된다. 일요일 밤에 P한테 간다. '학교 엄마'인 친군데, 치료사로 일한다. 우린 오랫동안 친구로 지냈다. 도의적인 이유로 P가 날 정식으로 상담하진 않지만, 그렇게 해 줄 만한 동료는 소개해 준다. 지금은 나중을 위해 아껴 둔다.

P는 내가 이제는 옛 배우자가 된 사람한테 '예의'가 있으면서 '조심스럽게' 대해야 한다고 하더라.

나한테 제일 중요한 일은 잠을 좀 자서 여생을 계속 돌보도록 하는 거란다. 내 불면증 역사를 유난히 잘 아는 사람이라 그렇다.

수면제를 먹으면 어떨지 궁금했다. '약한 불면증 쇼크'가 왔을 때 잠깐 간헐적으로 복용해 봤다. 가끔 수면제를 먹으면 몇 시간 동안 여기저기 끌려다니는 느낌이 들었다. P가 나를 상담해 줄 수는 없다. 하지만 난 다음 날에 지역 보건의를 찾아가서 약 좀 처방해 달라고 부탁하기로 마음먹는다.

7월 20일
0시간, 0분

잠을 못 자니까 멍하다. 출근길에 예약 없이 가도 되는 동네 지역 보건의 진료소에 들른다. 의사한테 개인적으로 안 좋은 일이 있었다고 말한다. 의사가 어쩔 줄 모르며 서두른다. 위는 거의 올려다보지도 않은 채 초록색 처방전을 붙들고 2주치 테마제팜을 처방한다. 옛날에 유행한 수면제다. 그러더니 트라조돈 복용량을 '높인다'. 지난 4년 간 조금씩 복용하며 수면에 도움을 받은 항우울제다.

다시 출근한다. 감사하면서 좋은 기분으로 하루를 맞이한다. 오늘 밤엔 잠 좀 자겠지. 월요일 아침마다 밀린 일을 처리하며 상사한테 무슨 일이 있는지 털어놓는다. 우린 친구니까. 상사는 이해심이 많다. 병원에 예약하면 쉬어도 된다고 해 주기 때문이다. 부부 심리 치료를 받아야 한다면 그러라고도 한다(난 결혼 생활을 지키는 데 전념하고 있다).

상사도 나한테 제일 중요한 일은 잠을 좀 자는 거라고 한다.

첫 번째 불면증 정류장: 지역 보건의

마침 내 올케가 지역 보건의라 참 좋다. S는 내가 '불면증 쇼크'를 겪는 동안 최선을 다했다(물론 직업윤리 범위 안에서다).

S가 모든 의사를 대변할 수는 없다. 하지만 S는 의사한테 불면증을 호소하면 이렇게 될 *거라고* 한다.

"지역 보건의는 다들 여러 가지 방식으로 불면증을 다루겠지만, 전 수면제는 최대한 처방 안 하려 해요. 의사라면 오래전부터 수면제와 관련된 위험성을 알고 있었거든요. 안타깝게도 형편없거나 도를 넘는 지역 보건의는 아직도 너무 빨리 수면제를 처방하지만요."

"전 원인에 따라 다르게 해요. '급성 위기'에 빠진 환자가 오면, 그러니까 예를 들어 남편이 일주일 전에 세상을 떠났다면, 약을 처방하겠죠. 그러기 전에 수면제 약효가 끝내줄 거라고 조심스레 설명해요. 그게 바로 문제 되는 부분이에요. 중독성이 있거든요. 저라면 환자한테 일주일치를 주면서 일주일에 세 알만 먹고, 밤에 연달아 먹지 않는 게 좋다고 말할 거예요. 그 뒤에는 더는 처방 안 한다고 적어 두고요."

"2주 뒤에 환자가 와서 나아지지 않았다고 하면 아미트리프틸린을 써 볼 거예요. 옛날에 유행한 항우울젠데, 진정 효과가 있거든요."

"환자가 만성 불면증을 호소하면 다른 방법을 쓸 거예요. 문제의 뿌리를 깊이 파고들려고요. 우울증을 앓거나 '수면 불안'*에 시달리는 환자도 있어요. 전 늘 수면 위생(34쪽 참고) 이야기를 하는데, 솔직히 환자의 75퍼센트는 불면증과 관련된 조언을 거의 다 실천해 봤어요. 가끔은 저도 조언을 해요. 예를 들면, 가끔 방이 너무 환할 땐 암막 블라인드를 달라고 하죠. 다크 초콜릿을

---

* 잠이 안 오거나 제대로 못 잘까 봐 걱정하는 현상.-옮긴이

끊으라고 할 때도 있고요. 의외로 카페인이 엄청 많이 들어 있거든요."

"하지만 불면증을 잠깐 앓은 사람한테는 수면 위생이 안 통할 거예요. 사실 낯선 걸 해 보면, 예를 들어서 자는 시간을 바꾸거나, 텔레비전을 안 보거나 하면 상태가 더 심해질 수 있어요."

"모든 영국 진료소에서 심리 치료를 접할 수 있어요. 우리 지역엔 '행복 이야기(Let's Talk Wellbeing)'라는 프로그램이 있는데, 불면증에 특화된 건 아니에요. 환자마다 이 프로그램을 다르게 받아들이기도 하고요."

"제가 약을 처방하기로 마음먹는다면, 그건 아마 조피클론(38쪽 참고)일 거예요. 소량으로요. 앞서 말씀드렸듯이 전 일주일치만 처방해요. 14일분을 처방하는 동료도 있긴 하죠. 마지막으로 테마제팜을 처방한 게 언제인지 모르겠네요."

"반면에 디아제팜(바륨이라고도 하는 벤조디아제핀으로, 테마제팜의 '사촌'인 셈)은 가끔 처방해요. 이유는 두 가지예요. 첫째, 환자가 심한 허리 통증을 느낄 때예요. 둘째, '초조성 우울증'을 앓고 있을 때예요. 끊임없거나 참을 수 없는 불안감 때문에 생기죠. 항우울제 치료에서는 선택적 세로토닌 재흡수 억제제라는 약물을 제일 먼저 쓰는데, 처음에 이 약물을 복용하면 상태가 안 좋아진 느낌이 들 수 있어요."

"디아제팜을 쓰게 된다면 2주 동안 소량으로만 처방할래요. 하루에 세 번까지 복용하게 하고요."

"불면증이 있는 사람이 다시 반복해서 찾아오면 우울한지 물어본 뒤에 항우울제를 쓰는 걸 고려할 거예요. 두 번째로 내원할 때부터 계속 기분이 어떤지 물어보겠죠. 기운이 없다거나 절망에 빠져 있는지를요. 국민 보건 서비스에서 제공한 진단 방법을 쓸 테고요."

"항우울제와 관련해서는 선택적 세로토닌 재흡수 억제제가 '최고 표준'이 돼요. 시탈로프람이나 졸로푸트 등이죠. 저는 환자의 90퍼센트에 이런 약을 처방해요. 다른 환자한테는 미르타자핀이라는 약을 처방하고요. 8주 뒤에 호전되지 않으면 복용량을 늘려요. 그로부터 한 달 후에는 다른 선택적 세로토닌 재흡수 억제제를 써서, 환자가 두 가지 약을 먹게 돼요. 제 경험상 효과가 있더라고요."

"5개월에서 6개월 동안 상태가 조금도 나아지지 않고 기분 장애가 되어버린다면, 제가 치료할 수 없다는 뜻이에요. 그럼 정신과 의사를 알아보죠. 드문 일이긴 해요. 지난 2년간 한 명한테만 정신과 의사를 알아봐 주었던 것 같아요."

7월 21일
0시간, 0분

'수면 위생'이라는 말을 들은 기억이 나서 인터넷에서 밤에 '깔끔하게' 잘 수 있는 법을 검색한다. 이런 내용이 나왔다.

자연광을 충분히 쬐라. 밤에 어둡게 하는 것뿐 아니라 낮 동안에 햇빛에 노출되는 것도 건강한 수면-각성 주기를 유지하는 데 도움이 된다.

꼬박꼬박 운동해라. 걷기나 자전거 타기 같은 유산소 운동을 최소한 10분만 해도 수면의 질이 눈에 띄게 좋아진다. 하지만 잘 시간이 다되어서 격하게 운동하면 아드레날린이 분비되어 흥분한 상태가 남아 있을 수 있다.

낮잠 시간을 제한해라. 낮잠을 두고 의견이 분분하다. 낮잠을 아예 자면 안 된다는 전문가가 있는가 하면 잠자기 6시간 전에는 눈을 붙이면 안 된다는 의견도 있다. 20분 이상 낮잠을 자면 안 된다고 하기도 한다. 하지만 낮잠 시간을 제한해야 한다는 점에는 이견이 없다.

규칙적이면서 편안한 수면 일과를 마련해라. 밤마다 규칙적인 일과가 있으면 몸이 수면 시간을 인식한다. 따뜻한 물로 샤워나 목욕하는 게 여기에 들어간다(텍사스대학교 논문에서는 목욕을 '수동적 체온 상승'이라고 한다. 진짜 웃긴다).

가능하면 자기 전에는 감정적으로 불편한 대화나 활동은 피해라(《10시 뉴스》 같은 텔레비전 프로그램에 우울한 내용이 잔뜩 나올 때).

기름지거나 소화가 잘 안 되는 음식은 피해라. 기름지거나, 튀기거나, 매운 음식을 먹으면 소화가 잘 안 되는 사람이 있다. 잘 시간이 다 되어서 먹으면 속이 쓰려서 수면에 방해될 수 있다.

잘 시간이 다 되면 카페인, 알코올, 니코틴 등 각성제는 피해라. 알코올은 적당히 섭취하는 게 중요하다. 술을 마시면 더 빨리 잠드는 데 도움이 된다고 알고들 있지만, 잘 시간이 다 되어서 마시면 자정이 지났을 때 방해가 된다. 그때 몸이 알코올을 분해하기 시작하기 때문이다.

수면 환경을 확실히 가꾸어라. 매트리스와 베개는 편안해야 하고, 침구는 천연 섬유로 된 게 좋다. 침실은 시원해야 하니 18~19℃ 사이가 좋다. 전등, 스마트폰, TV 화면에서 나오는 '블루라이트'는 수면 호르몬인 멜라토닌의 생산을 막아서 잠들기가 어려워질 수 있다. 자기 한 시간 전에는 꺼 두는 게 좋다(행운을 빈다).

암막 블라인드, 안대, 귀마개, 가습기, 선풍기나 다른 기기를 써라. 이런 물품 덕에 수면 환경이 더 어두워지고, 조용해지며, 편안해질 수 있다.

수면제, 항우울제와 기타 '수면 보조제'

'수면제'랑 항우울제는 다르다.

수면제는 단기적인 해결 방법이지만, 항우울제는 장기적으로 기분이 나아지게 해 준다고 한다.

벤조디아제핀

가장 악명 높은 수면제는 벤조디아제핀(줄여서 '벤조'라고도 함)과 접미사 '팜'으로 끝나는 약이다. 이는 진정제로, 가바(감마-아미노뷰티르산)라는 뇌 화학 물질의 효과를 높여서 더 안정되고 졸리게 된다.

요즘 벤조는 원칙적으로 안 쓰는 추세다. 오래전부터 의존이나 중독될 위험성이 있다고 정평이 났기 때문이다.

내가 지역 보건의한테 조언을 구했을 때, 국민 보건 임상 연구원 지침은 벤조디아제핀 수면제는 불면증이 심하거나, 장애가 생기거나, 극심한 고통을 겪을 때만 쓸 수 있다고 되어 있었다. 그다음에는 가능하면 최소량을 최대 4주까지만 간헐적으로 복용해야 했다. 요즘에는 불면증을 치료할 때 더는 벤조를 '일상에서 권장'하지 않는다. 하지만 듣자 하니 아직도 술집에서 나오는 땅콩처럼 줄 때도 많다고 한다.

벤조마다 '반감기'(몸속에서 왕성하게 활동하는 시간)도 다르다. 수면제는 반감기가 짧다. 신경 안정제는 몸에서 빠져나가는 데 더 오래 걸린다. 반감기가 짧은 약은 중독성이 더 심하다고 한다.

다음은 벤조에 포함되는 것들이다.

테마제팜(더는 거의 처방되지 않는 수면제)과 **디아제팜**(바륨이나 '마더스 리틀 헬퍼'라고 하는 약). 디아제팜은 1960년대에 지독히도 과다하게 처방되었다.

로라제팜은 병원에서 많이 사용되며, 리브륨(**클로르디아제폭시드**)은 알코올 금단 증상에 도움이 된다.

악명 높은 데이트 강간 약물 로힙놀(**플루니트라제팜**) 역시 벤조다.

클로나제팜(상표는 리보트릴)은 항불안 용도로 처방한다. 내가 '입문'한 약이다.

곧 알게 되겠지만, 난 벤조 때문에 *끔찍한* 문제를 겪었다.

부작용은 다음과 같다.

- 졸음
- 어지러움증
- 혼란스러움
- 근력 저하

- 기억력 문제
- 금단 증상과 의존성 문제

'Z-약물'

요즘 지역 보건의는 대부분 불면증에 벤조보다는 Z-약물[Z-drugs]을 처방할 것이다(영국에서는 보통 조피클론을 준다). Z-약물은 불면증에 효과가 있으면서도 벤조보다 중독성은 적은 해결책을 찾고자 개발되었다. 아직도 Z-약물이 습관성이 적다고 믿는 의사가 많다.

'Z-약물'에는 **조피클론**(지모베인)과 **졸피뎀**(스틸녹트)이 포함된다. 마케팅 전문가가 끝내주는 걸 약속이나 하는 듯한 약 이름을 짓는 방식이 마음에 들지 않나? (미국에서는 졸피뎀을 엠비언이라고 하는데, 인도 남서부 고아에서 열리는 멍한 광란의 파티가 떠오른다.)

국립 보건 임상 연구원에서는 2015년에 이렇게 밝혔다.

"지침에는 효과성, 악영향, 의존성 또는 남용 가능성 측면에서 보면, 'Z-약물'과 짧은 시간 동안 작용하는 벤조디아제핀계 수면제 사이에 임상적으로 유의미한 차이가 있다는 강력한 증거는 없다고 되어 있다."

즉, 똑같이 나쁘다는 말이다.

내가 Z-약물을 처음 처방받았을 때, 벤조랑 치료 지침이 똑같았다. 최대 4주만 처방하고, 간헐적으로만 복용해야 했다. 하지만 2020년 1월에 지침이 바뀌었다. 이제 국립 보건 임상 연구원에서는 비약물성 조치가 효과가 없거나 불면증이 심각할 때, 장애가 생기거나 극심한 고통을 겪을 때만 단기적으로 수면제를 처방하라고 권한다(2~3주 동안).

나는 글을 쓰던 시기에 10년 동안 Z-약물을 먹었다 끊었다 했다.

부작용은 벤조랑 비슷하다. 보스토크 박사에 따르면 두 약물 때문에 '죽을 위험성'이 높아진다. 지독하다.

다른 수면제

항히스타민제: 주로 알레르기 비염과 다른 알레르기를 치료하는 용도로 쓴다. 항히스타민제는 졸음을 유발할 수 있어서 단기성 불면증에도 활용한다. 일반 의약품이다. 예를 들면, 나이톨에는 항히스타민계 디펜히드라민이, 나이트 너스에는 프로메타진이 들어 있다.

불면증에 벤조 대신 **프로메타진**(페네르간이라고 함)을 처방하는 의사도 있다. 효과를 보는 사람도 분명히 있지만, 정말 많이 진정해야 하는 사람(즉, 나)한테는 항히스타민제가 조금도 안 먹힌다. 난 심리적인 이유에서 그랬을 수도 있다. 어릴 때 멀미약으로 페네르간을 처방받은 기억이 나서 별로 심각하게 받아들이지 않았던 듯하다.

부작용은 다음과 같다.

- 졸음. 조정 능력, 반응 속도, 판단 능력이 감소하는 만큼 운전하거나 '중장비'를 다루는 사람한테는 추천하지 않는다.
- 입 마름
- 흐릿한 시야
- 소변 보기가 어렵다(확실함).

멜라토닌: 몸에서 자연적으로 생성되는 호르몬으로, 일주기 리듬을 조절한다. 밤에는 뇌가 멜라토닌을 더 많이 생성해서 졸리게 된다. 햇빛 때문에 멜라토닌 생성량이 줄어들면서 잠에서 깨게 된다.

제약회사에서는 한동안 실험실에서 멜라토닌을 합성했는데, 주로 알약 형태가 가장 흔했다. 합성 멜라토닌은 수면-각성 주기를 조절할 때 많이 쓴다(예를 들면, 시차에 적응하거나 교대 근무할 때). 하지만 사실 불면증용은 아니다.

미국에서는 약국에서 멜라토닌을 살 수 있다. 공항에 가면 많이 보인다. 미국에서는 2007년부터 2012년 사이에 처방전 없이 살 수 있는 멜라토닌 사용량이 2배로 늘었다. 2012년에는 310만 명(인구의 1.3퍼센트)이 멜라토닌을 복용하고 있다고 발표되었다.

영국에서는 딱 한 가지 멜라토닌 제품(서카딘)만 사용을 허가받았으며, 처방받아야 한다. 이곳 의사는 멜라토닌에 의존할 위험성이 있다고 보기 때문이다. 사실 멜라토닌은 55세 이상인 성인에게만 써야 하고, 최대 13주까지만 복용하도록 허가받았다. 하지만 더 어린 사람한테 처방하는 정신과 의사도 있다.

부작용은 다음과 같다.

· 두통
· 어지러움증
· 메스꺼움
· 졸음

항우울제

항우울제는 세로토닌이나 노르아드레날린처럼 기분에 영향을 미치는 '신경전달 물질'인 특정 뇌 화학 물질의 활동을 끌어올리거나 연장하는 방식으로 작용한다고 한다. 적어도 나는 이렇게 들었다. 지금도 인터넷 여기저기와 진료소에 이런 내용이 나와 있다. 항우울제 덕을 보는 사람도 있지만, 이해할 수 없는 건 전문가조차 항우울제가 어떻게 작용하는지를 확실히 모른다는 사실이다. 위약 효과인 경우가 많다고 하는 연구가 늘어나고 있다(**하지만 의사와 상의하지 않고 항우울제를 끊으면 '안 된다'**).

항우울제가 뇌의 '화학적 불균형'을 바로잡는다는 학설이 있었지만,

2000년대 초기에 틀렸다고 밝혀졌다. 내가 '정신과 사파리 여행'을 하며 마주한 의사 여럿은 "당뇨가 있으면 인슐린을 맞잖아요? 똑같은 이치예요"라며 이 주장을 따르라고 부추겼다(하지만 그렇지 않다. 뜻밖에도 2형 당뇨라면 항우울제 때문에 더 예민해질 수 있다. 체중이 늘어나니까).

아미트리프틸린과 **트라조돈** 등 일부 항우울제는 소량으로 복용하면 불면증에 도움이 된다고들 한다. 내가 첫 '불면증 접전'과 4년 뒤 대'불면증 쇼크' 중간에 처방받았을 때는 후자가 도움이 되었다. 하지만 상황이 정말 나빠졌을 때는 가망이 없었다.

불면증 때문에 정신과 진단을 받게 되면 약이 한 가지 이상 추가되는 일이 비일비재하다.

새로운 연구 결과에 따르면 항우울제에 의존성과 금단 증상 문제가 있다는 점도 언급해 두어야겠다. 수십 년 동안 정신 '병원' 측에서는 '중단 증후군'이 '약한 자한성' 질환이라 주장했다. 하지만 이 책을 찍는 순간에도 항우울제는 1년에 7600만 개가 처방되며, 영국 인구의 17퍼센트가 이를 복용하고 있다고 한다. 약을 끊으면 기분이 너무 나빠지기 때문에 이런 결과가 나왔다고 보는 전문가가 많다.

7월 22일
0시간, 0분

남편이 집에 남는 방으로 옮겼다. 첫날 밤에는 수면제가 들질 않았다. 어젯밤엔 두 알을 먹었다. 아무것도 달라지지 않았다.

7월 23일
0시간, 0분

집안에 의사가 있다 보니 난 늘 대체 의학이 못 미더웠다(옳든 그르든). 내가 가장 좋아하는 건강 관련 책은 2001년에 나온 『가짜 약과 그 밖의 편견Snake Oil and Other Preoccupations』(국내 미출간)이다. 고인이 된 존 다이아몬드 기자가 썼으며, 〈옵저버Observer〉에서 '신선하며 거침없다… 대체 의학과 관련해 풀리지 않은 오해를 격렬하게 비판한다'라고 평가했다. 재기 넘치는 다이아몬드는 요리 평론가인 나이젤라 로스랑 결혼했는데, 이 작업을 완성하기 전에 암으로 세상을 떠났다.

머릿속으로는 냉소적으로 생각하면서도 정말 자포자기한 상태라 내 신념을 버리고 좋다는 대체 요법을 시도해 보기로 한다. 점심시간에 전화를 돌려서 긴급 예약을 잡아 줄 수 있는 침술사를 찾아낸다. 침술사한테 40분 동안 내 병력과 지금 겪고 있는 문제를 털어놓는다. 그 뒤에는 침술 치료를 받으면서 바로 효과가 나타나길 기대한다.

침술사는 참 괜찮은데, 안 통한다.

내일도 지속 가능성 있는 해결책을 찾아봐야지.

참고: 여러 치료법(특히 대체 의학)은 효과가 '한 방'에 나타나지 않아서, 기다려야 한다. 사실 난 몇 년 뒤 어느 순간에 다시 오랜 기간에 걸쳐 침술 치료를 받게 된다. 하지만 지금은 평소보다 참을성이 없다(엄청나게 심각하다는 말). 너무 미친 듯이 안절부절못하면서 상태가 엉망진창이다. 바로 싹 낫길 바라기도 한다.

7월 24~26일
0시간, 0분

점심시간에 뉴에이지 코벤트 가든으로 쌩 가서 해결책을 찾는다. 바로 레이키라는 아로마 세러피 마사지다. 어느 순간에는 자수정도 던지는 것 같다. '우우' 빌어먹을. 그래도 난 절박하다.

안 통하긴 마찬가지다.

7월 27일
0시간, 0분

난 건강한 사람이고, 몸매에 자신 있다. 파워 플레이트 수업에 다니면서 몸매를 계속 관리한다. 잠을 자려면 운동을 하는 게 중요하다. 그런데 팔로 몸을 지탱하면서 팔굽혀 펴기를 할 수가 없다. 다리는 뒤틀린다. 팔은 너무 푹 삶은 스파게티면 같다.

이게 수면제 때문인지는 모르겠다(어디선가 수면제 때문에 근력과 균형이 손상될 수 있다는 내용을 읽었다). 그냥 너무 피곤해서 몸이 고장 나려하는 건지도 모른다.

7월 29일
0시간, 0분

최면술사를 찾아간다. 최면술사는 근처에 있는 축축하고 냄새나는 공간에서 일한다. 물론 절망에 빠진 채 서둘러 달려가다 보니 '치료소' 외관을 꼼꼼하게 신경 쓰진 않았다. 치료소는 대로변에 있다. 시끄러운 구닥다리 에어컨도 있다. 최면술사는 〈몬티 파이튼〉*에 나오는 아서 퓨티처럼 생겼다. 마이클 페일린이 연기했다.

여름이라 더위가 한창인 만큼 플라스틱 의자가 다리에 쩍 달라붙는다.

최면술사의 목소리는 외모보다 매력 있진 않다. 최면을 유도하는 주문을 따르려고 기를 썼건만, 버스가 우르르 쾅쾅 지나가는 마당에 최면에 이르도록 숫자를 세기란 불가능했다.

최면술사는 내가 집에 돌아가면 편안해서 운이 더 따라 줄 수도 있다고 한다. 그렇게 나한테 '점진적 근긴장 이완' 운동 CD를 판다(앱이 없던 시절이다). 한쪽 근육을 풀어 준 뒤에 다른 쪽 근육을 풀어 주는 방법이다. 목표는 이렇게 하고 난 뒤에 아주 편안해져서 결국 잠이 드는 거다.

침대 옆에 무거운 노트북을 둔 채 며칠 밤 연달아 CD를 들으며 잠들려고 해 본다.

안 통한다.

---

* 영국의 희극 그룹으로 몬티 파이튼의 비행 서커스를 제작했다. 이 서커스는 1969년 10월 5일에 BBC를 통해 중계된 영국 텔레비전 희극 스케치 쇼로, 45개의 에피소드가 4개의 시리즈를 걸쳐 만들어졌다.—옮긴이

7월 31일
0시간, 0분

"그냥 자려고 '해 보면' 어때?"

친구랑 가족이 묻는다. 이런 말을 몇 번이나 들었는지, 이제는 셀 수도 없다. 좋은 충고긴 하다. 틀린 말은 아니다. 하지만 잠깐 생각해 보면, '해 본다'라는 건 할 수 있는 일 중에 최악이다. 노력을 뜻하니까. 확실히 수면은 노력이랑 정반대일까?

어쨌든 정확히 어떻게 해야 자려고 '해 볼' 수 있을까? 내가 무아지경에 빠진 광란의 파티가 끝난 뒤에 이리저리 뒤척이는 것도 아닌데, 침대에 누워 있고 어두컴컴한데, 또 뭘 해야 하지? 이불 밑에 뻣뻣하게 누워서 눈 꽉 감고 있는 거? 나처럼 초예민 상태에서는 이완 운동도 그냥 '하는' 수준이 아니다.

의식적으로 자려고 노력하는 순간, 확실히 루저가 된다.

결혼 생활이 끝날 무렵, 미래를 향한 불안감뿐 아니라 슬픔도 느꼈다. 엄청나게 두려운 마음도 뒤섞여 있었다. 하지만 불면증이 계속되니 균형이 깨진다. 불면증이 '독립된' 문제로 바뀌는 느낌이다.

참고: '0시간, 0분'

브리짓 존스처럼 허무주의 스타일로 잠을 못 잔 시간을 적어서 지루할 수도 있겠다. 좀 대단해 보일 수도 있고. 사실 우리 가족, 친구, 의사가 흔히들 그랬듯이, 여러분도 전혀 못 믿으리라. 근데 혹시 아는가? 내가 여러분을 조금도 탓하지 않는다는 걸.

하지만 지금 이 책을 쓰는 순간에도 내가 그 시절 내내 못 잤다는 사실만큼은 진심으로 믿는다. 난 계속 미친 듯이 날뛰었다. '불면증 쇼크' 기간 동안 수면 전문가 여러 명한테 상담을 받으면서도 무의식적으로 졸린 상태로 들어간 적이 없었다고 계속 말했다.

사람들은 누가 잠을 못 잤다고 하면 과학과 상식 측면에서 볼 때 분명히 잤을 거라고 반박한다. 이게 바로 '역설적 불면증'이다. 202쪽에서 더 자세히 설명하겠다.

잠은 얼마나 자야 하고, 언제 자야 할까?

사람이 얼마나 자야 '하는지'를 두고 상식적인 말들을 많이 한다(인기 있는 주제이기도 하다. 구글에 '얼마나 자야 건강할지'라고 잠깐 검색해 보면 결과가 6억 1200만 개 나온다).

보통 매직 넘버는 8시간이라고 이야기한다. 최근에 정보가 새어 나오긴 했지만 사실 아직 시행하지는 않은 정부 지침에 따르면, 7시간에서 9시간 자야 한다고 하니 평균 8시간이라 하겠다. 매직 넘버는 이룰 수 없는 꿈처럼 뭇 사람 입에 오르내린다. 8시간을 '확보'하지 못하면 실패. 몸이 안 좋고 진이 쭉 빠진 채로 지낼 운명에 처한다는 뜻이다. 연석에 발이 걸려 넘어지고, 탄수화물을 간절히 바라며, 일이나 사회생활도 제대로 못 하면서 말이다.

조작된 수치가 아니다. 이를 뒷받침하는 연구 결과가 여러 가지 있다. 최근에 미국에서 발표된 논문에서는 건강해지려면 최소한 7시간은 자는 게 좋다고 인정했다. 심장병, 당뇨, 정신적 어려움 등 사람들의 경험을 오랜 기간 추적한 수백 가지 사례에 기초한 연구였다. 7시간에서 9시간 잔 사람은 보통 미래에 건강이 나빠질 위험이 적기 때문에 그만큼 자라고 추천하는 것이다.

이는 동료 평가를 거친 과학 학술지 <수면Sleep>의 뒤를 잇고 있다. 워릭대학교와 나폴리대학교 의과 대학 연구진은 140만 명쯤 되는 성인을 추적했다. 연구 결과에 따르면 잠을 6시간 미만으로 잔 사람은 조기 사망할 가능성이 12퍼센트 증가했다. 2019년에 진행한 연구 결과도 비슷했다.

무의식적으로 보내야 하는 시간은 나이에 따라 달라진다. 어떤 자료에서는 18~60세는 7시간 이상 '자야 하고', 61~64세는 7~9시간 '자야 하며', 65세 이상은 다시 1시간이 줄어든다고 자세히 밝혔다(이유는 안 나옴).

"왜 7시간이나 8시간이 매직 넘버인지는 확실치 않다. 하지만 밤에 잘 자는 게 중요하다는 점을 과소평가해서는 안 된다."

보고서 저자는 이렇게 밝힌다. 도움이 되는 내용이다.

하지만. 하지만이라는 말도 나온다. 유전자 구성, 나이, 생활 방식 등 특정 변수에 따라 '적정' 수면 시간은 이 범위를 벗어날 수 있다.

수면 전문가인 소피 보스토크 박사에게 익숙한 연구 분야다.

"신발 치수나 키처럼 '최고 수면 시간'도 사람마다 달라요. 예를 들면, 어떤 사람한테는 '잠을 적게 자는' 유전자가 있어요. 5~6시간만 쉬어도 말똥말똥하고 개운하다는 뜻이죠."

다른 수면 전문가는 밤에 4~5시간만 자도 일할 수 있고, 일을 완성할 수 있으며, 피곤하지도 않다면 충분히 잤다는 뜻이라는 의견을 낸다.

도널드 트럼프와 마거릿 대처는 둘 다 4시간만 자도 효율적으로 일할 수 있다고 말한 것으로 유명하다(흠). 안타깝게도 그렇게 하도록 단련할 수는 없다. 하지만 자기 매직 넘버나 최소한 몇 시간을 잘 수 있는지 계산해 보고, 계속 상태가 괜찮은지 알아볼 수는 있지 않을까?

확실한 해답은 피곤할 때 잔 다음에 알람을 맞추지 말고 일어나야 한다는 것이다. 그다음에 계산해 본다. 보스토크 박사는 "알람을 안 맞추고 저절로 깼는데 카페인이나 설탕, 낮잠 없이도 하루를 보낼 수 있다면 충분히 잤다는 뜻이에요"라고 말한다.

그러면 아마 몸이 스스로 자기 매직 넘버를 정할 것이다. 하지만 0시간, 0분은 제일 강인한 수면 워리어한테도 충분치 않다.

참고: 너무 오래 자는 것도 분명 가능하다. 워릭대학교와 나폴리대학교에서 한 연구에서는 9시간 이상 자는 사람은 사망할 위험성이 30퍼센트 증가한다는 점도 나타났다. 근본적인 의료나 사회생활 관련 문제를 겪고 있을 가능성이 있기 때문이다. 흥미롭게도 잠을 적게 자는 것은 건강이 안 좋아지는 원인이 될 수 있지만, 오래 자는 것은 건강이 안 좋다는 지표일 수 있다는 결론이 났다.

8월 2일
0시간, 0분

2주간 잠을 못 자고 나니까 책상 앞에서 몸이 파르르 떨린다. 보통 때는 단호하고 자신감 넘쳤는데, 이제는 팀원이 내가 지시를 내려 주길 바랄 때 멍하니 보고만 있다. 계속 일해야 한다. 해야 한다, 해야 한다. 못 하면 전부 다 잃는다. 돈도 필요하지만, 싱글 맘으로서 살아남으려면 자부심을 느끼고, 확신에 차 있어야 한다. 그런 건 재미있으면서 중요한 일(에 속하는 것), 즉 직업에서 생겨난다.

근데 그야말로 일을 해낼 수가 없다. 최종 교정지를 빤히 쳐다본다. 화장실에 자주 숨어서 공황 발작을 누른다. 공황 발작을 겪은 적은 없었지만, 이런 상상은 해 봤다. 심장이 쿵쾅쿵쾅 뛰고, 시야는 흐릿해졌다. 가만히 서 있을 수가 없다. 상사가 이렇게 달라지니 직원들이 당황하고 불편해하는 게 느껴진다. 하지만 직원들은 너무 예의 있어서 아무 말도 안 한다. 그래도 다정하다. 차 한 잔이 마법처럼 내 책상 위에 나타난다.

오늘 아침 어느 순간에는 텔레비전 방송사에서 나한테 메일을 보낸다. 아침에 하는 프로그램에 나와서 모유 수유를 지지하는 유명인사 이야기를 해 달란다.

보통은 이런 요청에 당황하는 법이 없지만, 한 시간 동안 컴퓨터 앞에 앉아 화면을 빤히 들여다본다. 참석할지 말지 결정할 수가 없다.

"내가 이걸 해야 해?"

대학을 졸업하고 갓 들어온 23살짜리 어시스턴트한테 물어본다.

8월 29일
0시간, 0분

어젯밤에는 항우울제인 트라조돈을 과다 복용했다. 죽기 싫었다. 난 자고 싶었고, 블리스터 포장을 비우면서 미약하게나마 효과가 있길 바랐다.

효과는 없었다.

겁이 날 정도로 세상이 기울어져 보였다. 지독히도 아팠다. 어젯

밤에는 새로 넓힌 다락방 카펫에 리오하 와인을 왈칵 쏟았다. 겁에 질려 구급차를 불렀다. 병원에서 무슨 일이 일어났는지 자세히 기억나진 않는다. 항구토제를 받고 생리 식염수 링거 주사를 꽂은 것만 빼면. 고양이가 지붕에서 꼼짝도 안 한다고 구급차를 불러서 멍청하게 시간이나 낭비하는 사람이 된 기분이다.

3시간쯤 뒤에 (혼자) 택시를 타고 집에 온다. 그날 늦게 상사가 병가를 내는 게 좋겠다고 말한다. 나한테 무슨 일이 있었는지도 모르면서 계속 이해해 준다. 병가는 원하는 만큼 쓰란다. 내가 돌아올 준비가 되었을 때도 자리가 있을 거라고 하더라.

8월 30일
0시간, 0분

친구랑 가족한테 전화를 한다. 구체적으로 부탁하지 않아서 그 사람들이 도와줄 수가 없다(보통 비슷비슷하게 "나 자야 해, 제발 잘 수 있게 해 줘"라고 했으니까). 처음에 몇 번은 인내심과 이해심을 갖고 들어 주었다. 하지만 친구들이 보통 일터에 있다 보니 계속 애원하자 짜증을 냈다. 결국 내 전화는 차단당했다.

올케 말로는 내가 어제 30번 전화했다더라.

9월 3일
0시간, 0분

내 인생이 나락으로 떨어지며 산산조각이 나는 모습을 힘없이 지켜보고만 있다. 꿈에서처럼 깨어 있는데도 왠지 묶여 있어서 달릴 수 없는 처지다.

아니면 수술하는 데 마취약이 제대로 안 들어서 꽥꽥 비명을 지르는데도 외과의가 아랑곳하지 않는 상황 같다.

다 남한테나 일어나는 일 같다.

9월 8일
0시간, 0분

개학이다. 겁이 난다. 애들이 다니는 초등학교는 작지만 끈끈하고 다정한데, 남 이야기를 벌떼같이 하기도 한다. 이런 건 진짜 필요 없는데.

아이들을 학교 정문에 내려 준 뒤 최대한 쏜살같이 차로 돌아가려 한다. 하지만 너무 늦었다. 길에서 행진하며 애들을 내려 주는 '엄마 부대' 몇 명을 맞닥뜨리고 말았다.

'불면증 쇼크'는 학교가 여름 방학을 맞이하자마자 시작되었다. 7월 초 이후로 엄마들 패거리를 한 번도 본 적이 없었다. 여름 동안 엄마들이 독서 모임에서 봤던 쾌활한 모습이, 이제는 안절부절못하는 귀신 꼴이 되어서는 별안간 눈 마주치기도 어려워한다.

내가 안 괜찮아 보인다는 거 안다. 하지만 사람들은 나를 보는 순간 수다를 멈춘다. 사실 어떤 엄마는 나를 한 번 더 본다. 꼭 영화에서 그러듯이. 난 밝은 미소를 꾸며 내며 "여름 방학 어떻게 보냈어요?" 같은 말을 주고받다가 쏜살같이 차로 돌아간다.

남편이랑 난 시간제 보모를 계속 두고 보모가 아이들을 데리러 가게 한다. 내가 요즘처럼 시내에서 일할 땐 보모가 꼭 필요하다. 아침에는 다른 집이랑 당번을 정해서 데려다준다. 친구들한테 아이들을 데리고 가 달라고 간곡히 부탁하는 일이 늘어나고 있다. '우리가' 당번인 날에도. 정말 착한 친구들이라 잘 도와준다. 하지만 내 할 일을 못 하니 죄책감이 든다. 이제는 학교에 데려다주는 것만큼 간단한 일도 고통스럽다. 아무리 아이들을 데려다주고 싶다고 해도 말이다.

9월 17일
0시간, 0분

이제 잠을 못 잔 지 8주가 되었다. 국민 보건 서비스 병원 정신과 전문의한테 가게 되었다. 지역 보건의한테 처방받은 수면제랑 항우울제는 안 통했다. 병가를 내고 집에서 쉬어도 소용없었다. 오히려 상태가 더 나빠졌다. 침대에 누워서 시간을 보내면서 자거나 책을 '읽으려' 한 적이 많았다(종이에 표시된 까맣고 구불구불한 줄을 물끄러미 쳐다본다는 뜻. 사실 내용을 정리하지도, 이해하지도 못한다).

전문의 진료실에 앉아 있자니 너무 진이 빠져서 한마디도 못 할 지경이다.

의사는 상냥하고 이해심도 많다. 그래도 확실히 말해서 내가 좀 쉴 수 있게 '될' 만한 약을 처방해 달라고 간곡히 부탁한다. 거의 바짓가랑이를 붙잡고 있는 셈이다. 의사는 가정사에 큰 변화가 생겼다는 이야기와 어쩌다 고통 때문에 불면증의 구렁텅이로 곤두박질치게 되었는지를 듣는다.

의사는 내가 좀 더 도움을 받아야 한다며 항우울제 복용량을 '늘리고', 신경 안정제를 처방한다. 클로나제팜이라는 약인데, 벤조디아제핀 계열이다. '벤조'라고도 한다.

이렇게 '정신과 사파리 여행'을 시작한다. 쎄로켈이랑 리리카처럼 매력 넘치는 이름이 적힌 알록달록한 상자에 들어 있는 알약에 8년간 집착하는 여정이다.

단물 쪽 빠진 머리 깊숙한 곳 어딘가에서 클로나제팜이 디아제팜(바륨이라고도 함)이랑 같은 계열이라는 사실을 기억해 낸다. 이런 약은 여러 질환에 하도 널리 처방되는 통에 신빙성이 떨어진다. 그래도 지금은 그런 걸 신경 쓸 수가 없다.

언제 정신과 의사한테 보내며, 가면 무슨 일이 일어날까?

영국에서 불면증은 대부분 국민 보건 서비스 주치의가 치료한다. 하지만 모두가 그런 건 아니다(교실 뒷자리에서 손을 흔든다).

주의: 민간 의료 보험에 가입했거나 개인 병원 정신과 비용을 낼 여유가 있다면 차라리 일찌감치 전문의에게 진료받는 게 좋다.

이 시점에서 정신 의학이 다른 의학 영역과는 다르다는 말을 해야겠다. 전문의가 고통에 빠진 사람을 도와주려 한다는 건 의심할 여지가 없다. 의학에는 '흑백 논리'란 없다. 하지만 확실히 피부과보다는 감정과 내면 정신 작용을 다루는 분야가 견해와 접근 방식에 차이가 있을 여지가 더 많다.

약물이 도움이 된다고 보는 의사가 있는가 하면 그렇게까지 생각하지는 않는 의사도 있다.

사미 티미미 박사는 아동·청소년 정신과 고참 전문의이자 아동 정신 의학, 정신 건강 개선 분야 방문 교수이기도 하다. 티미미 박사는 "불면증은 정신 의학에서 아주 흔히 나타나는 문제예요. 하지만 지역 보건의가 이를 이유로 진료 의뢰서를 보내는 일은 드물어요. 보통 우울증이나 불안증으로 표현하거든요"라고 이야기한다.

티미미 박사에 따르면 정신과에 들어서는 순간 평가받게 된다.

티미미 박사는 "의사 앞엔 지역 보건의가 쓴 진료 의뢰서가 있지만, 현상학을 끄집어내기도 해요"라고 한다. 의사가 이야기를 들어 주면서 어떻게 말하고 몸짓하는지도 보고 있다는 뜻이다. '정신 상태를 점검'하면서 겉모습과 행동, 동시에 병력도 고려할 것이다.

"의사는 국제 질병 분류에 따라 어떤 범주로 분류할지를 가늠하겠죠. 정신과 의사는 잠들기가 어렵다고 하면 보통 불안증과 연결 지어요. 일찍 깬다고 하면 우울증으로 보고요. 어떻게 분류하느냐에 따라 치료 방법도 결정돼요.".

보통 환자와 불면증이 다다를 만한 골목은 세 가지다. 다음은 전문 의약품과 관련된 이야기다.

다른 길은 '심리 치료'다(68쪽 참고). 슬리피오 같은 디지털 치료나 앱도 점점 늘어나는 추세다(12쪽과 293쪽에 있는 '자료' 참고).

약물: 정신과 의사는 약물을 자주 처방할 것이다. 이미 향정신성 약물(향정신성 = 인간 정신 상태에 영향을 주는 것)을 복용하고 있지 않다면 틀림없이 뭔가를 시작하게 된다. 이미 약을 먹고 있다면 복용량을 늘리거나 다른 약으로 바꿀 테고, 새로운 약을 추가할 수도 있다.

티미미 박사는 "진단받은 병이 우울증이든 불안증이든 간에 뜻밖에도 약물 치료법은 거의 똑같아요. 제일 처음엔 선택적 세로토닌 재흡수 억제제나 선택적 세로토닌·노르아드레날린 재흡수 억제제(비슷한 종류의 약물에서 'N'은 노르에피네프린을 뜻한다)를 처방해요. 둘 다 뇌와 다른 신체 부위에 있는 특정 화학물질의 농도를 바꾸죠"라고 말한다.

"이런 약물은 보통 '항우울제'라고 하는데, 완전히 작용하려면 2주에서 4주 정도 걸려요. 사람마다 다들 약에 다르게 반응하죠. 알코올과 비슷해요. 술을 마시면 졸린 사람도 있고, 기분이 좋아지는 사람도 있잖아요. 폭력성을 띠는 사람도 있고요."

국립 보건 임상 연구원 지침이 바뀌었건만, 아직도 불면증에 벤조디아제핀을 처방하는 의사도 있다(36쪽 참고).

"전 개인적으로 벤조를 처방하지 않아요. 가끔 수면에 도움이 되도록 프로메타진은 처방해요. 프로메타진은 항히스타민제예요. 나이톨이랑 원료가 비슷하죠. 처방전 없이 약국에서 살 수 있는 보조제예요. 약물 치료를 약하게 해도 중독과 금단 증상 문제가 발생해서 반동성 불면증이 생길 수 있어요. 반동성 불면증이란 잠이 들거나 자는 상태를 유지하기 어려운 증상이에요. 수면제를 갑자기 끊었을 때 더 심해지죠."

뭐가 문제인지 알겠는가?

예약 시간이 끝날 무렵에는 다음 예약을 잡게 된다. 티미미 박사는 "다음 진료 때도 회복되지 않으면 복용량을 늘리거나 다른 약을 더 처방할 거예요"라고 한다.

이 시점에서 어떤 사람한테는 향정신성 약물이 도움이 된다는 말을 해야 겠다. 특히 '장애'가 심할 때 더 그렇다. 물론 그럴 땐 약이 필수다. 말 그대로 약 덕에 살기도 한다.

하지만 모두에게 적용되는 것은 아니다. '자동 반복 조제'에 문제가 있다고 시인하는 현명한 정신과 의사가 많다.

"의사 앞에 나타나는 순간부터 진단에 묶이게 돼요. 하지만 의사가 정신과 진단으로 아무것도 설명할 수 없다고 말해 주는 일은 드물어요. 저기압인 사람한테 우울해서 그렇다고 하는 건 두통 때문에 머리가 아프다고 하는 격이 거든요. 정신과에서 진단할 땐 그냥 병명을 약칭으로만 써요. 그런 감정을 느끼거나 그렇게 행동하는 이유는 설명하지 않죠."

"1년이 지난 뒤에는 여러 가지 약을 먹는 자기 모습을 보게 될 거예요. 약도 추가되고, 뇌는 '화학 수프'가 되겠죠."

화학 수프라, 흠. 나야말로 화학 수프 통 안에 빠질 지경이다.

10월 8일
0시간, 0분

내가 정신적으로 지쳐 있어서 분별력 있게 단어 두 개를 조합할 순 없긴 해도, 미친 듯이 활동하는 시기가 있다. 그때는 전국을 달리며 새로운 곳에서 마법처럼 잠이 들길 바란다(닭이 몸에서 머리가 분리될 때 바로 이렇게 한다. 난 이제 불쌍하게 목이 잘리는 암탉하고 똑같은 신세다).

지금은 M1 트램 선로를 왔다 갔다 하면서 시골에 사는 동생네 집으로 가고 있다. 나중에야 이렇게 운전하는 게 위험하다고 깨달았지만, 난 아무 생각 없이 시속 97킬로미터로 주행 차선을 기어 올라간다. 본가는 진작에 불편해졌다. 우선 더는 어릴 때 쓰던 방이 아니다. 내 물건 하나 없는 새 집일 뿐이다.

가끔 밤에 친한 동네 친구들 집에 가서 시간을 보낸다. 내가 안 써 본 수법이나 침대에 비결이 담겨 있을까 해서다. 그런 건 없다. 부모님은 나 때문에 짜증이 나고, 아이들은 산만하고 안절부절못하는 내 모습에 질겁한다.

아무것도 안 통하니까 남도 못 자게 방해하게 된다. 다음 날 아침, 어떤 식구는 진이 쭉 빠진데다 화가 나 보인다. 내가 밤사이에 변기 물을 시끄럽게 여러 번 내리는 바람에 깬 게 분명하다.

집에서는 아직도 여러 가지 변화를 주려 한다. 베개를 두 개 썼다가, 한 개만 썼다가, 아예 안 써 본다. 어떤 사람은 바닥에 뾰족뾰족한 보라색 요가 매트를 깔고 위에 누워서 자 보라고 하더라.

그동안 대부분 침대에 있거나 누워서 속으로 횡설수설하면서 시간을 보낸다(어느 순간에는 겉으로도 횡설수설한다). 결국 '전 남편이 될' 남편하고 난 막다른 골목에 왔다.

운 좋게도 이 기간 내내 학교에서 아이들을 품어 주면서 돌보는 데 도움을 준다. 친절한 방과 후 보모가 잇따라 찾아온다. 물론 전 남편도 마찬가지다.

참고: 죽도록 슬픈 상황이다. 오래가기도 한. 하지만 이 책의 주제는 우리 가족이 아니다. 글을 쓰는 시점에 아이들은 10대라서 자기 삶을 살아가기 시작했다. 이 책의 주제는 나랑 불면증이다.

11월 15일
0시간, 0분

3달간의 '병가'가 끝나면 일터로 돌아가야 한다. 문제는 8월에 짐을 쌌을 때보다 나아지지 않았다는 거다. 사실 더 나빠졌다. 힘차게 밀어붙여야 할까? 정신력 싸움일까? '예전의 미란다'라면 의지가 꽤 확고했을 텐데.

하지만 기분이 더럽다. 1) 지하철 타기가, 2) 동료를 다시 마주하기가 겁난다. '불면증 쇼크' 전 단계에 입던 강렬한 까만색 편집장 옷을 입고, 전에 바르던 번들번들한 선홍색 립스틱을 바른다. 힐도 신는다. 나도 안다. 유령 같겠지. 얼굴이 하얗게 질린 미치광이 같겠지.

클로나제팜을 왕창 더 먹는다.

친구 N이 역까지 데려다주고, 같이 지하철 밑으로 내려가서 응원도 해 주겠다고 한다. N한테 현관문을 열어 준다. N이 나보고 화장을 더 연하게 하면 어떻겠냐고 묻는다. 아니면 색깔이 좀 더 은은한 옷을 입으면 어떻겠냐는데?

N이 손을 잡고 나를 런던 중심부로 데려간다. 잡지사 건물 밖에서 작별 인사도 못 하게 한다. 하지만 난 오히려 건물 안에 같이 들어가

고 싶다. 엄마가 학교 첫날에 그러듯이. 심호흡하면서 프런트 쪽을 지나치고는 엘리베이터에서 2층 버튼을 누른다. 너무도 약해빠지고 긴장한 탓에 사실 사무실 밖에서 진짜 기절할지도 모른다.

하지만 직원들은 말을 잘 전해 들었거나 눈치가 엄청나게 빠른가 보다. 아무도 물끄러미 바라보거나 얼빠진 듯 쳐다보지 않는다. 책상에 라벤더 가지랑 얼그레이 차 상자가 있다. 직원들은 내가 잠깐 쉬다 온 것처럼 군다(근데 '휴가 잘 보냈냐'거나 '아기는 잘 있냐'고 묻진 않는다).

잡지사에서는 밀린 회의를 하며 월요일을 시작해 팀원들이 마감, 제작, 사진 등을 어느 정도 진행했는지 파악한다. 전에는 내가 책상 귀퉁이에 상사처럼 앉아 회의를 진행하면서 응원도 하고, 꼬드기기도 했다. 오늘 아침에는 그냥 나머지 팀원들이랑 같이 앉아 있기만 할 뿐이다.

부편집장은 편집장처럼 '굴었다.' 부편집장이 회의 시간에 능수능란하게 두루두루 살피는 동안 난 앞에 놓인 일정표 출력물을 보며 의미심장하게 눈살을 찌푸린다(의미심장하게 읽으려 했는데, 의미 없는 짓이었음).

하지만 이 첫 번째 회의부터 편치가 않다. 지칠 대로 지쳐서 갈피를 못 잡는다. 클로나제팜 때문에 머리가 좀 띵한 것 같기도 하다. 낄 수가 없다. 화장실로 탈출하고만 싶다.

부편집장은 잡지를 정말 잘 다룬다. 열정과 솜씨가 있다. 내 빈자리를 확실히 채웠다. 그래서 내가 침대로 돌아간 사이에 우리 역할이 뒤집혔다. 내가 '이인자' 역할을 하면서 핵심 원고를 더 많이 편집해야 한다. 하지만 전에는 5분 만에 휙 해치우던 일을 하는 데 몇 시간 씩 걸린다. 사실 끝마치지도 못한다. 쉼표가 여기 들어가야 하나? 단락을 옮겨야 하는데, 어디로 보내야 할지 모르겠다.

걱정스러운 마음에 나 자신한테 묻는다. 내가 최근에 아이 주도 이유식이랑 소근육 운동 발달에 정말 관심을 두기나 했나?

친구 T가 자매 잡지사에서 근사한 일을 하게 되었더라. 삶이 급격히 나빠지기 전에 내가 지원하려 했던 일이다. 한편으로는 반가운 소식이다. T는 유능한 기자니까. 질투는 안 난다. 진짜다. 지금 내가 그 일을 할 방법은 없거든. 근데 그러니까 내가 더 실패한 느낌이 들긴 하네.

다시 급하게 화장실로 간다. 거울에 비친 나를 힘없이 격려한다. 내 모습을 보며 (소리 없이) 비명을 지를 때도 있다. 자리로 돌아간다. '정상'으로 보이도록 애써야 하는 곳으로. 15분 뒤에 다시 화장실로 간다.

동료들은 내가 장이 심하게 안 좋거나 코카인에 중독되었다고 생각하겠지.

아무튼 오후 5시 30분이다. 지하철 러시아워를 맞닥뜨릴 자신이 없어서 블랙캡을 타고 북런던으로 쭉 간다. 돈이 어마어마하게 많이 들었다.

11월 19일

0시간, 0분

가식을 떤 지 4일 차(사실 3일 차다. 수요일에는 전혀 못 했으니까). 상사랑 같이 앉았다. 걱정하는 눈치다.

둘 다 내가 다시 '병가'를 내야 한다고 생각한다.

일시적인 불면증에서 완전한 만성 불면증이 되는 원인은?

소피 보스토크 박사는 "다 '3P 모델'에 달려 있어요. '선행 요인Predisposing factor, 유발 요인Precipating factors, 지속 요인Perpetuating factors'이죠"라고 밝힌다.

선행 요인:

큰 위험에 빠지게 될 수 있는 특성이지만, 그 자체로 불면증을 유발할 정도는 아니다. 예를 들면, 유전자, 나이 드는 것, 여성인 경우, 걱정 많은 성향 등이다.

유발 요인:

'도화선'이 되는 요소로, 보통 스트레스와 관련 있다. 예를 들면, 새 직장, 가족 갈등, 일 문제, 일정 변화(교대근무 등) 등이 있다.

지속 요인:

결정적으로 지속 요인은 수면을 방해하기만 하는 게 아니라 사고나 행동 양식 측면에도 영향을 끼쳐서, 계속 문제가 된다(231쪽 '불면증을 위한 인지 행동 치료' 참고).

3P 모델 중에서 하나가 있다고 해서 불면증으로 이어지는 것은 아니다. 같이 결합하면서 문제가 되기 때문이다. 매일 밤 잠자리에서 텔레비전을 봤는데 엄청 푹 잤다는 사람도 있다. 하지만 카페인을 섭취하는 습관이 없거나, 스트레스가 심한 업무를 안 했는지도 모른다.

2년 차

1월 23일
32분, 5분, 1시간, 7분

클로나제팜 덕에 겨우겨우 꼬박꼬박 잔다. 틈날 때 잠깐이나마 기분 좋고 편안하게 눈을 붙인다. 하지만 마구잡이식으로 느끼는 안도감이다. 오래가지도 않는다. 똑같이 자려면 약을 더 먹어야 한다. 그다음엔 또 더 먹어야 하고.

처음으로 다시 내원했을 때 정신과 의사는 처방량을 늘렸다. 나중에 전화하니 또 늘렸다.

오늘 밤에는 처방받은 분량만 복용하자고 다짐한다. 여분은 부츠 한 짝에 '비상용'으로 넣어 둔다. 그리고 나서 한밤중에 비상사태가 벌어진다! 어둠 속을 더듬거리며 아까 말한 약을 먹으려고 한다.

이건 좀 아니다.

제 2 장

이리저리 뒤척이기

2년 차

3월 15일
0시간, 0분

수면의 특징은 바로 누구든지 숨을 쉬고 식사를 하듯이 잠을 잔다는 것이다(안 그렇다면 불면증이겠지). 즉, 다들 '자기만의 경험'을 바탕으로 한 수면 철학이 있으며, 이를 아무 거리낌 없이 함께 나누려 한다는 말이다.

대부분 늘 좋은 뜻에서 자기 생각을 표현한다. 문제는 어떤 충고(특히 하루에 8시간씩 자는 사람이 할 때)는 듣고 나면 풀이 죽는다는 데 있다. 아무 생각 없이 툭 내뱉는 사람도 있고, 살짝 거들먹거리기까지 하는 사람도 있다. 특히 그중에는 "아, 진짜 안됐다. 얼마나 힘들까? 난 매일매일 **엄청** 푹 자는데. 베개에 머리만 갖다 대면 바로 잠들거든. 아홉 시간 지나면 아침이 된다니까"라고 하면서 숨이 턱 막히게 하는 사람도 있다.

　나는 지난 9개월 동안 이런 조언도 들었다.

약을 먹어라. 무거운 주제다. 수면제는 단기적으로는 도움이 된다. 하지만 장기적으로는 약효가 줄어든다. 수면제에 중독될 수도 있다(앞으로 살펴볼 내용이다).

약을 먹지 마라. 난 조 말론 라벤더 앤 러비지 향초나 캐모마일 차 덕에 불면증을 극복한 사람을 완전히 존경한다. 나한테는 안 통하는 방법 같다.

탄수화물을 더 먹거나 덜 먹어라. 폐경한 여성이 정제 탄수화물(특히 설탕도)을 많이 섭취하면 불면증을 겪을 확률이 더 높다는 연구 결과가 있다. 하지만 다른 논문에서는 잠자리에 들기 4시간 전에 탄수화물을 섭취하면 트립토판*과 세로토닌 분비를 촉진된다고 한다.

트립토판이 함유된 음식을 먹어라. 아미노산인 트립토판은 행복 호르몬이라고 하는 세로토닌으로 바뀌고, 세로토닌은 멜라토닌이라는 호르몬으로 전환된다고들 한다. 멜라토닌은 수면을 유도한다. 트립토판은 칠면조, 견과류와 씨앗류, 강낭콩과 순무에 함유되어 있다. 나

---

* 필수 아미노산으로, 세로토닌의 원료가 된다.―옮긴이

한테는 이런 음식이 안 통했다. 먹으면 속이 좀 더부룩해지기도 했다.

수면 측정기를 활용해라. 수면 측정기를 보면 실제 수면 시간을 알 수 있다. 딱 하룻밤만 빼고. 아래층 주방에서 토스트를 굽고 있었는데, 내가 자고 있다고 나오더라(175쪽에 몹쓸 수면 측정기 이야기가 더 나온다).

인지 행동 치료를 받아 봐라. 국민 보건 서비스 웹사이트에는 인지 행동 치료란 '사고방식과 행동전략을 바꾸어서 문제를 해결하도록 돕는 심리 치료'라고 정의되어 있다. 그럴싸해 보이긴 하지만, 난 지금 너무 피곤해서 축 처져 있다 보니 '행동전략'이라는 말을 이해할 기운조차 없다. 사실 '일반' 인지 행동 치료는 불면증을 위한 인지 행동 치료랑은 확 다르다. 불면증을 위한 인지 행동 치료가 더 전문적이면서 수준 높은 치료법이다(231쪽 참고).

그 밖의 조언: 베개에 라벤더 오일을 바를 것, 팔에 마그네슘(수상적을 만큼 하얗고 끈적끈적함)을 뿌릴 것, 생되먹임^{biofeedback}할 것(이상하게도 활력 징후를 추적 관찰함), 낮잠을 그만 잘 것(세 살 때 이후로 낮잠 잔 적 없음) 등.

커피를 끊어라. 이렇게 말하는 사람한테는 국가 직업 자격증을 주어야 한다.

난 클로나제팜을 계속 먹는다.

10년 차: 미래에서 온 쪽지

스포일러 주의!

우선 제가 이 책을 썼으니까 불면증을 극복했다는 점을 눈치채셨을 텐데요. 하지만 지금은 제 '불면증 쇼크' 이야기에서 약간 위태위태한 단계입니다.

제가 매주, 아니면 더 나아가서 매달 일기를 적지 못하더라도 너그럽게 이해해 주시길 부탁드립니다. 그때는 매일 일기를 쓸 상황이 정말 아니었거든요. 3월 19일(불면증을 겪은 지 9개월쯤 되었을 때)부터 그 이후 몇 년 동안, 느낌, 사건, 단편적인 대화, 표정 등을 돌이켜 보며 기록해 두었는데요. 그야말로 드문드문 적었습니다. 그날이 그날 같아서 정말이지 글로 적기엔 따분한 내용뿐이었거든요. 읽는 건 말할 것도 없고요.

하지만 한편으로는, 그러니까 어쩌면 감정과 관련된 내용만큼은, 어쩌면 다 기억하고 있답니다.

지금까지도 눈에 선할 정도예요. 목욕을 한다든지 운전을 할 때처럼 예상치 못한 순간에 불쑥 떠오를 때도 많습니다. 대부분 고통스러운 기억입니다. 사실 그때 했던 생각(이를테면 반복적이면서 두서없는 말 같은 것)을 돌이켜 볼 때면 화들짝 놀라기도 합니다. 제가 했던 말이나 행동도 마찬가지고요. 통찰력도, 논리도 없었거든요.

무엇보다도 유머 감각이 완전히 떨어졌어요.

그런 생각과 말이나 행동을 한 게 제 탓이 아니었다고 하면 판에 박힌 변명 같겠죠. 하지만 몇 달 동안 잠을 못 자게 되면 생각하고, 말하고, 행동하기가 정말 어려워진답니다.

그렇게 몇 달이 끝없이 이어지다 보면 몇 년이 되기도 하고요.

앞으로 보실 자료 중에는 (꼭 불면증과 관련 있지는 않더라도) 정신 질환을 앓고 계시거나, 과거에 앓았던 분이 보시면 마음이 많이 불편해지는 내용도 있을 겁니다. 자해를 시도한 경우도 마찬가지입니다.

3월 19일
0시간, 0분

불면증 때문에 죽을 수도 있는지 궁금하다. 조사를 좀 해 본다. 엄청나게 드문 경우이긴 한데, 치명적 가족성 불면증이라고 하는 치명적인 질환이 있더라. 난 이 질환을 앓고 있는 게 틀림없다.

구글 검색을 시작하기 전에 알아 두어야 하는 게 있다. 바로 보통은 치명적 가족성 불면증을 앓고 있을 확률이 **무척** 낮다는 점이다. 이는 유전적인 돌연변이로, 크로이츠펠트-야콥병(광우병과 관련이 있다)과 약간 비슷하다. 몇 안 되는 가족만 앓으며, 독일과 이탈리아에서 주로 나타나는 질환이다.

4월 7일
0시간, 0분

라디오로 어떤 사건과 관련된 최근 소식을 듣고 있다. 사실 '불면증 쇼크'는 재미있는 이야기 두 가지로 꽉 차 있다. 지하 깊은 곳에 갇힌 칠레 광부랑 탐루앙 동굴에 고립된 타이 남학생을 결국 잠수부가 구조해 주었다는 이야기라고나 할까. 이런 기사는 나한테 중요하다. 1) 무서울 만큼 밀실 공포증을 느낄 법한 배경이 나오니까(난 밀실 공포증이 심하다), 2) 그 사람들하고 동질감을 느끼니까.

그래, 난 널찍하게 개조한 다락방에서 편안한 매트리스에 누워 시간을 보낸다. 자연광도 들어오고, 책도 있다. 햇빛 하나 안 드는 터널에 있진 않다. 아래층 부엌에는 음식도 있다. 수직 갱도 밑으로 떨어진 깡통으로 연명해야 하는 신세가 아니다. 원하면 언제든지 집에서 나가서 전 세계 어디로든 갈 수 있다.

하지만 책을 읽을 수가 없다. 집중력이 엉망이거든. 아래층에는 꼭 가야 할 일이 있을 때만 내려간다. 난 대개 토스트를 구워서 위층에 가지고 올라간다(잠 못 드는 시절엔 토스트를 왕창 먹어야 한다). 3년 차에 접어든 어느 순간에는 완전히 집 밖에 나가질 않는다.

그렇다면 칠레 광부랑 타이 남학생은 어떻게 견뎠을까? 아니면, 더 거슬러 올라가서, 테리 웨이트 같은 사람은 어떻고? 레바논 라디에이터에 1987년부터 1991년까지 묶여 있던 대주교의 사절 말이다. 아니면 판사가 선고했든, 운이 나빴든 간에 장기 징역형을 선고받은 사람은?

내가 찾고 있는 해답은, 그야말로 선택의 여지가 없다는 것이다.

해는 저물고, 날이 밝아지건만, 여전히 그 자리에 머물러 있다.

아침마다 다음 날은 더 나아지리라는 희망의 끈을 놓지 못한다. 그렇게 된다는 증거는 없는데도. 그게 바로 낙관주의다. 인간으로 산다는 건 그런 뜻이겠지.

6월 5일
0시간, 0분

그날이 그날 같은데, 어제보다 오늘이 더 힘들다. 엄청난 디스토피아 영화 〈사랑의 블랙홀〉 같다.

이렇게 24시간 돌아가는 회로는 안 멈출 작정인가? 르망에서도 경주는 단 하루만 하는데. 계속 자동차 경주에 비유해 보자면, 인생은 남동생의 1970년대 스케일렉스트릭 경주로를 평생토록 신나게 달리는 거랑 약간 비슷하다. 적어도 가끔은 덜컹덜컹 흔들리다 멈추기도 하지만(실은 대부분 그렇다).

내 '종료 버튼'이 잠깐 치명적으로 오작동했다는 증거가 있었다. 이런 공포를 끝내려면 영원히 신경을 안 쓰는 수밖에 없겠지. 잠깐 자살 생각이 든다. 그러더니 계속 남아 있다.

도움을 찾는 데 집착하는 나는 노트북으로 향한다. 구글에 검색을 한다. 자살, 최고의 방법. 그다음엔 이렇게 검색한다. 자살, 고통 없이. 자살, 평화롭게. 해결책이 마음에 안 든다(고통스럽고, 지저분하며, 전혀 평화로워 보이지 않음).

그 순간 웹사이트가 뜨기 시작한다.

물론 사이트 이름을 거론하진 않을 생각이다. 사실 지금 살펴보니 몇 년 뒤에는 없어지는 사이트가 많을 듯하다. 마음에 드는 게 있다. '방법'이랑 의견(그렇다)뿐 아니라 메시지를 남길 공간도 있어서, 같이 '버스를 잡아타려는' 사람이랑 소통할 수 있다.

그래, '버스를 잡아탄다'니. 폭력적인 방법을 써서 지구를 떠나면서 아끼는 이들 모두의 삶을 파괴하는 일을 어쩜 그리 소박하게 비유하는지.

중요한 정보를 얻는다. 파라세타몰은 절대 과다 복용하면 안 된다. 마음을 바꾸어 먹고 어쨌든 살아야겠다고 결심한 지 4일 뒤에, 죽음을 고통스럽게 질질 끌고 싶지 않다면 말이다. 간은 이미 손쓸 수 없을 만큼 망가졌다.

난 얼마 동안 넴뷰탈을 구하려고 집착했다. 넴뷰탈은 마릴린 먼로가 1962년에 화려하게 과다 복용한 약물이다. 바르비튜레이트라고도 한다. 옛날에 유행한 신경 안정제로, 유니콘만큼 보기 드물다. 난 스위스에 있는 디그니타스 조력 자살 클리닉에서 넴뷰탈을 쓴다는 것을 어디선가 읽었다(또 구글 검색할 때 보려고 즐겨찾기 했다). 디그니타스는 루게릭병같이 무서운 병 말기인 사람을 위한 것이다.

제정신이 아닌 상태인 만큼 하루에 수백 번씩 구글에 똑같은 문구를 검색하고, 또 검색하다 보면 다른 해결책이 나올 것 같다는 생각이 든다.

물론 난 정말로 죽고 싶진 않다. 하지만 이렇게 끝없이 이어지는 다람쥐 쳇바퀴 도는 듯한 삶은 그만 청산하고 싶다. 자고 싶다.

6월 6일
0시간, 0분

난 디그니타스에 무진장 관심이 많다. 몇 시간 동안 웹사이트를 뒤진다. 신청서도 내려받는다.

조력 자살 클리닉을 신청하기가 꽤 어렵다는 사실을 알면 깜짝 놀랄 걸.

자살 충동을 느낄 때 해야 할 일

다음은 마인드 웹사이트(293쪽 '자료' 참고)에 나온 정보를 수정한 것이다.

'자살' 충동을 느낀다는 건 무슨 뜻일까?
살다가 어느 순간 자살을 생각하는 사람이 많다. 외롭고, 어찌할 수가 없으며, 두려운 순간에 그러리라.

안타까운 사실은 매년 전 세계에서 80만 명이 목숨을 끊는다는 점이다(영국에서는 7000명). 대부분은 젊은 남성이다. 여성은 자살을 '시도'하지만 성공하지 못할 가능성이 크다. 이렇게 차이 나는 이유는 남성이 좀 더 폭력적인 방법을 쓰기 때문이다.

그럼 얼마나 많은 사람이 순식간에 목숨을 끊을 생각을 해야 한다는 뜻인지 상상해 보자.

자살 충동이 나타나는 형태는 여러 가지다. 막연하게 '이렇게 계속 살 수가 없다'라고 생각하는 사람이 있다. 생을 마감하는 일이 지금처럼 지옥 같은 나날을 보내는 것보다 낫다는 말이다. 자기가 없어야 가족이나 친구가 더 잘 살 거라고 생각할 수도 있다.

이런 감정은 불쑥 찾아오거나 시간이 흐르면서 생길 수 있다. 시도 때도 없이 바뀔 수도 있다.

어떤 방법으로 자살할지 고민하고 있다면, 아니면 계획을 세우려 한다면, 지금 당장 도움을 청해라.

자살 충동을 느낀다면:

- 온 신경이 자살에 쏠려 있고, 실제로 자해할지도 모른다는 생각이 든다면, 바로 병원에 가거나 전화로 긴급 구조를 요청해서 구급차를 보내 달라고 해라.
- 누군가에게 말해라. 가족이나 친구한테는 말할 수 없거나 하기 싫다면, 의사한테 전화해라.
- 그렇게 할 수가 없거나 아는 사람한테는 말하기 싫다면, 도움을 받을 수 있는 기관과 자선 단체가 여럿 있다.

자살 충동을 느끼는 사람이 느낄 만한 감정:

- 어쩔 줄 모르고, 절망에 빠져 있다. 사는 게 아무 의미 없다 느낀다.
- 부정적인 생각을 하다가 울거나 주눅 든다.
- 고통을 참을 수가 없다. 고통이 끝나는 건 상상도 못 한다.
- 쓸모가 없어서 자기가 없어야 다들 더 잘 살 거라고 생각한다.
- 신체를 자해하거나 신체에 감각이 없다.
- 죽음에 사로잡힌다.

겪을 수 있는 일:

- 잠을 제대로 못 자고, 특히 일찍 깬다(진짜로 조금이라도 잔다면).
- 덜 먹거나 살이 빠진다. 반대일 수도 있다.
- 외모에 관심이 없어서 관리를 안 한다.
- 남을 피하려 한다.

- 유언장을 쓰거나 자기 물건을 나누어준다.
- 자기혐오를 느끼거나 자존감이 낮다.
- 자해 충동을 느낀다.

자살 충동은 영구적이지 않다.

자살 충동은 그냥 생각일 뿐이다. 지금 당장은 못 느끼더라도, 상황은 더 나아지기 마련이다.

하지만 자살 행위는 영구적이다.

참고: 내가 '나아진' 뒤에 알게 된 시. 오스트리아 시인 라이너 마리아 릴케가 썼다.

모든 일이 일어나게 해라.

아름다움도 공포도

계속해 나가라.

어떤 감정도 끝이 아니다.

'불면증 쇼크' 기간에 이 시를 알았다면 좋았을 텐데. 아마 꺼지라고 했겠지만.

내가 이렇게 뜻깊은 의미를 이해했을 리는 없다고 확신하지만, 뒤늦게 고결함과 편안함을 느끼게 되니 끝내주는 시라는 생각이 든다. 여느 때처럼 '안 좋은 날'에 도움이 되기에 책상에 붙여 두었다.

이걸 다시 보면 도움이 되겠지.

6월 17일

0시간, 0분

내가 하루를 보내는 방법

무엇이 '하루'를 구성하는지 정하기란 까다로운 일이다. 24시간(48, 72, 96시간 등) 단위로 나누어 줄 '밤'이 없을 때 말이다. 패턴은 조금씩 다르지만, 보통은 새벽 3시 30분쯤 자는 걸 포기하고 아래층에 내려가서 토스트를 굽는다. 더 기다려야 하지만, *배가 고프다*. 듣자하니 식욕이 왕성한 데는 의학적인 근거가 있단다(92쪽 참고). 그냥 따분해서라거나 식탐 때문만은 아니다. 적어도 나는 그렇다.

아직 라디오를 안 켠 상태라면, 〈토크스포츠〉로 채널을 돌린다. 지금은 음악이 듣기 싫으니까. 힘든 감정이 너무 많이 떠오르거든. 뉴스를 들으면 내가 뒤로하고 떠난 업계 생각이 난다. 스포츠는 온건하고 감정을 '유발'하지 않아서 좋다.

새벽 6시쯤, 깊은 한숨을 푹 내쉬면서 두 번째 아침을 들고 위층에 올라간다. 보통은 위타스 시리얼이다. 침대에서 아주 근사한 아침을 먹고 있다고 나 자신을 속이려 한다.

처음 몇 년 동안에는 아이들을 겨우겨우 학교에 데려다줄 수 있었다(가끔씩). 그다음부터는 잘 다녀오라고 손을 흔들면서 다시 위층으로 총총 올라간다.

목욕을 한다. 이렇게 완전한 지옥에서 사는 내내 목욕을 안 한 적은 한 번도 없다. 보통 하루에 두 번씩 한다. 사실 나한테는 목욕이 유일한 낙이다. 하지만 머리를 감는 건 힘들다. 팔을 들어 올려서 힘을 쓰니까.

옷을 잘 챙겨 입은 느낌이 들어야 하는데, 입을 옷이 마땅치 않다. 대부분 잡지 편집장이랑 디자이너 스타일이고, 드라이클리닝만 해야 하는 옷이다. 터무니없이 안 어울리기도 한다. 처음에는 살이 빠져서 청바지가 너무 헐렁하더니, 나중에는 살이 쪄서 너무 꽉 낀다. 게다가 데님은 침대에 눕거나 소파 위에서 이불을 덮기엔 천이 너무 거칠다. 그래서 레깅스랑 티셔츠, 잠옷을 입는다. 내 옷이 너무 작아지면 전 남편 잠옷을 입는다.

10년 중 가장 좋은 시기를 침대 속이나 위에서 보낸다. 그것도 뜬 눈으로.

아무 생각 없이 구글을 검색할 때가 대부분이다. 벤조디아제핀, 자살, 새 직업으로 뭐가 있을지 검색한다(그래, 말이 안 된다는 거 나도 안다). 몸이 '완전히' 병들었다는 생각이 많이 들어서 1) 누가 나를 돌봐 주어야 한다고 결론짓는다. 2) 그래야 사람들이 내가 진짜 환자라고 생각해서 동정하기가 더 쉬울 테니까.

노트북을 안 할 땐 책을 빤히 쳐다보거나 아무 생각 없이 〈토크 스포츠〉를 듣는다. 이불을 거실로 끌고 내려가서 멍하니 낮 시간대 텔레비전 프로그램을 보기도 한다. 정당하게 '병가'를 냈다고 나 자신을 속인다. 지금 처한 역경을 어떻게든 인정하지 않는다. 감기 때문에 출근을 안 하고 집에 있다고 내 멋대로 편하게 생각하려 한다.

이렇게 모순되는 생각을 해도 안 통한다. 스트레스를 받아서 신경이 날카롭다. 온종일 죄책감을 느낀다.

(낮 시간대 텔레비전 프로: 가끔 무기력을 뚫고 관심이 생기는 프로가 있다. 난 〈공짜로 돈 벌기^{Money for Nothing}〉라는 BBC 프로그램을 좋아한다. 활기찬 여성이 사람들한테 말을 건네면서 재활용 팁을 알려 준다. 오래된 가구를 가져다가 술 장식을 달아 팔아서 이익을 얻고는 '예고 없이' 그 집에 나타나 빳빳한 새 돈을 건넨다.)

내가 당번인 날에는 4시쯤에 학교에서 아이들을 데려온다. 집으로 돌아오는 길, 난 차 안에서 짜증스러운 대화를 되풀이한다. 사실 대화도 전혀 아니다. 속사포처럼 질문을 읊어 대다가 그릇된 결론을 내는 일만 이어질 뿐이다.

저녁때는 간단하고 평범한 먹을거리를 후다닥 만든다. 생각을 한다거나 균형을 맞추지 않아도 되는 음식이다. 그러고는 다시 최대한 빨리 위층으로 물러난다. 노트북을 켠다. 또 목욕을 한다.

'잘 시간'은 보통 오후 8시 30분쯤이다.

너무 이르다는 건 *안다*. 운동을 해야 했다는 것도 *안다*. '수면 위생'이 완전히 망가졌다는 것도 *안다*. 온종일 화면을 빤히 쳐다보면 안 된다는 것도 *안다*.

그런데도 이후 6년 동안 거의 이 패턴을 따른다. 내일도, 모레도, 글피도.

내가 밤을 보내는 방법

자, 잘 시간에 제일 희망이 넘친다. 누가 알겠어? 오늘이 그런 밤이 될 줄.

알약을 먹는다. 희망을 품고 누워서 슬금슬금 잠이 오길 기다린다. 나머지 식구도 자려고 준비하는 소리가 들린다. 1시간 뒤에도 깨어 있는 순간, 라디오를 튼다. 강박 관념에 사로잡히고 텅 빈 머리로 인터넷 검색을 한다.

자정 무렵, 다시 깜빡 잠들어 '보려고' 하는데, 가망이 없다. 머릿속에서 롤로덱스 회전 명함꽂이를 빙빙 돌린다. 죄책감, 후회, 두려움, 이런저런 생각, 평생의 추억이 다시 나를 찾아온다. 하지만 불안한 생각을 해서 깨어 있는 것만은 아니다. 꼭 왠지 내가 수면제를 제자리에 안 두어서 못 찾는 듯한 느낌이다. 더는 생리학적으로 잠들 수 없다는 말이다.

꿈의 신 모르페우스가 내 머리에는 양귀비 씨를 안 뿌렸나 보다. 잠 귀신도 달아났다.

새벽 2시 무렵, 난 절망에 빠져 있다. 여름밤은 최악이다. 이른 새벽은 실패를 뜻한다. 대규모 살인이라도 저지르고 싶은 심정이다.

1년 중에서 12월 21일 이후에 이상한 혐오감이 든다. 다시 빛이 더 환히 빛나는 시기가 시작된다는 뜻이니까.

7월 1일
0시간, 0분

수면이 일상생활에서 온갖 목록에 들어간다는 게 신기하다. 사람들은 '일어나서 마음을 먹고' 일한다. '잠에 취한 채' 발표한다. 친구는

"난 그런 건 꿈도 못 꿔"라고 하더라.

난 이런 말을 들을 때마다(나마저도 그런 말을 쓰고 있다) 씁쓸하게 눈알을 굴린다.

7월 12일
0시간, 0분

이 문장에는 구두점이 하나도 없다 더는 시간이 멈추지 않고 밤도 끝나지 않으니까 그리고 오늘 아침 새로운 문장은 **난 못 참아 난 못 참아 내가 어떻게 아직도 살아 있을 수가 있지다**

(제임스 조이스한테 사과의 뜻을 전함.)

7월 13일
7시간 정도

오늘은 잘 거다. 빌어먹을 결과야 어찌 되든 말든! 악마는 나를 추월하고, 난 클로나제팜 상자를 비운다. 사실 기분은 꽤 좋고, 어디선가 벤조를 이만큼 먹으면 도움이 된다는 내용을 읽긴 했지만, 그러지 말고 999*를 불러야 했다는 생각이 든다.

거구 구급 대원 둘이서 커다란 부츠를 신고 나타난다.

———————

* 영국 긴급 전화 번호.-옮긴이

구급차 안에서 멍청하고 무모한 나 자신한테 죄책감이 든다. 돌아가야 할까? 구급 대원은 친절하지만, 안타까워하면서 그렇지는 않다고 한다. 안심시켜 주면서 전화 잘했단다. 안전이 최고라면서. "저희가 필요한 도움을 받도록 도와 드릴게요"라고 하더라.

하지만 응급실 간호사는 불친절하다. 기계 같고, 말도 없다. 혈압하고 체온을 잴 때 미소도 안 짓는다. 이번에는 예방용 식염수 주사를 안 맞는구나.

난 앉을 수도 없는 파란색 플라스틱 의자가 있는 병실로 가게 된다. 의자가 경사져 있는데다 '엉덩이 부분'이 너무 작아서 계속 쭉쭉 미끄러진다. 의자는 동그랗게 담뱃불에 탄 자국으로 장식되어 있다. 5시간 동안 앉아 있는다. 좋게 생각하려 한다. 새로운 벽이 있다. 잠깐 눈길을 돌릴 만하다.

벽을 쳐다보면서 왜 알약을 다 먹었는지 정확히 생각해 보려 애쓴다. 판에 박힌 말로 '도움을 요청'한 건가? 문제는 내가 도움을 요청*했다*는 점이다. 난 매일 도움을 요청한다. 의료진도 내가 여기 있는 걸 안다. 하지만 약물로만 도울 수 있는 듯하다. 약을 점점 더 먹는 것 같다. 그것도 매번. 좋은 방법이 아니라는 생각이 점점 더 든다. (먹어도 잠은 하나도 안 온다.)

드디어 꽤 젊은 정신과 간호사가 나타난다. 간단히 이야기를 나눈다. 내가 질질 끌면서 늘 똑같은 불평을 하자 간호사가 나를 재택 치료 팀Home Treatment Team으로 보낸다. 바로 사람을 정신 병원에서 빼내는 일을 하는 팀이다.

재택 치료 팀에서 내일 우리 집으로 온단다.

암울한 날이 행복하게 끝나는군. 집에 오니 몸에 클로나제팜 약효가 아직 남아 있어서 7시간 동안 자게 된다.

기쁘지만, 허풍을 떨 수는 없다. 이건 써먹을 만한 방법은 분명히 아니다. 그래도 내일 아침에는 깜짝 놀라며 눈뜬다. 그리고 드디어 좀 쉬었다며 좋아한다.

7월 16일
1시간, 15분(클로나제팜 약발이 아직 남아 있음)

재택 치료 팀한테 감동을 하나도 못 받았다. 재택 치료 팀은 '불면증 쇼크'를 겪은 이후 몇 년간 이런저런 시기에 불쑥 나타난다. 우선 똑같은 사람을 두 번 보는 일은 드물다. '치료법'이나 심리 치료 같은 것도 없다. 재택 치료사Home Treaters는 초저녁에 와서 어떻게 지내는지 물어본다. 하지만 대답에 귀를 기울이지는 않는다.

내가 저녁마다 하는 말을 생각해 보면, "또 못 잤어요… 잠을 못 자요… 못 잔다고요." 등이니까, 엄청 지루하겠지.

치료사는 신발을 벗고, 안락의자에 앉은 다음. 무겁고 까만 구닥다리 서류 가방을 시끄럽게 홱 열어젖히고는(다들 똑같은 가방을 들고 다니는 듯하다. 같이 쓰나?) 알약을 준다. 이때 치료사는 당연히 스스로 약을 나누어 먹으리라고 생각하지 않는다. 약을 다 주고 나면 복약 수첩에 알아보기 어렵게 적는다.

그런 뒤에 후딱 닷지 승용차를 타고 떠나 다음 미치광이한테 간다.

8월 5일
0시간, 0분

상사가 시내에서 회의를 잡는다. 이제 일터를 떠난 지 1년째다(복귀 시
도가 수포가 되긴 했지만). 뭔가 바꾸어야 한다.

　지하철 타기가 두려운 내 마음을 아는 친구 A가 차로 시내에 데
려다주기로 한다. 지난여름에 입던 원피스를 고르고 가볍게 화장하
도록 도와준다. 약속에 나가기 불안하긴 하지만, 상사는 더할 나위
없이 괜찮은 사람이다. 회사에서는 내가 복귀하길 바란다고 한다. 내
가치도 알아준다. 하지만 난 지금 잡지를 편집할 수가 없으니까(그럴
리가), 좀 더 급이 낮은 업무부터 시작하는 건 어떨까? 상사는 내가
머지않아 전에 일하던 수준으로 끌어올리기를 바라면서 건강 자매
지 특집 기자 자리를 주겠다고 한다.

　이론상으로는 훌륭한 계획이다. 하지만 사실 난 알파벳도 거의 기
억하지 못 한다. 식단이랑 운동과 관련된 조언을 하는 기사를 의미
있게 쓸 능력이 거의 없다는 건 말할 필요도 없다.

　뜻밖에도 그 주제는 나한테서 떠나가질 않는다.

　친구랑 가족들은 신이 나서 나보고 두 손으로 기회를 꽉 잡아야
한다고 말한다. 난 흐느적흐느적 붙잡는다.

8월 15일
0시간, 0분

집에서 나가는 데 2시간쯤 걸린다. 너무 조마조마해서 차분히 옷을 고를 수도 없다. 편집장한테 전화해 늦는다고 말한다. 회사에 도착할 무렵에는 오전 11시가 넘는다. 10분 거리에 있는 역으로 걸어가기가 싫어서 차를 몬다.

사무실에 처음 발을 들인 순간부터 다 잘못된 느낌이 든다.

우선 건강 잡지사 사무실은 예전 육아 잡지사처럼 탁 트여 있다. 예전 직원이 부지런히 일하는 모습이 보인다. 문득 상황이 살짝 이상하게 느껴진다. '불면증 쇼크'가 머리를 후려치기 전, 난 이 새 잡지를 편집하고 싶었다. 이제는 친구 T가 새 편집장이자 상사다.

투덜대는 것처럼 들린다는 거 안다. 기회는 감사한데, 수습생 노릇을 하기엔, 심리적으로 최적의 장소는 아니다.

공교롭게도 사실상 이를 뒷받침할 근거는 없다. 난 가망이 없다. 간단한 원고를 편집해야 하는데, 더는 비판적으로 읽을 능력이 없다. 편집장한테 "괜찮다"라고 말한 뒤 출간을 준비한다. 실은 안 괜찮다.

짧은 글을 써야 하는데, 진짜 새내기가 할 법한 일이다. 이것도 쉽지가 않다. 내가 운동, 건강한 식습관, 수면 등을 조언할 만한 입장은 아니라는 말도 해야겠다. 그중에 아무것도 하는 게 없는데.

(이러는 내내 재택 치료 팀에서 오는 전화를 처리한다. 상황이 이보다 더 이상할 수는 없다. 동시에 마음을 가다듬으려고 화장실을 들락날락하기도 한다.)

일의 주제는 내 새로운 강박 관념, 즉 신체 건강에 도움이 안 된다. 초고속 광대역 통신망도 마찬가지다. 난 특집 기사를 수정해야 할 시간에 구글에 '잇몸 퇴축'을 검색한다.

누가 내 뒤를 지나가면 유치하게 보고 있던 페이지를 확 닫아 버리지만, 동료들은 내가 뭘 하고 있는지 아는 것 같다.

8월 16~29일
0시간, 0분

잡지사 직원은 다들 인내심이 넘친다. 하지만 2주쯤 지나자 너그럽게 '일터 복귀' 계획이 어느 수준에서도 안 통한다는 게 분명해진다.

난 (용서할 수 없게도) 매일 지각하고, 일찍 퇴근한다. 맥북을 앞에 두고 의자에 앉아 있는 동안에도 쓸모없고 정신 사나운 얼간이다. 직원들은 마음 넓은 기자인 만큼 정신 건강 문제를 이해해 준다. 하지만 여긴 보육 시설이 아니라 일터다.

어느 순간 편집장 친구랑 나는 내가 재택근무를 하는 편이 낫겠다고 판단한다. 하지만 그 순간마저도 반만 완성된 기사와 예전 같았다면 창피해 했을 작업물을 제출한다. 팀원이 그랬다면 내 낯빛이 어두워졌을 텐데.

어쩌다 그런 건지 기억은 잘 안 나지만, 난 9월 초쯤에 다시 병가를 낸다.

9월 5일
0시간, 0분

예전에는 친구가 많았다. 늘 내 곁에 절친이 있다는 걸 느낀다. 하지만 곁다리들은 점점 사라졌다. 몇 명은 그냥 내가 '곁에' 없다는 이유로 그랬다. 퇴근 뒤 술자리에, 아이들을 데려다준 후 커피를 마시는 자리에 없다는 것이다.

그냥 조금 아는 사람은 요즘 나를 어떻게 대해야 하는지 잘 모르니까 거리를 둔다. 그건 괜찮다. 난 수다를 빨아들이고, 진싸신짜 따분하니까.

절친 두 명은 일이랑 아이들 때문에 바쁜데도 계속 나한테 전화하고, 시간이 되면 찾아온다. 나랑 같이 '견뎌내 주어서' 고맙지만, 갈 때는 분명히 기분이 나빠진 게 눈에 보인다. 다들 오고 나면 기분이 더 안 좋아지는 편이다.

H가 '와서 1시간 정도 같이 있겠다'라고 말하는 순간, 내가 양로원에 사는 나이 든 이모라도 된 느낌이 든다. 난 다 죽어가고 있다.

주제는 하나뿐이다. 바로 나랑 건강이다. 난 남의 말을 들어 줄 능력도, 남들도 살면서 힘든 일을 겪을 수 있다는 점을 공감하고 이해할 능력도 잃었다.

다른 절친 L(뷰티 전문 기자)이 공짜로 보톡스랑 필러를 맞게 해 준다. 그럼 덜 찡그린 것 같고, 생기 있어 보이니까. 그 뒤에 내가 "이제 더 미란다 같아?"라고 묻는다. L이 날 뜯어보더니 말한다.

"반쯤 미란다 같아."

안 통한다.

10월 5일
0시간, 0분

보통 수면은 사람한테 유익하다. 잠을 자면 '이동식 탑승교'처럼 한 번에 다음번 활동 시간으로 넘어가는 셈이다. 하지만 난 잠을 자려는 과정에서 온 힘을 다 써 버렸다.

밤이 오는 게 불안하고, 잠자리에 들기가 걱정되는 정도까지는 아니다. 하지만 불면증을 앓는 사람한테는 흔한 증상이다. 그보다는 잠을 안 자니까 낮에 햇볕 쬘 시간을 다 망치게 된다. 더는 창의적으로 생각할 수도, 즉흥적으로 행동할 수도(진짜 아예 행동을 못 할 수도 있다), 깊게 생각하거나 신경을 많이 쓸 수도 없다.

마늘 조각이 느낄 법한 감정이 든다. 공이랑 절구에 으스러진 느낌. 쫙 퍼진데다 엄청난 충격도 받은 느낌. 늘어지고, 쓸모없는 느낌. 원래 모습도 온데간데없다. 냄새도 좀 난다.

살길이 없다.

3년 차

1월 15일

0시간, 0분

피할 수 없는 일이 일어난다. 회사에서 보낸 정리 해고 합의·P45 서류*를 받는다.

　부당한 대우라거나 억울하다는 생각은 안 든다. 회사 측에서는 나한테 최선을 다했다. 다른 직원 대부분보다 더 오래 참아 주었다.

　근데 기분이 좋다고까지는 말 못하겠다.

---

* 영국에서 실직 시 받는 서류.-옮긴이

3월 23일
0시간, 0분

이제 더는 육체에 눈을 두지 않으니 내면으로 시선을 돌린다. 최근에는 신체 건강에 강박관념이 있었다. 특히 내가 썩어 간다는 부분에.

온종일 침대에 앉아 있으니 근긴장도에 안 좋다. 팔다리는 막대기 같고, 발마저도 더 앙상해 보인다. 계속 발을 쳐다본다. 사람들한테 발이 오그라들고 있다고 말한다. 사람들은 나보고 정신 나갔단다.

머리카락은 밀짚 같다. 하얀 치아는 색이 약간 변했고, 입꼬리는 아래로 축 처진다.

(회복된 뒤에도 이 모든 부분에 진리가 담겨 있다고 생각한다. 예를 들면, 내가 복용한 약 중에 치아 부식을 유발하는 게 있었다. 하지만 그때 우리 가족은 헛소리라면서 나보고 미쳤다고 하더라. 제발 입 좀 다물라더군. 치과 의사라 궁지에 몰린 아빠는 계속 "정신과 문제지, 치과 문제는 아니다"라고 했다.)

이후 몇 년 뒤 어느 순간, 장은 암 발병 전 단계고(대장 내시경 검사를 한 뒤에 추가로 벤조 정맥 주사를 맞음. 만세!), 골다공증이 있으며(사비로 골밀도 검사도 받음), 맥박도 너무 빠르고, 호르몬 문제(마지막 두 개 때문에 런던 할리스트리트 사설 병원가에 돈을 퍼부음)도 '생길 거다.'

결국에는 정상으로 돌아온다.

불면증: 신체 건강에 어떻게 영향을 끼칠까?

불면증은 몸에 영향을 *끼친다.*

흔히들 불면증을 말할 때 정신 질환 증상과 관련짓는다. 불안증과 우울증 등을 두고는 말들이 많다. 하지만 불면증이 신체에 끼치는 영향을 자세히 다루는 일은 흔치 않다.

의학 연구와 내 경험에 따르면 불면증을 잠깐만 앓아도 신체에 중대한 영향이 생긴다. 심신도 약해질 수 있다.

불면증은 사실 비만부터 2형 당뇨, 알츠하이머병에 이르기까지 매우 다양한 질환과 관련 있다. 학술지 <실험 심리학^{Experimental Psychology}> 2019년 5월호에서 그 근거를 다루었다. 혈관에 흩어진 지방 침전물부터 뇌에 있는 '세포 쓰레기' 이론까지 다양한 이론을 바탕으로 한 연구다. 이에 따르면 하루에 7시간 미만으로 잔 사람은 마이크로RNA 분자 농도가 크게 높아진다. 이는 세포 단백질 함량을 억제하며, 염증과 좋지 못한 혈관 건강과 연관되기도 했다.

끝내주네.

부분적 수면 박탈…

…은 만성만큼 나쁘진 않다. 잠은 좀 자는데, 필요한 수준까지는 못 자는 경우다. 전문가는 이를 '수면 부채'가 있다고 표현한다.

하룻밤 뒤에 피곤해 하면서도 보통 다음날 활동은 해낸다. 잠을 2~3일 동안 못 자고 나면 진이 빠지면서 짜증이 나게 된다. 업무 성과에도 영향을 끼칠 수 있으며, 동시에 두통, 느린 반응, 기억력 문제, 게으름 등도 나타날 수 있다. 운전을 하면 위험할 것이다.

장기성 부분적 수면 박탈은 완전한 불면증만큼 지독하지는 않지만, 여전히 꽤 심각하다. 이 또한 사람들이 SNS나 온라인 쇼핑, 24시간 스트리밍 서비스를 이용하면서 점점 흔해지고 있다.

연구진은 한 연구에서 지원자 집단을 추적했다. 지원자는 6일 동안 밤에 4시간만 자야 했다. 그러자 혈압과 스트레스 호르몬인 코르티솔 수치가 올라갔다. 독감 백신 항체도 더 적었다. 장기적인 문제와 관련해서는 인슐린 저항성 징후, 즉 2형 당뇨 전조 증상이 나타났다.

희소식은 지원자가 수면 부채를 보충한 뒤에 건강이 정상으로 돌아왔다는 점이다. 하지만 미친 듯이 일하는 성인이 많은 만큼 이를 확실히 관리할 수는 없으니, 경고하는 셈이다.

만성 불면증

과학자가 사람을 대상으로 몇 년 동안 수면 박탈 연구를 수행하기란 확실히 비인간적이다. 하지만 연구진은 수년간 불면증을 앓으면 어떤 손상을 받는지를 어느 정도 알고 있다.

특별히 순서대로 쓰지는 않았지만, 불면증이 계속되면 몸에는 이러한 손상이 생긴다.

체중 증가

과학: 학술지 <비만^{Obesity}>에서 다룬 36가지 연구 결과에 따르면, 잠을 충분히 안 자면 체중이 증가할 가능성이 더 크다(<비만>이라는 학술지에 공을 들인다니, 상상이 가는가? 파티에서 대화할 때 시간 끌기 좋겠다. 대화를 시작하기 좋을 수도 있고). 불면증은 허기를 조절하는 호르몬인 그렐린과 렙틴의 생성을 방해한다. 그렇게 되면 기름지고 탄수화물과 설탕이 많이 든 음식을 애타게 찾다가 하루에 정제 탄수화물 수백 칼로리를 더 섭취하게 된다.

낮에 지치면 굳이 운동을 하고 싶지가 않아서, 체중도 소용돌이친다. 폭포처럼 다른 질환으로 떨어지기도 한다. 아래에서 다루는 당뇨나 심장병이 그 예다.

나한테 일어난 일: '불면증 쇼크' 처음 6년간, 나는 사실 살이 빠졌다(근긴장도랑 골밀도 검사까지 거침). 나중에는 정상으로 돌아오긴 했지만. 그런 다음에는 저울에 있는 숫자가 올라가기 시작했다.

내가 살이 찐 이유는 결국 올란자핀(157쪽 참고)이라는 약을 처방받았기 때문이다. 사실 올란자핀은 항정신병 약으로, 주로 정신증을 관리할 때 쓰는 약이다. 정신증이란 망상, 환각, 편집증을 포함하는 증상이다. 조현병과 조울증을 앓는 사람에게서 흔히 나타난다. 올란자핀은 항우울제를 '늘릴' 때도 쓴다.

올란자핀의 주요 부작용은 뭘까?

난 화학 물질 때문에 몸이 부풀 뿐 아니라 지치고 비참한 상태였고, 건강한 식사를 하자는 원칙도 잃은 지 오래되었다. 집을 나서는 데 공포증이 생기니 운동에도 도움이 안 되었다.

그래서 살이 쪘다. 이 책을 마감하면서는 늘어난 무게를 (좀 성공리에) 빼고 있다.

당뇨

과학: 학술지 <당뇨병 관리^Diabetes Care>에 실린 보고서에 따르면, 만성 불면증이 있는 사람에게서 2형 당뇨가 상당히 증가했다는 점이 발견되었다.

1년 이상 불면증에 시달린 환자(하루에 5시간 미만)는 6시간 이상 잔 사람보다 3배 위험하다. 비만처럼(2형 당뇨와도 관련 있다) 근본 원인은 몸이 정상적인 호르몬의 제어를 방해받기 때문이다. 하지만 이는 수면이 부족해서 생기는 결과다.

나한테 일어난 일: 예약하고 간 병원 몇 군데에서는 나한테 혈당이 올라갔다고 했다('당뇨'라는 말은 전혀 쓰지 않았고, 약도 처방받은 적이 없다).

틀림없이 식단을 바꾸어야 했다. 하지만 난 매번 간호사가 그 말을 하기도 전에 그렇게 하겠다고 약속했다.

이제 혈당은 정상 범위 안으로 들어왔다.

심장병

과학: 2019년에 미국 일류 대학에서 불면증과 고혈압을 관련짓는 종합 보고서를 발표했다.

잠을 충분히 못 자는 사람은 스트레스 호르몬과 염증을 나타내는 물질도 증가했는데, 이는 심혈관계 질환의 주원인이다. 게다가 뜻밖에도 하루에 4시간 미만으로 자는 여성은 심장병으로 사망할 확률이 2배 높아진다.

나한테 일어난 일: 콜레스테롤 수치가 제법 심각한 수준으로 치솟았다. 살을 뺀 뒤부터는 나아졌지만, 그래도 높긴 하다. 혈압은 늘 괜찮았다.

치매/알츠하이머병

과학: 최근 연구에는 불면증 때문에 알츠하이머병에 걸릴 위험성이 높아진다고 나온다. 하버드대학교 의과 대학 보고서를 보면 불면증이 있는 사람은 그렇지 않은 사람보다 인지 기능 장애가 발생할 확률이 1.7배 정도 높다고 한다.

특히나 무서운 과학 연구도 있었다. 논문 저자는 '예비 징후'라는 게 있다면서, 단 하룻밤만 못 자도 뇌 단백질 수치가 올라간다고 주장한다. 이는 알츠하이머병에서 나타나는 증상이다.

나한테 일어난 일: 네? 뭐라고요? 뭐라고 했어요? 기억력이 예전 같지 않다.

곧 알츠하이머병에 걸릴 예정이다. 정말 이래도 괜찮을까?

바이러스성 감염

과학: 면역 체계가 건강하려면 수면이 필수라는 건 잘 알고들 있다. 'T 세포'와 마찬가지로 항원이나 외부 침입자에 맞서 싸우는 구성 요소의 일부인 것이다. 'T 세포'는 백혈구로, 바이러스에 감염된 세포를 파괴한다.

<내과학 기록^{Archives of Internal Medicine}>에 실린 연구에 따르면, 하루에 7시간 미만으로 잔 피실험자는 8시간 이상 꽉 채워 잔 사람보다 감기에 걸릴 확률이 3배 높았다. 다른 연구에서는 깊이 못 잔 사람은 코로나바이러스감염증-19에 감염될 위험성이 매우 높아지며, 밤에 1시간 더 잘 때마다 바이러스에 감염될 가능성이 12퍼센트 줄어든다는 것이 발견되었다.

나한테 일어난 일: 다행히도 '불면증 쇼크'는 코로나바이러스감염증-19 전이다. 감기에 특히 더 자주 걸렸다거나 독감에 한바탕 걸리기라도 했는지는 기억이 안 난다. 하지만 내가 집 밖에 자주 안 나가서 바이러스를 접할 일이 많지 않았기 때문에 그럴 수도 있다.

나한테 일어난 다른 문제

8년 차에 한 혈액 검사에서는 철분, 칼슘, 비타민 D 결핍이 두드러졌다. 하지만 철분제를 먹으면 구역질이 났다. 지역 보건의는 붉은 고기와 시금치가 더 많이 포함된 식사를 하면 충분하다고 조언해 주었다.

칼슘이나 비타민 D 정제를 처방받았는데, 분필을 먹는 느낌이었다. 그러자 의사 친구가 1000IU 비타민 D3를 먹으면 충분하다고 알려 주었다. 난 지금 매일 비타민 D를 먹는다. 말로 설명하긴 어렵지만, 훨씬 낫다.

불면증 환자는 다 운이 나쁠까?

문제는 똑같은 집단을 장기 추적 관찰한 연구가 없다는 점이다. 수면 전문가 소피 보스토크 박사는 "만성 질환은 모두 여러 가지 요소로 이루어져 있어서, 피실험자가 많아야 교란 변수의 영향을 배제할 수 있어요. 단기 연구에서는 보통 건강한 사람은 며칠 잘 자면 회복돼요"라고 말한다.

"하지만 불면증에 시달리는 사람을 위해서는 수면의 질을 높이는 데 장기적으로 영향을 주는 것을 분석하는 연구를 해야 해요. 희소식은 이 연구가 시작되고 있다는 거예요. 앱이나 온라인 도구 등 디지털을 활용해 본질적으로 측정할 수 있으니까요."

드디어 아이가 있는 사람한테 희소식이 생길지도 모른다. 보스토크 박사는 "부모는 대대로 수면 부족을 극복했어요. 아이가 있는 사람이 아이가 없는 사람보다 수명이 짧다는 근거는 없어요. 사실은 오히려 그 반대예요."

4월 15일
0시간, 0분

약으로 내 상태를 해결할 수 없다고 깨닫기까지 그리 오래 걸리지 않았다.

'불면증 쇼크' 기간에 일찍이 심리 치료를 고민해 봤지만, 효과를 볼 때까지 내 정신이 가만히 있지 못하리라 생각했다. 너무 미국 스타일 같기도 했다. 제멋대로 같았다. 비싸기까지 했다. 근데 지금은 이렇게 멀리까지 '정신과 사파리 여행'을 왔으니 해 볼 때가 된 듯하다. 친구가 앤서니 스톤이라는 치료사를 추천해 준다.

앤서니는 예의 있는 70대 거인으로, 런던 북서부에 산다. 런던 북서부에는 심리적 도움을 받고 싶어 하는 사람보다 치료사가 더 많다. 앤서니는 인본주의적 심리 치료법으로 치료한다. 구글에 검색해 보니 '인본주의 심리학을 바탕으로 하는 치료 모델'이라고 나온다. 고객 중심이며, 치료사와 고객의 관계가 성장을 위한 환경을 만드는 데 중요하다는 점을 인식하는 치료법이다.

이게 무슨 뜻인지 확실히는 모르겠지만, 앤서니는 수년 동안 다양한 방법으로 나를 '나아지게' 하려 했다. 여기에는 막대기로 쿠션을 탁탁 쳐 가면서 어린 시절 동안 있었을 법한 화를 푸는 일(난 화도 안 나고, 그렇다 쳐도 화를 보여 주기엔 너무 피곤하다)과 과거를 살펴보면서 내가 여기에 오게 된 이유일지도 모르는 심리적 트라우마를 설명하는 일이 포함된다.

이 방법은 이론상으로는 통찰력 있는 사람한테 도움이 될 듯하다. 하지만 문제는 난 안 그렇다는 것. 난 껍데기만 사람이고, 몇 년 동안 못 잤다. 과거를 돌이켜 보면서 분석할 입장이 썩 못 된다. 내가 원하는 건 오로지 잠이다. 어린 시절을 해부하는 일은 천천히 해도 된다.

그런데 의도치 않은 결과가 나타난다. 이렇게 자기반성을 하다 보니 구글에서 새로운 질환을 줄줄이 검색하게 된다.

앤서니는 무엇보다도 내가 먹는 알약의 양을 걱정한다. 내가 약에 취해서 '못 쓰게 되었다'라고 생각한다. 약 때문에 문제가 해결되기보다는 더 생긴다고 본다. 앤서니는 시간이 흐르면서 내가 약을 끊으려고 온갖 시도를 할 때마다 응원을 해 준다. 나랑 같이 원래 진료받던 정신과 의사를 만나러 가서 걱정되는 부분을 이야기하기도 한다.

불면증 때문에 생기는 참상은 앤서니의 상당한 능력과 수십 년간의 경력을 넘어서지만, 앤서니는 수년 동안 내 곁을 지킨다. 내가 전에 어떤 사람이었는지 알아보고는 그 사람을, 또 그 사람이 아직 '내 안에 있다'라고 떠올리게 하려 애쓴다. 돈을 못 벌게 되었을 때는 반값에 치료해 주고, 내가 특히 자포자기할 때는 30분을 넘기기도 한다. 가끔 예약 시간에 아예 안 나타나도 어김없이 이해해 준다.

앤서니는 같이 차를 마시거나 햄스테드 히스를 산책해 준다(초기에 적어도 내가 계속 밖에 나갈 수 있을 때). 나를 만나러 병원에 오기도 한다.

언젠가 가족이 휴가를 가서 내가 집 안에 있는 음식을 몽땅 먹어 치운 날에는 후무스, 빵, 토마토, 과일, 초콜릿 꾸러미를 가져와서 현관에 두고 가기도 한다.

7월 13일
0시간, 0분

또다시 아무 보람 없이 앤서니한테 다녀온 뒤에 방으로 돌아와서 "포기할래. 아, 포기한다고. 네가 이겼다"라고 혼잣말을 한다. 자주 이런다. 문제는 '네'가 누군지 하나도 모른다는 거다. 신일까? 자연일까? 우주일까?

하지만 활기찬 글로스터 백작은 『리어왕』에서 "인간이 파리를 가지고 장난치듯 신도 장난 삼아 우리를 죽인다"라고 하며 통곡했다(글로스터 백작이 마음 상한 건 놀랄 일도 아니다. 눈알이 막 뽑혔으니까).

이처럼 아무것도, 아니면 아무도, 결국 신경 쓰지 않는다.

근데 '포기한다'라는 건 무슨 뜻이지? 적극적으로 자살하려던 시기도 지나갔는데, 포기하면 안 된다. 계속 숨을 쉬면서 하루가 다르게 더 안 좋아지는 기분을 느끼는데, 세상 사람은 즐거운 일을 잘도 한다.

4년 차

2월 9일
0시간, 0분

국민 보건 서비스에 있는 사람 누구도 나를 어떻게 해야 할지를 모른다.

지역 의료 시설에서는 나를 '종합 돌봄 팀^{Complex Care Team}'이라는 곳으로 보낸다. 처음에 등록했을 때는 '종합 필요 팀^{Complex Needs Team}'이었다. 아마 누군가가 어딘가에서 너무 부담스럽고, 감언이설 같은데다, 그다지 적절하고 올바른 표현이 아니라고 생각했나 보다.

국민 보건 서비스 웹사이트에는 이렇게 나온다.

"국민 보건 서비스는 돌봄 프로그램 접근법에 따라 종합 정신 질환을 겪는 사람을 치료하고 지원합니다. 대상은 정신증(조현병, 조울증, 정신병적 우울증과 기타 정신 질환)을 진단받지 않은 사람입니다."

어떤 면에서는 '종합'이라는 말이 제법 괜찮지만, '필요'하다거나

'돌봄'을 받아야 하는 사람이 된다는 게 좋게 들리진 않는다. 정신과 의료 서비스에서 도움을 못 받은 사람을 관례상 이렇게 분류한다는 걸 금세 알게 된다. 즉, 머리가 약간 이상한 사람을 섞어서 부르는 말인 셈이다.

확실히 느낌이 별로 안 좋다. 난 얼마 전까지만 해도 경제적으로 자립하고, 유능한 워킹맘에, 마당발이었는데, 셰익스피어 후기 연극부터 〈섹스 앤 더 시티〉까지 다양한 주제를 두고 이야기를 나눌 수도 있었는데, 업계 임원진부터 아들의 유치반 1학년* 아이들까지 청중 수준에 맞추어서 말할 줄도 알았고, 매번 정신 건강 종사자 앞에서 "잠을 못 잔다"라고 하면서 계속 징징대기만 하는 사람이 아니었다. 나한테 '필요'한 거라고는 엄선된 디자이너 구두랑 가끔 외국에서 보내는 휴가뿐이었다.

그러더니 상태가 더 안 좋아진다. 새롭고 충격적인 진단을 받는다. 정서 불안 성격 장애라는데, EUPD라고도 한다.

뜻밖이지만, 찾아본다. 『정신질환의 진단 및 통계 편람』에 따르면, 정서 불안 성격 장애(예전 명칭을 따르면 경계선 성격 장애라고도 함)는 다음 기준에 따라 진단한다.

1. 대인 관계, 자아상, 정동**이 불안정한 경향이 광범위하게 나타난다.

---

* 영국 4~5세 반.-옮긴이
** 일시적이며 강렬한 감정 상태.-옮긴이

2. 성인기 초기에 충동성이 심해지기 시작해 다양한 상황에서 나타나며, 적어도 다음 5가지 사항을 충족한다.

그다음에는 '실제 또는 가상의 유기를 피하려는 광적인 노력', 불안정하며 강렬한 대인 관계 양상, 불안정한 '자아 정체감', 약물 남용과 '난폭 운전'으로 이어지는 충동성, 반복적인 자살 행동이나 자해 행동, 부적절하며 심한 분노와 '스트레스에 따른 편집증'이 포함된다.

맙소사.

여기에 해당되지 않는 게 너무 많다. 난 운전도 꽤 잘한다.

내가 정신과 시장에서 '쉬운 고객'이 아니라는 건 안다. 투덜대니까. 내가 하는 대화는(대화라 할 수 있다면) 했던 말을 또 하는 수준이고, 내가 생각하기에 당연한 말 같은 조언은 잘 듣지도 않는다. 다른 정신과 환자만큼 만족스럽게 회복되지도 않는다. 사실 내 상태는 더 나빠지고 있다.

하지만 내가 최근에 겪은 문제에는 구체적인 계기가 있다. 내 문제는 '성인기 초기에 시작'되지 않았다. 난 42살이었다.

3년 전에 큰 충격을 받았다. 정말 무덤덤한 사람이라 해도 흔들릴 정도였다. 난 이 트라우마(나한테는 트라우마였다)에 잠을 안 자는 방식으로 반응했다. 다들 자기만의 방식으로 트라우마에 반응한다. 중요한 관계가 끝난 뒤에 감정 문제를 겪는 사람도 틀림없이 많다. 난 그게 오랜 불면증으로 나타난 듯하다.

난 우울증 임상 진단을 받아들였다. 하지만 완전히 이해되지는 않았다. 너무 갑자기 '병'을 얻었으니까. 어쨌든 몇 년씩 불면증을 앓으면서 평생을 바친 것을 대부분 잃었는데, 우울하지 않을 사람이 누가 있겠어? 난 특별히 우울증 진단이 가치 있는 판단이라고 생각하지 않았다.

근데 정서 불안 성격 장애라니?

지역 보건의이자 올케인 S는 나를 25년간 알고 지낸 사람인데, 이 진단에 동의하지 않았다. 하지만 내가 최근에 영혼 없이 약을 과다 복용한 전력이 불리하게 작용할 수는 있다고 한다(정서 불안 성격 장애 진단 기준 중에 '자해' 전력이 들어가는 이유는 안타깝게도 일부 젊은 사람이 감정적으로 고통스러울 때 자해를 해서 그런 듯했다).

난 제일 심한 충격을 받은 순간에도 피부에 면도칼 대기를 엄청나게 싫어했다. 게다가 내가 진단받은 이유에 벤조 '중독'이 포함된다면, 화가 나서 펄쩍펄쩍 뛸 거다.

애초에 나한테 망할 약을 준 사람이 대체 누군데? '정서 불안 성격 장애' 환자는 많이들 중독 문제를 겪는다. 하지만 난 다른 약물 때문에 문제가 생긴 적은 전혀 없었다. 대학생 때는 늘 술을 퍼마시면서 가끔 오점을 남기긴 했지만, 기분 전환용으로 약을 하는 데는 정말 하나도 관심이 없었다.

S는 정서 불안 성격 장애를 진단받은 환자 이야기를 해 준다. 이런 질환이 있는 사람은 보통 학교에서 우등생이 되지 못하고, 명문대 학위를 받지 못하며, 연이어 대학원에 들어가지도 못한다고 한다. 국내 잡지를 편집해 나가지도 못하고, 의미 있는 친구 관계를 맺거나

결혼 생활을 오래 이어 가지도 못한다더라(결혼 생활이 끝장나긴 했어도 우린 13년간 최대한 노력했다).

문제는 지금까지의 인생을 돌이켜 보면서 깊게 뿌리박힌 성격상 결점을 찾아내고 있다는 점이다. 그래, 흔들린 적이 몇 번 있었다. 18살 때 학부 전공을 법학에서 영어영문학으로 바꾸면서 맨체스터에서 런던으로 이사했다. 행복하지 않았으니까. 그때 사귀던 남자친구가 보고 싶었다. 런던에서 사진작가로 일하던 사람이었다. 그렇다고 이게 근본적인 '자아' 정체감 결함이었을까? 그때 난 *어린애*였는데.

이 진단 때문에 나 자신과 그동안 겪은 일을 전부 의심하게 되었다. 난 우연히 성공했고, 우정이라고 착각했는지도 모른다. 난 (늘) 사기꾼이다. 더 나아가서 특별히 괜찮은 사람이었던 적도, 사랑받거나 심지어 사랑할 자격마저 없었는지도 모른다.

상태가 전보다 더 나빠질 수 있다면, 지금이 바로 그렇다. 그러니 의사와 치료사 선생님, 고맙습니다.

내가 진단에 의문을 표하자 의료진끼리 눈빛을 주고받는다. 뜻밖에도 그 모습을 보니 더 불안해진다. '카프카'스러운 악몽에 나올 법한 함정에 빠진 느낌이다. 하지만 난 바퀴벌레가 되어 눈을 뜨는 대신 응급실에 오래 머무르는 정신병 환자로 다시 태어났다.

참고: 나중에 와서 지금 이 글을 쓰고 있자니 더 어린데 더 회복이 안 되는 나한테 화가 난다. 사실 눈물도 찔끔 나온다.

둘 중에 어느 것도 건강하지 않다거나 '정서 불안' 반응이라는 생각은 안 든다.

성격 장애

성격 장애란 '사고방식, 감정, 행동이 문화적 기대에서 벗어나 있어서 고통이나 기능 문제를 일으키고, 그런 상태가 오래가는 경우'를 뜻한다.

어떤 정신 건강 관련 자료에는 "다들 감정적이 되거나, 질투하거나, 가끔은 호감을 얻고 싶어 한다. 하지만 이런 특성 때문에 문제가 생기면 성격 장애라고 진단받을 수 있다. 혼란스럽고, 지치고, 감정을 조절하기가 어려울 것이다. 그렇게 되면 본인과 주변 사람이 고통에 빠지게 된다. 고통스러운 만큼 우울증이나 불안증 등 다른 정신 질환이 생기기도 한다. 폭음하거나 자해로 대응하기도 한다"라고 나와 있다.

소피 보스토크 박사는 오늘 나한테 "이런 증상은 모두 불면증과 관련 있어요"라고 말해 준다.

『정신질환의 진단 및 통계 편람』에는 성격 장애를 진단하는 기준이 3개 군과 10개 유형으로 분류되어 있다.

A군:

편집성 성격 장애: 정당한 이유 없이 다른 사람을 의심한다.

조현성 성격 장애: 외톨이이며, 사회적 관계가 적다. 차가워 보일 수 있다.

분열성 성격 장애: 생소한 생각과 행동을 드러내며, '이상'해 보인다.

B군:

반사회적 성격 장애: 충동적이고, 난폭하며, 폭력적인 경향이 있다. 공감을 별로 안 하거나 못 한다.

정서 불안 성격 장애(구 경계선 성격 장애): 따로 적었으니 뒷면 참고.

연극성 성격 장애: 주목받고 싶어 하며, 감정을 지나치게 과장되게 표현한다.

자기애성 성격 장애: 본인에게 특별한 자격이 있으며, 자기가 중요하다고 느낀다. 다른 사람의 감정이나 욕구를 인정하지 않는다.

C군:

의존성 성격 장애: 다른 사람이 인생을 통제하도록 내버려 둔다. 스스로 행동하기에는 자신감이 부족하다.

회피성 성격 장애: 비판받는 것을 두려워하고, 사회적 상황을 불편해한다.

강박성 성격 장애: 극심한 완벽주의, 순서, 깔끔함을 추구한다는 특징이 있다. 강박 장애와는 다르다. 자기 행동은 합당하지만, 다들 '틀렸다'라고 생각하기 때문이다.

구글에 성격 장애를 검색하던 시기, 나한테 이런 증상이 하나부터 열까지 다 있다는 확신이 들었다. 아마 마지막 증상만 빼고(그러면 최소한 부작용 때문에 집이 깔끔해졌겠지).

이 책을 쓴 목적을 달성하도록 **정서 불안 성격 장애** 또는 **경계선 성격 장애**에 집중하려 한다. 그게 내가 잠시 처한 운명이었으니까.

성격 장애 진단을 두고 논란이 많다. 2013년, 스테이시 프리덴탈 심리 치료사는 'goodtherapy.org'라는 블로그에 "경계선 성격 장애 진단은 많은 사람에게 심한 오점으로 남는다. 정신 의학 전문가마저 그 용어를 경멸조로 쓴다. 진단 사실만으로도 성격에 결함이 있다는 뜻이라고 여기기가 쉽다. 현실에서는 결점은 진단에 있다"라고 글을 남겼다.

사미 티미미 박사는 국민 보건 서비스에 소속된 현명한 전문의이자 정신과 의사로서 이렇게 말한다.

"제가 의과 대학에 다녔을 때, 게임을 종종 했어요. 6명이 기숙사에 둘러앉아서 친구가 어떤 성격 장애 범주에 들어갈지 알아내려 했죠."

"성격 장애는 끔찍한 진단이에요. 약간 점성술 같아요. 목적에 맞는 증상을 고르거든요."

"성격 장애는 1) 나아지지 않고, 2) 의료진이 치료하기 골치 아픈 환자한테 진단하는 경향이 있어요. 1980년에 정신 병원이 폐쇄된 뒤부터 정신 건강과 정신 의학 전문 분야가 확장되었는데요. 그러면서 오랫동안 지역 사회 돌봄*을 받는 환자가 많아지더니 성격 장애 진단도 훨씬 흔해졌어요."

"진단받은 환자는 이제 더는 극복할 수 있는 병을 앓고 있다고 여겨지지 않아요. 환자의 존재 자체를 무시하는 셈이죠."

"성격 장애 진단을 반기는 환자도 더러 있어요. 진단을 받은 덕에 그동안 겪은 어려움을 설명할 수 있다고 보거든요. 하지만 그런 뒤에 금세 불만을 품어요. 꼬리표가 붙는다고 해결되는 일은 아무것도 없으니까요."

"어떤 환자는 오명이라고 생각해서, 상태가 더 안 좋아져요."

"다른 정신 의학 분야에서 많이들 그러듯이, 이 또한 주관적인 진단이에요. '정상'이라고 결정할 권한이 누구한테 있을까요? 이런 전문 분야의 한계를 두고는 논란이 없어요. 설명해 볼게요. 반정신의학 운동은 있어도 반순환기내과 운동은 없어요. 신장이 둘러앉아서 꿈을 품거나 미래를 걱정하진 않잖아요."

"고통과 '타자성'을 다루기를 불안해하는 정신과 의사가 많아요. 그래서 가짜 진단을 들먹이며 환자가 떠나길 바라죠. 치료를 실패했다는 책임을 지지 않으려는 거예요."

"성격 장애 진단에는 성별 격차도 있어요. 반사회적 성격 장애는 대부분 남성이 진단받아요. '미친 건지, 못된 건지'를 두고 논쟁이 많이 벌어지죠. '정서 불안 성격 장애'를 진단받는 사람의 75퍼센트는 여성이에요. 저는 이 부분

---

* 장기간 치료받아야 하는 환자를 가정과 지역 사회에서 돌보는 제도.-옮긴이

이 남성 지배적인 세상에서 사회가 여성에 부과한 엄청난 요구를 또 다른 방식으로 병리화하는 거라고 생각해요."

"국민 보건 서비스에서 성격 장애를 치료하는 데는 한계가 있어요. 국립 보건 임상 연구원 지침에는 다른 질환도 있는 경우가 아니면 약물 치료를 피하라고 나와 있어요. 하지만 진단받은 환자 10명 중 1명이 이미 혼합 약물을 복용하고 있다는 점을 고려하면, 지침을 따르기는 꽤 어려워요."

"어떤 치료 방식도 다른 것보다 효과가 더 커 보이지는 않지만, '변증법적 행동 치료'는 제법 최신식이에요. 변증법적 행동 치료는 인지 행동 치료에 기초하지만, 강렬한 감정을 느끼는 사람에게 더 잘 맞아요."

"변증법적 행동 치료는 무엇보다도 과거의 트라우마를 다루기 위해 모색하는 방법이에요. 하지만 모두가 이 접근법을 좋아하지는 않아요. 차라리 가족 관계에 집중하려 하거나, 과거를 돌이켜 보지 않으려는 환자도 있거든요. 마법의 '치료법'이란 없답니다."

"의사로서 정신과 꼬리표가 걱정돼요. 감정적으로 혼란스러워하는 환자가 오면, 전 뭐니 뭐니 해도 그런 분들이 인간다운 경험을 하고 있다고 생각해요. 살면서 겪는 문제에 다양하게 반응한다는 점을 존중한다는 건 제가 만나는 사람들이 거의 매번 '평범'하거나 '이해할 수 있는' 방식으로 반응한다는 의미예요. 진단은 이런 부분을 잠재적으로 처참한 결말로 덮어 버릴 수 있어요."

"모든 만남에는 독특한 양상이 있어요. 환자나 가족은 각자 저랑 특별한 관계를 맺죠. 전 환자가 진료에서 뭘 얻고 싶은지 알고 싶어요. 문제가 개선되면 어떻게 달라질지도요. 그런 뒤에는 환자가 그걸 마음속으로 그려보게 하려고 애써요."

"전 '왜'라는 첫 질문을 파고들려고 해요. 이유를 알고 나면 실제 삶에 어떤 변화가 생길까요? 전 보통 가계도를 써서 가족에는 누가 있고, 누가 누구랑 같이 사는지 등처럼 더 넓은 사회적 지지망을 파악해요. 환자가 마주한 다른 문제와 관련된 '회복력'과 문제 해결 방법을 파악하고 싶어서요. 전 늘 이런 내면의 힘을 세심히 살펴요. 바로 우리가 자주 잊는 것들이죠."

"마지막으로는 환자의 '변화 이론'을 이해하고 싶어요. 환자는 변화가 생길지를 어떻게 알 수 있을까요? 환자가 약물 이야기를 하면, 전 더 자잘한 단계로 나누자고 해요. 제일 먼저 뭘 보게 될지랑 다른 사람한테 어떤 영향을 끼칠지를 생각해 보는 거죠."

"환자가 저랑 생각이 다르다는 이유로 성격 장애라고 진단하지 않아요. 오히려 정신력이 강하다는 특성으로 보고 반기죠. 대부분은 의사를 의심하길 어려워하거든요."

"현실적으로는 성격 장애를 진단받은 의료 기록이 있으면 삶에 지장이 생겨요. 의사는 여러분을 이 진단을 받지 않은 사람만큼 진지하게 치료하지 않을 거예요."

난 사미 티미미 박사가 오히려 훌륭한 정신과 의사라고 생각한다. 내가 티미미 박사 병원에 갔다면 좋았을 텐데.

참고: 난 그다음 해에 정신과 의사를 여럿 만났다. 각자 나한테 정서 불안 성격 장애는 오진이라고 했다. 하지만 난 티미미 박사랑 인터뷰한 뒤에야 최근 의료 기록에서 꼬리표가 지워졌는지 확인할 생각을 했다. 안 지워졌더라.

지역 보건의가 걱정을 들어 주고, 내 정신 건강 상태랑 관련된 최근 문서도 읽어 보고, 의료 기록에서 진단 사실을 없애 주었다고 말하게 돼서 기분이 좋다.

난 이제 다시 공식적으로 '안정적인 성격'의 소유자다.

3월 15일
0시간, 0분

어느 순간 돌봄 종사자를 배정받는다. 친절한 사회 복지사다. 우리 집에 가끔 찾아와서 보조금 이야기를 해 주고, 가족의 전반적인 복지를 살핀다. 직원은 여러 번 바뀐다. 현 돌봄 종사자랑 나는 거의 매달 거실에 앉아서 이야기를 나눈다. 보통 "잠을 못 자요"라는 말, 짜증스럽거나 달래는 듯한 대답, 전문의랑 내 '약제를 재검토'하겠다는 모호한 약속이 되풀이된다.

(어떤 돌봄 종사자가 주차 위반 딱지를 받은 기억이 난다. 돌봄 종사자는 "헛소리하네!"라고 소리를 질렀다. 이런 게 재미있어질 날이 올까 싶어서 적어 두었다. 지금이 그때인 것 같다.)

그 외에는 '웰컴 그룹'이라는 평가 빼고는 기억나는 게 별로 없다. 난 불면증으로 자포자기한 상태라서 평가자를 못살게 군다. 평가 시간이 끝나면 바로 복도를 따라 낯선 정신과 의사한테 가게 된다. 벤조뿐 아니라 비상용 수면제도 처방받는다.

안 통한다.

직접 찾아본다. 근처 보건 당국에 성격 장애를 위한 프로그램 같은 게 있다. 하지만 난 세 길 건너 엉뚱한 방향에 살아서 거기에 갈 수가 없다.

꾸준히 클로나제팜을 먹고, 텔레비전을 보면서 매주 2번 개인 심리 치료사한테 간다. 치료사는 국민 보건 서비스 때문에 상처받은 마음을 고쳐 주려고 최선을 다한다.

4월 2일
0시간, 0분

바쁘게 돌아다니며 진단을 받는데, 아직도 못 잔다.

〈토크스포츠〉에 마음에 드는 게 새로 생겼다. 주말 아침 새벽녘에 〈어부 블루스〉가 나온다. 송어와 연어를 잡는 프로인데, 이상하게도 끌린다. 워터보이즈 주제곡을 들으면 학창 시절로 돌아가는 느낌이다.

5월 13일
아마 20분쯤?

지금 클로나제팜 때문에 문제가 심각하다. 뇌랑 몸이 약에 의존하게 되어서 기분 좋게 멍해지려면 약을 더 먹어야 한다. 의사는 현명하게 도 한 번에 일주일치만 처방해 준다. 그래서 더 먹으면 약이 일찍 떨어진다. 주말이 끝나갈 무렵이면 난 절망에 빠진다.

월요일 아침에 한 발씩 깡충깡충 뛰어가서 약국 문이 열리길 기다리는 게 확실히 정상은 아니지 않나? 난 약사가 10분만 늦게 나타나도 덜컥 겁이 난다. 약사는 약국 문을 열면서 내 눈을 피한다(아니면 그냥 내가 피해망상이겠지). 어떻든 간에 '약쟁이'가 되는 건 창피하다.

구글에서 다시 벤조를 검색한다.

벤조는 최대 4주 동안 '가능하면 간헐적으로'만 복용해야 한다고 되어 있다. 난 30개월 넘게 복용했다. 그것도 끊임없이, 비간헐적으로.

6월 1일
0시간, 0분

지역 보건의한테 도움을 청한다. 지역 보건의는 걱정하는 듯하면서도 자기는 전문의의 지시만 따를 수 있다고 한다. 어쨌든 전문의가 전문가니까. 그래서 난 웹사이트를 뒤져서 스스로 도움을 받는다.

토론방과 수다방을 보면 무서운 사람(주로 여자) 이야기가 나온다. 몇 년 동안 약을 먹은 사람들이다. 정신이나 신체에도 장애가 생긴 사람이 많다. 벤조를 복용해서 나타난 결과다. 내용이 흡족해서 좀 더 읽어 보니 암에 걸리거나 신경이 손상될 위험성도 증가할 수 있다고 한다. 인터넷에 전화 상담 서비스 번호가 넘친다. 하지만 전화를 걸 때마다 자동 응답 메시지가 나온다.

결국 누군가가 나한테 다시 전화한다. 〈애쉬튼 매뉴얼The Ashton Manual〉이라는 인터넷 자료를 안내받는다. 1999년에 헤더 애쉬튼이라는 약리학 교수가 저술한 프로그램인데, 결국 벤조에서 '벗어날' 때까지 오랜 기간 동안 양을 점점 줄여 나가는 과정이 자세히 적혀 있다.

이론상으로는 분명히 말이 된다. 근데 이걸 당장 할 정신력이나 욕구가 나한테 있을까?

헤더 애쉬튼과 <애쉬튼 매뉴얼>에 관해

헤더 애쉬튼은 의사이자 영국 뉴캐슬대학교 임상 정신 약리학과 명예 교수였다. 1980년대 중반에 벤조디아제핀 장기 복용 시의 부작용과 금단 증상 문제를 주제로 논문을 발표하기 시작했다. 이와 같은 논문을 총 50편 썼다.

애쉬튼 교수는 금단 증상에 접근하는 방법을 생각해 냈다. 환자가 직접 치료법을 배워서 소량이지만 세심하게 양을 조절해 복용하면서, 약을 줄이는 비율을 조절하도록 돕는 방법이다. 애쉬튼 교수는 환자에게 로라제팜이나 테마제팜처럼 센 벤조에서 보통 디아제팜(바륨)같이 더 '약하고' 반감기가 긴 벤조로 바꾸라고 권했다.

애쉬튼 교수의 기록에 따르면, 약을 완전히 끊는 데 몇 달에서 몇 년까지 걸린다. 애쉬튼 교수는 1999년에 경험의 정수를 뽑아 메뉴얼을 집필했다. 제목은 『벤조디아제핀: 작용 원리와 중단 방법^{Benzodiazepines: How They Work and How to Withdraw. Such was the demand for The Ashton Manual}』(국내 미출간)이다. <애쉬튼 매뉴얼>은 알려진 대로 수요가 많아지더니 그 뒤부터 11개 언어로 번역되며 수차례 개정되었다. 전부 무료로 내려받을 수 있다.

초기에는 애쉬튼 교수의 견해에 이의를 제기한 정신과 의사도 있었다. 하지만 1990년대 후반 무렵에는 벤조디아제핀을 장기간 복용하면 위험하다는 것을 대부분 받아들였다.

벤조디아제핀이 워낙 광범위하게 처방되고 구하기도 쉬운 만큼 '길거리' 마약으로 퍼지기 시작했을 때, 애쉬튼 교수는 이를 처음 지적한 사람으로 손꼽혔다. 2001년에는 <애쉬튼 매뉴얼> 머리말에서 "전 세계에서 여러 가지 마약을 남용하는 사람이 고용량 벤조디아제핀을 불법으로 복용하면서 위험한 부작용(에이즈, 간염, 후대에 전해질 위험성)이 새로 나타난다. 벤조가 50년쯤 전에 해롭지 않은 만병통치약으로 의학계에 나타났을 때는 상상도 하지 못했던 일이다"라고 밝혔다.

영국 의학 협회가 항의하자 <영국 국립 처방집^{British National Formulary}>이 2013
년에 <애쉬튼 매뉴얼> 최신판에 맞추어 개정되었다.

전 세계 수백만 환자는 실제로 이런 변화 덕에 도움을 받았다.

2019년 9월에 애쉬튼 교수가 별세하자 사람들이 각지에서 애도를 표했다.

하지만 빌어먹을 벤조를 끊으려 하면 삶은 더 형편없어진다…

조애나 몬크리프 교수는 저서 『돌직구 정신과 약 입문서: 작용 원리와 끊는 법
에 관한 진실^{A Straight Talking Introduction to Psychiatric Drugs: The Truth About How They Work and How to Come}
^{Off Them}』(국내 미출간)에서 이렇게 밝힌다.

"벤조디아제핀 금단 증상은 알아보기 쉽고, 증상도 매우 다양하다. 벤조
디아제핀은 신경 억제제인 만큼 중단하면 신경계 민감도가 높아진다. 그래서
금단 증상에는 보통 불안, 흥분, 불면증과 감정 기복이 포함된다. 톡톡 쏘거나,
저리거나, 통증이 있으면서 머리가 전기에 감전된 듯 불쾌한 감각이 느껴질
수 있다."

몬크리프 교수는 아래처럼 더 많은 증상도 제시한다.

- 이명(귀에서 소리가 울림)
- 이인증('비현실적인' 느낌)
- 빛, 소음, 촉감 예민도 고조
- 근육 떨림, 근긴장, 틱
- 독감과 비슷한 증상: 발한과 오한
- 식욕 상실
- 우울감

- 심박수와 혈압 상승

계속 복용해야 할까?

그렇다! "벤조디아제핀은 항간질제 특성이 있어서, 급하게 중단하면 위험한 간질 발작을 일으킬 수 있다."

6월 8일

0시간, 0분

이제 그만, 이라고 혼잣말을 한다. 이런 약을 먹는 실수를 저질렀다면, 틀림없이 끊으면 된다. 하지만 난 도움을 받아야 한다. 동네에 있는 약물과 알코올 서비스로 간다. 근처 병원에 있는데, 예약을 안 하고 가도 된다. 난 누가 봐도 심각한 약물 남용 문제를 겪는 사람하고 같이 대기실에 있어도 신경이 안 쓰인다.

바로 그날 오후에 상담사를 만난다. 상담사는 나를 전문의한테 보낸다. 중독자 치료 전문가다. 중독자란다. 그래, 무게 있는 말인데, 그게 바로 지금의 나다. 익숙해져야 한다.

중독이냐 의존이냐? 이해하기

자, 복잡한 부분이다. 처방 약과 관련된 내 문제를 신문 기사에 쓰기 시작했을 때, 난 내가 '중독'된 이야기를 했다. 어떤 온라인 환자 무리는 이 말을 썼다는 이유로 날 비난했다.

그 사람들은 의원성 의존, 그러니까 '진찰이나 치료로 생긴 병'과 '길거리' 중독을 구별했다.

"우린 중독자가 아니에요. 중독자는 기분 전환과 쾌락을 목적으로 약을 먹거든요. 우린 의사한테 약을 처방받았어요. 남용하지 않았다고요. 다음부터는 '의존'이라는 말을 써 주실래요?"

자, 뭐가 맞을까? 그게 중요할까?

마크 호로위츠 박사는 정신과 수련의이자 유니버시티 칼리지 런던 연구원이다. 해로운 정신과 약 처방을 과감하게 반대하는 운동가이기도 하다. 호로위츠 박사는 이렇게 말한다.

"의존과 중독은 종종 혼동됩니다. 하지만 둘을 구별하는 건 중요해요. 의학에서 다르게 취급하거든요."

"의존은 물리적인 과정이라서, 물리적 의존이나 생리적 의존이라고 해요. 누구든지 의존성을 유발하는 약물을 복용하면 의존성이 생겨요. 몸은 물리적인 과정을 거쳐서 물질에 익숙해지거든요(예를 들면, 수용기 수가 줄어듦). 약물에 의존하게 되면 줄이거나 중단했을 때 금단 증상이 나타날 거예요."

"중독은 약물이 뇌에 있는 보상 회로를 장악하는 증상이에요. 여기에는 약물 복용으로 인한 조절 장애, 상습 복용(약물을 접할 수 있을 때마다 복용하는 것), 해로운데도 계속 복용하는 것(실직, 관계 파탄), 갈망(약을 먹을 수 없을 때도 먹고 싶어함)이 포함돼요."

"중독은 의사한테 벤조디아제핀을 처방받은 경우랑은 달라요. 처방받은 사람이 약을 먹는 이유는 의사가 도움이 되는 치료법이라고 했기 때문이에요. 의사 지시도 잘 따르고요. 의존성을 형성하는 약을 오랫동안(보통 몇 주씩) 먹는 사람은 어느 정도 의존성이 생겨서 끊기가 힘들어요. 금단 증상 때문이죠."

"'내성'이 생기는 사람도 많아요. 더 많이 복용해야 같은 효과를 얻는 거죠. 보통 벤조디아제핀을 복용하면 그래요. '복용 중 금단 증상'interdose withdrawal이 생길 수도 있어요. 약을 복용하는 중간 사이에 금단 증상이 나타나는 거죠. 몸에서 약효가 점점 더 빨리 사라지기 때문이에요."

"물론 어떤 종류든 간에 약 관련 문제를 겪는 사람은 모두 도움을 받아야 해요. 하지만 영국 약물과 알코올 서비스는 약물에 중독된 사람을 위한 거예요. 근데 지금 처방 약에 비자발적으로 의존하게 된 사람을 위한 서비스는 특별히 없어요. 이런 사람들은 대부분 벤조디아제핀, 'Z-약물', 가바펜티노이드(224쪽 참고) 같은 약물, 그리고 이제는 분명히 항우울제까지 의존성을 형성한다는 말을 못 들었어요. 자기가 먹은 약 때문에 약물 중독 서비스에 갈 이유가 없다고 생각하는 사람이 많아요. 의사가 처방해서 복용했으니까요."

"중독에는 오명이 따라붙어서, 가끔 약에 의존하게 된 사람이 의사한테 금단 증상 때문에 약을 못 끊겠다고 말하면, 중독되었다는 말을 들어요(즉, 어떤 면에서는 약을 오용하고 있음). 중독자한테는 약을 처방하면 안 된다는 이야기도 듣고요. 의사가 '중독자'한테 이제는 비자발적으로 의존하게 된 약을 처방하지 못하겠다고 하면 처참한 신세가 되기도 해요. 그럼 환자는 다른 의사를 찾아가겠죠. 의사는 의심스러운 눈초리로 환자를 바라보면서, '왜 새 의사한테 바륨을 처방받으려 해요?'라고 하고요."

"성격이 나약해 보이면 필요한 도움을 받기는커녕 가혹한 대접을 받기도 해요. '중독'을 이겨 내라는 뜻에서 중독 수업을 듣게 되기도 하고요."

"벤조디아제핀은 의존성(오랜 기간 복용하는 사람 모두에게)과 중독(소수에게)을 일으킬 수 있어요. 대부분 할머니를 동네 중독 서비스에 보내는 게 부적절하다고 생각해요. 할머니가 수면제를 중단하면 잠을 못 주무시더라도요. 수면제에 중독된 문제를 심각하게 말하기도 하죠."

아주 효과적인 내용인데, 그걸 이 책을 다 쓸 때쯤에야 깨달았다. 난 전문 용어를 올바르게 써야 한다는 데 엄청나게 공감한다. 그게 처방 약에 의존된 환자의 치료 과정을 바꿀 수 있다면 더더욱.

하지만 알코올이나 길거리 마약 문제가 있는 사람이 의사한테 약을 처방 받은 사람보다 더 '나쁜' 건 아니라는 생각만큼은 확고하다. 치료법이야 다르 겠지만(141쪽 참고). '의존'으로 이 시기의 내 상태를 설명하는 게 확실히 더 낫 긴 하다. 하지만 난 곧 '재활 치료소 세계'로 들어설 예정이었다. '중독'이라는 용어를 철저하게 쓰는 곳으로.

그러니 '의존'이라는 표현을 강력하게 지지하는 사람에게 진심 어린 사과 를 전한다. 어떤 심정인지 완전히 이해가 간다. 다음에서는 내가 벤조디아제 핀에 '중독'된 이야기를 계속하려 한다.

6월 14일
0시간, 0분

중독 전문의를 만난다. 우린 〈애쉬튼 매뉴얼〉식으로 클로나제팜을 점점 줄이다가 디아제팜으로 바꾸기로 한다. 디아제팜은 더 순하면 서 오래 작용하는 벤조다.

이제부터는 몸에서 약이 무사히 빠져나갈 때까지 몇 달 정도 동 안 복용량을 점점 더 줄일 계획이다.

'약을 갑자기 끊으면' 위험하다. 발작으로 이어져서 치명적일 수 있기 때문이다. 진짜 중요한 내용이다.

내가 대량으로 복용하는 클로나제팜을 바륨으로 바꾸면 50밀리 그램이다. 엄청 많다.

하지만 이 계획이 통할 수도 있으니까, 전문가의 도움을 받아서 과감하게 해 본다.

이 얼마나 이상한 상황인가. 내가 의사한테 가서 약을 끊을 방법을 상의하는 동안, 같은 건물 2층 위에서는 처음에 나를 이런 상황에 빠뜨린 의사가 도사리고 있다.

6월 30일
0시간, 0분

다음 진료 때문에 다시 병원에 간다. 병원에서 나서는 순간, 다정한 정신과 환자가 '안녕, 에이미 와인하우스!'라고 외친다. 안타깝게 세상을 떠난 에이미와 나 사이의 공통점이라고는 유대인다운 외모, 스트레스랑 불면증 때문에 빠진 살, 짧은 원피스랑 스키니 진을 입고 있다는 점뿐이다.

물론 약도 있다. 기괴한 운명은 나를 떠나가질 않는다.

7월 1일
0시간, 0분

중독 전문의는 이해심이 많다. 하지만 그렇게나 많은 양의 디아제팜을 끊으려면 도움을 더 받아야 한다.

인터넷에서 본 조언도 다 도움이 많이 되지만, 난 실제로 말할 사람이 꼭 필요하다. 아마 헌신적인 상담사겠지. 문제는 전문가의 도움이란 같은 건 없어 보인다는 점이다. 난 닥치는 대로 브리스틀이나 올덤 등에 있는 자선 단체를 찾아낸다. 만세! 그러다가 우리 집에서 가까운 곳에 하나 더 있는 걸 알게 된다. 전화해 보니 놀랍게도 바로 연결된다. 여자분이 친절하긴 한데, 안타깝다. 특정 자치구 밖에 살면 도와줄 수 없다고 한다. 자격이 없어서 그렇단다.

화들짝 놀란데다 짜증도 난다. 좌절감도 느낀다. 나만 이런 문제를 겪지는 않을 텐데. 왜 날 도와줄 대책을 더 안 세우는 거지? 나랑 처지가 비슷한 사람은 어떻게 할까?

7월 15일
0시간, 0분

결국 앤서니 치료사는 두 손을 든다. 자기가 할 수 있는 일은 다 했는데, 도와줄 힘이 없다고 하더라. 낫게 해 주지도 못할뿐더러 도와줄 힘이 없다는 부분이 자기 행복감에도 영향을 끼친단다.

둘 다 무거운 마음으로 치료를 그만하기로 한다.

친절한 앤서니를 절대 잊지 않으리라. 나중에 친구가 되어서 가끔 같이 점심도 먹고, 이런저런 이야기도 주거니 받거니 하겠지.

9월 26일
0시간, 0분

다음번 진료에서 원래 진료받던 정신과 의사한테 내가 먹는 벤조 복용량이 걱정되어서 줄이고 싶다고 말한다.

의사는 "그렇게 하죠. 근데 다른 것도 해 봅시다"라고 한다. 〈영국 국립 처방집〉을 꺼내더니 프레가발린이라고 하는 좀 새로운 약을 조금 처방하면서 단계적으로 대체해 보자고 한다. 중독성은 없단다. 〈애쉬튼 매뉴얼〉에 대한 이야기는 안 한다.

아 이런, 약을 더 먹잖아.

10월 5일
0시간, 0분

구글로 돌아가 집착하던 습관대로 웹사이트 글을 다시 읽고 있다. 주제는 벤조 장기 복용과 그로 인해 생기는 문제점이다. 내 문제는 다 이런 약에 의존하면서 생겼다고 생각한다. 약에 취한 뇌 속에서 뇌 화학 구조를 '정상화'하면 '쉴' 수 있고, 다시 잠도 자게 될 거라는 말이 들려온다.

너무 나약해서 내 힘으로 계속해 나갈 수가 없다. 그러니 돈을 내고 전문가한테 맡겨야 할 듯하다.

처방 약 중독자를 돕는 재활 치료소를 찾아본다('국민 보건 서비스 입원 환자 도움'은 사실상 없다. 주로 알코올과 헤로인 중독자를 위한 치료소인 듯하다. 그리고 아주 솔직히 말하면 무서워 보인다).

개인 병원이 어지러울 만큼 늘어서 있는데, 어떻게 고를지 정말 모르겠다. 난 돈을 쏟아부어야 하는데다 유명인사가 자주 찾는다고 이름난 애리조나 치료소는 좋게 보이지 않는다. 한두 군데에서는 '고객'끼리 방을 같이 써야 한다더라. 거긴 목록에서 지운다.

전화를 좀 돌려 본다. 어떤 치료소는 금단 증상이 안전한지 감독할 의료진이 없다고 인정한다. 하지만 다른 곳은 벤조를 끊는 데 성공한 사람 이야기를 열정적으로 들려준다. 한 곳은 그렇게 비싸지 않고, 런던에서 가깝다. 직원도 친절하고, 경험도 풍부한 듯하다.

하룻밤 (안) 자고 생각해 본다.

10월 10일
0시간, 0분

선택한 치료소에 전화하니 일이 정말 척척 진행된다. 2시간 안에 차를 보내 주더라.

Z라는 기사는 유쾌한 20대. 치료소 덕에 몇 년간 계속된 코카인 중독에서 벗어났단다. Z가 "끝내줘요. 저희가 낫게 해 드릴게요"라고 한다.

딱 내가 듣고 싶은 말이다. '저희'란다. 팀이 들이닥쳐서 맡아 주겠지! 내 문제를 해결해 줄 테고!

교외에 도착한다. 치료소가 있는 곳이다. 고객은 구역에 있는 집에 머물며 '하우스 매니저' 같은 사람하고 지낸다. 내가 머물 '집'을 보니 텅 비어 있다. Z가 "다들 모임에 가 있어요"라고 한다. 내가 어떤 모임이냐고 묻는다. "익명의 알코올 중독자들요. 미란다도 내일 합류할 거예요"란다.

진짜? 근데 난 알코올 중독자가 아니잖아.

Z는 모든 모임에 꼭 참석해야 한다고 설명하면서 읽을 자료를 준다. 내 약을 가져가더니 치료소 지역 보건의가 오고 있다고 한다. 휴대전화도 내야 한다. 듣자 하니 고객은 첫 주가 지난 뒤에 휴대전화를 돌려받는다(그 뒤에는 저녁때만 쓸 수 있다). 조금도 거슬리지 않는다. 아무튼 내가 전화할 사람이 어디 있겠어?

의사는 젊고 이해심이 많다. 내 고민을 들어 준다. 우리는 같이 벤조를 적당히 줄이도록 프로그램을 짠다. 관리받는 환경에 있는 만큼 집에 있을 때보다 더 빨리 진행할 수 있다고 한다. 3주를 목표로 잡고, 마지막 주는 약 없이 보내서, 제공되는 치료를 최대한 활용하기로 한다.

보통 재활 치료소에 28일 머무니까, 다 꽤 괜찮은 것 같다.

무엇보다도 지역 보건의가 나한테 그날 밤에 먹으라고 조피클론 두 알을 준다. 푹 자고 나서 다음 날에 최대한 잘 안내받으라는 뜻이다.

재활 치료소에서 약을 더 준다고? 보너스네.

10월 11일
0시간, 0분

오밤중: 하지만, 물론, 못 잔다.

Z가 준 자료를 읽는다. 치료소에는 '12단계' 프로그램이 마련되어 있다. 일주일에 5개 모임에 참여한다는 '규칙'이 있다. 여기에는 익명의 알코올 중독자들과 익명의 마약 중독자들 모임이 섞여 있다. 대체 이걸 나한테 얼마나 적용할 수 있을지 스스로 묻는다. 문득 치료소 홈페이지를 제대로 읽고 나서 결정해야 했다는 생각이 든다.

*매수자 위험 부담 원칙.**

난 12단계짜리 프로그램이 어떤지 잘 모른다. 로비 윌리엄스**가 무슨 다큐멘터리에서 술 깨는 데 도움이 되었다고 칭찬한 거 빼고. 하지만 12단계 덕에 전 세계에서 수백만 명이 도움을 받았다는 것은 기억난다. 그래서 받아들이고 치료소에서 권하는 일에 몰두하기로 한다. 적어도 모임은 재미있겠지.

아침: 피곤해서 멍하다. 약간 갈피도 못 잡겠다. 아래층에 내려가서 같이 사는 사람들을 만난다. 노력한다.

상냥한 사람들이다. 한 명이 더 새로 왔는데, 얼굴에 핏기가 없다. 폭음을 끊으려 한다는데, 계속 화장실로 뛰어가더라. 건강해 보이는

---

*   매수인이나 구매자가 물품의 하자 유무를 주의·확인해야 한다는 뜻.-옮긴이
**   영국에서 유명한 가수.-옮긴이

여자가 자기는 술을 끊어서 금요일에 나간다고 이야기해 준다.

아침을 먹는 동안 내가 여기에 왜 왔는지 이야기해 보라는 말을 듣는다. 20대 후반 녀석이 자기가 낮 동안 조피클론(녀석 말에 따르면 조피라고도 한다)을 몇 움큼씩 먹었다며 지독한 경험을 들려준다. 예의 있게 들어 준 뒤에 재미없는 내 이야기를 한다. 녀석 같은 허세라고는 조금도 없다.

그런 뒤에 다 같이 좀 떨어진 곳에 있는 '치료소'로 향한다.

오후: 기억이 잘 안 난다. 소화해야 하는 일이 엄청나게 많다. 의자에 몇 시간씩 빙 둘러앉아서 각자 '단계별 작업' 출력물에 손으로 쓴 내용을 읽는 걸 듣는다. 난 첫 과제로 '1단계, 1부'를 받았는데, 내 삶이 '주체할 수 없는' 수준이 되었다는 점과 '독약(벤조) 앞에서 무력하다'라는 점을 인정해야 한다.

쉽네! 인정하니까!

서로 주안점이 다른 치료 모임도 있다. 우린 질병으로서의 중독의 기원을 다루는 영상을 시청한다. 해설자는 콜로라도사막에서 도보 여행을 하는 남자다.

다 좀 당황스럽다.

저녁: 같이 지내는 사람끼리 돌아가면서 요리한다(이게 빅 브라더 같다면, 그래, 잘 짚었다). 인도 여자가 기막힌 카레를 만들어 준다.

저녁을 먹으면서 벤조를 복용해 본 사람이 있는지 묻는다. 표정들을 보니 없다. 대부분 벤조 이야기를 들어 본 적도 없다. 같이 밥 먹는 사람 중에 알코올 문제가 있는 사람 몇 명은 사실 '리브륨'이라는 벤조를 해독용으로 소량 *복용해* 봤단다. 하지만 이런 약이 근본 문제가 된 사람은 아무도 없다. 그런 사람을 마주친 적도 없다. 지금 치료받는 사람이든, 최근에 나간 사람이든 간에 말이다.

하우스 매니저가 그런 사람이 '올해 초에 한 명' 있었다고 말한다. 좀 더 알아봐 주겠단다.

기운이 안 난다.

다들 20분 만에 익명의 마약 중독자들 모임에 갈 준비를 해야 한다. 너무 진이 빠져서 어쩔 줄 모르겠는 나머지, 하우스 매니저한테 나 좀 *제발* 빼 달라고 한다. 탐탁지 않은 눈친데, 매니저가 전화하더니 집에 있도록 '허락'해 주겠단다. 새로 왔기 때문이란다. 내일부터는 참석해야 한다.

10월 12일
0시간, 0분

재활 치료소에는 재미있는 사람이 섞여 있다.

'유형' 같은 건 없다. 내가 만난 사람은 이렇다. 스코틀랜드 출신 노파가 있는데, 보드카를 하루에 한 병씩 마신다. 문신하고 젖꼭지에 루비를 피어싱한 푸에르토리코 여자도 있다(나한테 보여 줬다). 마찬가지로 알코올 중독자다. 알코올 중독자인 소방관도 있다. 신탁 계좌가 있는 젊은 남자는 케타민 문제에 빠져 있다. 코카인에 중독된 임원도 있다. 헤로인 중독자 하나는 치료소에 여러 번 돌아왔는데, 아마 또다시 돌아올 듯하다.

거의 다 참 괜찮은 사람들이다. 문신한 푸에르토리코 여자는 나한테 뷰티 제품을 빌려주면서 올리브 오일 스프레이로 거칠고 뻣뻣한 컬을 부드럽게 해 주려고 한다.

하지만 아무리 애를 써도 약물과 알코올 복용과 관련된 토론에 '낄' 수가 없다. 사람들 '행보'에 동질감을 느낄 수도 없다.

재활 치료소, 아니면 특히 이 재활 치료소는 '곤란투성이'다. 아래층에 있는 상담사부터 여기 사는 사람들이랑 운전해 주는 예전 고객까지 다.

근데 난 쪼다잖아.

12단계 프로그램

원래 '익명의 알코올 중독자들' 운동에 속했던 12단계는 '깨끗'하고 '온건'해지는 것을 목표로 '회복'하기 위한 행동 방침을 세우는 프로그램이다.

12단계는 처음에 윌리엄 G 윌슨이 1939년에 쓴 『익명의 알코올 중독자들: 100명 이상이 알코올 중독에서 회복한 이야기 Alcoholics Anonymous: The Story of How More Than One Hundred Men Have Recovered from Alcoholism』(국내 미출간)에 실려 있었다. 윌슨은 보통 '빌 W'로, 책은 '큰 책'이라고 부른다.

익명의 알코올 중독자들 방식은 조정되면서 마약을 포함한 다른 약물과 섹스, 심지어 쇼핑 등 행동 문제를 다루는 12단계 프로그램의 기초가 되었다.

12단계 프로그램을 재활 치료소에서 경험하는 사람도 있다. 익명의 알코올 중독자들과 익명의 마약 중독자들 등 '모임'으로 바로 가는 사람도 많다. 모임은 보통 교회나 지역 사회 센터에서 열리는데, 요즘에는 줌에서 모이기도 한다. 차, 커피, 비스킷도 곁들인다.

12단계는 이런 모임의 자극제이자 중추다. 동지 중독자가 자기 경험을 나누며 절제한 일을 서로 칭찬하고, '재발'한 사람에게는 용기를 북돋아 준다. 보통 '회복'한 사람이 영감을 주는 발표를 한다. 목표는 '영적 각성'과 다른 사람의 고된 노력과 대성공을 보고 배우는 것이다.

사람들은 색깔이 들어간 '절제 조각'을 받는다. 동그란 플라스틱 조각인데, 위에 숫자가 적혀 있다. 자제한 기간을 기념하자는 뜻이다.

12단계는 익명의 알코올 중독자들 웹사이트에 나온다(293쪽 '자료' 참고). 12단계는 '회복'의 사다리처럼 문제를 인정하는 일에서 시작해 '영적 각성'까지 쭉 나아간다. 다른 사람이 중독 문제를 극복하도록 돕기도 한다. 중독자는 이러한 과정에서 특정한 일을 하도록 격려받는다. 예를 들면, '용감한 도덕 일람표'를 적고 자기가 상처를 준 사람과 화해하기로 약속하는 것이다. '신', '권능' 같은 표현이 눈에 띄게 나타난다.

니키 월튼-플린은 중독 치료사로, 12단계 프로그램을 지지한다.

월튼-플린은 이렇게 말한다.

"12단계 프로그램은 영적 철학이자 선한 삶을 사는 방식이에요. 목표는 고객이 권한, 사랑, 행동을 바꿀 능력을 얻게 해 주는 거예요. 희망이 제일 중요하고요. 희망이 없다면 일어설 수 없으니까요."

"전 12단계가 인지 행동 치료랑 비슷하다고 봐요."

"12단계를 지지하는 사람은 중독이 물리적인 의존성에 그치는 게 아니라

(그럴 수도 있긴 하지만) 사고방식이라고 생각해요. 전 중독이 '약물이나 행동과의 병적 관계'라는 정의가 제일 마음에 들어요. 중독되면 도파민이나 엔도르핀처럼 기분이 좋아지는 뇌 화학 물질이 분비된다는 거예요. 중독자한테는 이런 작용이 계속 반복해서 나타나요. '머리'로는 안 좋다는 걸 아는데도 말이에요."

"사람들이 '권능'이라는 종교색 때문에 고심하더라고요. 전 평화로운 느낌이 드는 사람이나 장소를 떠올려 보라고 해요. 전통적 의미의 신일 수도 있지만, 지혜로운 할머니나 고요한 삼림 지대일 수도 있어요. 천체 물리학일 수도 있고요."

"12단계를 혼자 하거나 저 같은 치료사랑 같이하는 사람도 있어요. 근데 단체도 있거든요. '익명의 알코올 중독자들'이나 '익명의 코카인 중독자들' 같은 모임이죠. 자기 같은 사람들과 함께하는 거예요. 이런 모임이 수업이랑 전문가보다 나아요. 도움도 많이 되고요."

"재활 치료소는 진료를 중단하거나 환경에서 벗어나야 할 때 꼭 필요해요. 자극제랑 촉발제 때문에 너무 심한 중독에 빠진 상태니까요."

참고: 익명의 벤조 중독자들 모임은 없다.

10월 13일
0시간, 0분

1단계 용지를 빤히 쳐다보고 있다. 그래, 난 벤조 앞에서 무력하다. 확실히 삶을 주체할 수 없다. 근데 왜 내가 '큰 책'을 요약한 부분을 읽어야 하지?

다시 학교로 돌아간 느낌이다.

10월 14일
0시간, 0분

재활 치료소에서의 하루

아침 9시: 치료소로 향하는 길, 사기를 높이는 음악이 깔린다. 〈Feelin' Good〉이 제일 마음에 든다. 난 기분이 안 좋다. 한잠도 못 잤으니까. 사실 사람들이 계속 희망을 잃지 않았으면 한다. 고맙습니다.

아침 9시 30분: 치료소에 도착하자마자 앞다투어 방바닥 한가운데에 있는 종이를 집어 든다. 우린 생각과 기분을 기록해야 한다. 난 '또 잠을 못 잤어'를 넘어서지 못한다. 그다음에는 '감사한 일' 목록을 적는다. 감사한 일 5가지를 써야 한다. 하나도 안 떠오른다.

아침 10시: 『오늘만은Just for Today』(국내 미출간)은 중독환자에게 성경이다. 영적이면서 사기를 높여 주는 설교가 담겨 있다. 우리는 하나씩 소리 내 읽으면서 자기 몫의 의미를 찾아야 한다. 사람들은 낭송하고, 인상적으로 반응하며, 자기가 나아졌다고 말한다. 난 이 첫 번째 부분마저도 힘들다. 흐리멍덩한 글씨가 눈앞에서 춤을 춘다. 아무 생각 없이 멍하니 읽는다. 희미하고 진부한 이야기 너머를 통찰하려는 시도 역시 하지 않는다.

　진실은 방에 있는 모두와는 다르게 난 나아지지 않는다는 것이다. 사실 금단 증상 해독 효과가 나타나면서 상태가 계속 더 안 좋아진다.

결국에는 회복되지 않는다는 걸 혼자서 너무 의식하다가 긍정적인 말을 지어낸다.

치료 시간은 늘 '평온을 비는 기도'를 읊으며 끝난다.

"바꿀 수 없는 것을 받아들이는 평온과

바꿀 수 있는 것을 바꾸는 용기를,

그 차이를 분별하는 지혜를 주소서."

'평온을 비는 기도'가 아름답고 지혜롭다고 생각하게 되었다. 하지만 난 빙 둘러서서 손잡는 걸 썩 좋아하지 않는다. '단체로 껴안는' 부분도 다 싫다.

재활 치료소에서는 '단체로 껴안는' 일이 참 많다.

오전 11시: 명상 시간이다. 전문 치료사가 30분짜리 명상을 지도한다. 눈을 감고 치료사를 따라 창의적 시각화를 하면서 차분해져야 한다. '불면증 쇼크' 초기에 해 봤던 '점진적 근긴장 이완법'이랑 비슷하다. 배달 화물차가 매일 아침 정확히 똑같은 시간에 와서는 아이스크림 차처럼 시끄러운 음악을 틀어대니 엄숙한 침묵 속에 하는 명상에 도움이 안 된다. 오히려 졸졸 흐르는 개울하고 황량한 바닷가 소리랑 불협화음을 만든다.

고통은 계속되건만, 난 이 시기에 매번 키득키득 웃고 싶다. 눈을 가늘게 뜨고서 나랑 똑같이 느끼는 사람이 있는지 본다. 하지만 다들 진지하게 흐르는 강물을 따라가 버린다.

치료사는 끝날 때 우리를 '다시 데려온다'. 다들 몸을 쫙 펴고 웃으면서 얼마나 놀랍고 편안했는지 이야기한다.

난 잔뜩 긴장해서 이를 부득부득 갈고 있다. 근육도 긴장해서 아프다. 벤조를 중단해서 그럴지도 모른다는 생각은 들지 않는다.

단계별 모임: 3일 정도마다 돌아가면서 작성한 내용을 발표한다. 모임 사람들은 경청한다. 모임 리더가 제일 먼저 말하고 나면 다른 사람들도 함께한다.

'통과'나 '탈락'을 하게 된다. 난 빠른 속도로 쉬운 '1단계, 1부'를 해나가지만, '2부'에선 탈락한다.

"중독자가 된다는 건 어떤 의미인가요?"라는 질문을 읽는다. 내용을 적고 나서 모임 사람들 앞에서 소리 내 읽는다. 신중하게 쓴 문장인데, 창피하다. 이렇게 하려던 건 아니었다. 난 늘 열심히 하면서 최선을 다했다. 난 겸손하고, 이제는 내가 폭음을 하거나 길거리 마약의 길을 선택한 사람보다 '더 낫다'라고 생각하지 않는다.

오답이란다! 이 질문에는 내 나름대로 대답하기보다는 빌의 '큰 책'에서 인용해야 한단다. 재활 치료소 안에 벌 받는 곳으로 가서 '단계별 작업'을 다시 해야 한다.

점심: 점심으로 샌드위치를 먹으며 쉴 때 한결같이 마음이 편하다. 같이 지내는 사람들이 아침에 준비한 음식이다. 하지만 이 사람들 사

이에서 내 자리는 확실치 않다. 어떤 패거리랑도 안 어울린다. 난 혼자 앉아서 과식을 한다.

점심시간 중에서 가까운 숲을 산책하는 시간이 제일 좋다. 더 경험 많은 동료가 나를 '돌보면서' 숲으로 무사히 '안내'하라고 부탁받는다.

서로 별말은 안 하지만, 이렇게 해 주어서 고맙다.

오후 시간: 아침이랑 비슷하다. 일이 끝나면 집안일 시간표를 짠다. 여기에는 모임방에 청소기를 돌리는 일과 작은 부엌을 치우는 일도 포함된다.

그런 다음에는 집에 돌아와서 저녁을 먹고 1시간쯤 쉬면서 논다.

저녁 모임: 우리가 '마약 중독자 운반차'(하!)라고 부르는 작은 버스에 마구마구 들어가서 동네 '익명의 마약 중독자들'이나 '익명의 알코올 중독자들' 모임으로 향한다. 난 늘 최선을 다해 여기서 빠져나가려 한다. 천만에. 나도 참석해야 한다.

저녁에 모임에 갔다가 돌아오는 길에 동료랑 따뜻하고 재미있는 시간을 보낼 기회가 생긴다. 어떤 남자가 응급실에서 손 세정제를 마신 이야기를 해 주니 다들 딱하게 여긴다.

그게 '기분 좋은 기억'이라는 걸 알게 되었다. '기분 좋은 기억'이란 모든 일이 엉망이 되기 전, 중독자가 알코올이나 약물을 골랐을 때 즐거웠던 기억을 떠올리는 거다. 이를 권장하진 않지만, 작은 버스를 타고 오가는 동안에는 참 많이도 한다.

난 낄 수가 없다. 11월 5일에 언덕 꼭대기에서 불꽃놀이가 사방팔방으로 터지는 광경을 본다. 살면서 이보다 더 혼자인 기분이 들었던 순간은 없다.

11월 5일
0시간, 0분

기대한 만큼 나아지지 않아서, 재활 치료소에서 기본 28일보다 더 연장하기로 했다.

11월 6일
0시간, 0분

12단계 중에는 상식적인 이야기가 많다. 특히 계속 기억에 남는 말이 있다. "자기 쪽 길 깨끗이 치우기"다. 자기가 책임지고 선행해야 한다는 뜻이다. 삶에 도움이 되는 원칙이다. 화는 도움이 안 되니까 중독 과정에서 상처 준 사람과 (가능하면) 화해해야 한다는 개념이 마음에 든다.

하지만 익명의 알코올 중독자 모임에서는 뉴에이지 식으로 아무 뜻 없는 말을 할 때가 정말 많다. 사람들은 '자기 암시'를 하면서 맹세하는데, "내 상사는 나" 같은 거다.

난 이런 걸 별로 안 좋아한다. 이런 문구는 의미 없고 뻔해 보인다.

난 무엇보다도 '권능'이 마음에 안 든다. 구원을 받는다는데, 난 반댈세. 상담사가 아무리 애를 쓰면서 권능은 종교적이지 않고, 돌아가신 할아버지나 어린 시절에 키우던 반려동물한데도 있다고 해도 난 기독교를 암시하는 게 마음에 안 든다. '익명의 알코올 중독자들'에는 1930년대 기독교 기원이 아직도 남아 있다.

다 보수적인 미국 같은데다 좀 '변덕스럽다.'

10년 차: 미래에서 온 쪽지

다시 읽어 보니 제가 잘난 척하는 것 같네요.

저 때문에 기분이 상하셨다면 독자분들께 사과드립니다. 알코올이나 기분 전환용 약 때문에 문제를 겪으셨거나 12단계 프로그램에서 도움을 받으신 분들께요. 물론 저도 이런 문제를 진지하게 다루어야 한다는 점을 알아가고 있습니다. 평생의 트라우마나 불행 때문에 그런 문제를 겪을 수 있다는 점도요.

하지만 중요한 건 그때 제가 다른 무리보다 우월하다고 느꼈다기보다는, 정반대로 생각했다는 부분이에요.

전 루저였어요. 재활 치료소에서도 실패했거든요.

11월 8일
0시간, 0분

몇 주가 지난 뒤, 약 복용량이 줄었다.

그리고 날마다 점점 더 상태가 나빠진다.

안절부절못하고, 혼란스럽다. 가만히 앉아 있을 수가 없어서 여기 저기 다닌다. 방에서 방으로 갔다가, 계단을 뛰어 오르내렸다가 한다. 집안일에 집중할 수도 없다.

그냥 나 자신이 '될' 수가 없다. 이런 상태를 나타내는 말이 '불안'이라고 생각하는데, 그건 칭찬할 만한 일이 아니다. 참을 수 없는 정신적 가려움 같다.

하지만 내가 '어려운' 고객으로 보일 정도라는 것쯤은 자각하고 있다. 청소도 진짜 형편없이 하고, '익명의 알코올 중독자들' 모임에서도 빠져나가려 하니까.

R한테 이야기한다. R은 상담사인데, 표범 무늬로 뒤덮인 옛날 록 스타일 옷을 입는다. 내가 진짜 좋아하는 여자다. R을 불편하게 하고 싶지는 않지만, 몸이 안 좋다는 이야기를 한다. 난 여기서 정말 허우적대고 있다.

R은 이해심을 가지고 들어 주지만, 내가 모든 사람이랑 똑같이 중독되었다고 한다. '독약이 다를' 뿐이란다. 끔찍한 이야기도 해 준다. 헤로인이랑 스피드볼을 갑자기 끊으면 신체 불쾌감이 생긴단다(잘 모르는 사람을 위해: 스피드볼이란 코카인과 헤로인을 섞은 마약이다. 난 배워 가고 있다).

우리 아이들 이야기랑 내가 얼마나 죄책감을 느끼는지를 털어놓으면 R이 위로하면서 자기 경험을 들려준다. 그러면 내 기분도 더 나아진다(잠깐, 일시적으로).

하지만 매일 참석하는 모임에서는 다른 사람들의 인내심이 약해지는 게 느껴진다. 어떤 모임 리더는 내가 아직도 '왕성한 중독'에 빠져 있다면서 단계별 작업을 보류해야 한단다.

나도 내가 따분한 거 안다. 사람들은 내가 조용히 있다는 이유로 나를 꾸짖는다. 이 치료사는 '이야기 나누기 활동'을 활용해 다른 사람이 나를 어떻게 생각하는지 묻는다. 상냥한 코카인 중독자가 용기내서 우물우물 '사랑스러워요'라고 말했는데도 다들 묵묵부답이다 (우린 말을 해 본 적이 거의 없는데도 마음을 써 주니 고맙다).

끝날 시간에 모임 리더가 나를 의자에 앉히고는 '영국 국가'를 부르게 한다. '엄한 사랑'으로 나를 대해서 자신감을 얻게 하려나 보다.

하지만 난 굴욕감을 느낀다. 눈물도 난다.

게다가 난 돈을 *내고* 이러고 있다.

그날 밤: 거울에 비친 내 모습을 살펴본다.

삐삐 마르고 앙상하다. 피부는 쩍쩍 갈라져 있다. 난 화장품도, 로션마저도 안 바른다. 마지막으로 햇볕 쬐러 나간 게 언제인지도 모른다. 머리카락은 건조하다. 그동안 남편이 슈퍼마켓에서 산 비듬 샴푸를 쓰면서 컨디셔너도 안 썼다.

립스틱을 바르면 더 흉해 보인다. 벤조에 중독된 조커 같다.

4년 동안 옷을 한 벌도 안 샀다. 대신에 오래된 레깅스에 후줄근한 후드 티, 뒤축이 무너진 구닥다리 어그 부츠 차림으로 어슬렁거린다. 옆집 이웃이 날 안타깝게 여긴 나머지 옷을 좀 빌려준다. 토요일에 가깝고 볼 거 없는 동네로 소풍 갔을 때 프라이마크에서 옷을 몇 벌 산다.

미란다 잡지 편집장이라면 그걸 어떻게 생각했을까?

물론 단지 몸만 그렇지는 않다. 출세하고 창의력 넘치는 아내이자, 어머니이자, 친구였던 내가, 외롭고 약 때문에 혼란스러워하는 유령이 되었다.

게다가 난 죄책감을 느끼면서 창피해한다.

난 알코올 중독자랑 기분 전환용으로 마약을 하는 사람을 도덕적으로 비난하지 않는다. 사실 재활 치료소에 온 뒤부터 끔찍한 인생사에 눈을 확 떴다. 특권을 누리며 비눗방울 속에 살던 중산층으로서는 달리 접하지 못했을 이야기였다. 대부분 괜찮고 최선을 다해 문제를 해결하는 사람들이다. 가끔은 잘못된 선택을 하더라도.

하지만 아무리 그렇다고 해도 불공평하다.

11월 10일
0시간, 0분

아침: 중독자 모임에서 프레가발린도 끊겠다고 말한다.

모임 리더가 "가바, 가바"라고 되풀이하면서 놀린다.

다들 데굴데굴 구르면서 깔깔 웃는다. 또다시 모욕감을 느낀다.

저녁: 걱정 많은 알코올 중독자가 내가 모임에서 나와서 정처 없이 서성거리는 모습을 보더니 담배를 권한다. 불을 붙인다. 내가 좀 더 어울리려고 노력해야겠지(담배 피우는 것도 썩 잘하지 못해서, 기침이 좀 나온다).

익명의 알코올 중독자들 모임에서 "전 미란다고, 알코올 중독이에요"라고 말한다. 체념과 수동적 공격 행동*이 섞인 형태다. 하지만 난 더는 신경 쓰지 않는다.

다시 자살 생각이 들어서 일일 업데이트 양식에다 괴로운 마음을 나눈다. 어느새 위층 직원 사무실로 끌려간다. 교장실에 불려 가는 느낌이다.

위원 세 명이 나를 추궁한다. 자살 충동을 느끼는 사람은 다룰 줄 모르니까, 나를 내보내야겠지.

근데 난 떠나기 싫다. '집'에 가기 싫다. 사실 나한테 더는 집이 있는지도 모르겠다. 상담사한테 정말 미안하다고 한다. 그럴 의도가 없었으며, 다시는 안 하겠다고 한다.

아래층에 내려가서 수치스럽게 '단계별 모임'을 방해한 뒤 내 자리에 앉는다.

모두의 인내심이 약해지고 있다.

---

* 소극적 또는 간접적 방법으로 분노를 표출하고 공격하는 방어 기제.-옮긴이

11월 11일
0시간, 0분

치료소랑 난 휴전 협정에 서명한다. 다음 날에 떠나는 게 낫겠다고 판단한다.

바륨 양이 15밀리그램으로 줄어든 것 같다. 지역 보건의가 안전하도록 20밀리그램으로 '올린다.' 프레가발린 이야기는 한마디도 없다. 그냥 중단한다.

지금은 벤조 금단 증상은 포기했다.

참고: 프레가발린을 갑자기 중단하는 것도 위험하다. 난 이때 소량만 복용해서 발작과 자살 생각은 그럭저럭 면했다. 갑자기 중단하면 발작과 자살 생각이 나타날 수 있다. 프레가발린에 대해서는 224쪽 참고.

재활 치료소 - 다 어디서부터 잘못되었을까?

니키 월튼-플린 중독 치료사한테 돌아간다. 니키는 이렇게 말한다.

"이 치료소는 미란다를 맡을 자격이 없는 것 같아요. 다른 치료소에 연락했을 땐 이런 이유로 미란다를 거절했다면서요. 그 치료소가 솔직했네요."

"엄한 사랑'은 미란다한테는 완전히 안 맞는 접근법이었어요. 미란다는 부드럽게 접근해야 했어요. 전 미란다가 '권능'을 생각할 상태는 아니었다고 봐요. 제가 미란다를 치료한다면 하루 중에 나쁘지 않다고 여긴 순간을 떠올려

보라고 할 거예요. 이를 닦거나 물이 끓기를 기다리는 순간처럼요."

"12단계 모델을 말 그대로 장려하는 중독 치료사가 많아요. 경험을 바탕으로 그러는 경우가 많죠. 저도 이 프로그램을 지지하긴 하지만, 좀 더 통합된 치료법으로 가꾸어 나가야 한다고 굳게 믿어요. 12단계나 '큰 책' 모델은 세워야 할 발판이라고 보고요."

"미란다한테는 12단계를 시도해 볼 때가 아니었는지도 몰라요. 안타까운 일이에요. 이 프로그램은 친절을 바탕으로 해야 하거든요. 자, 그럼 미란다가 저한테 왔다면 뭐라고 충고했을까요? 미란다는 전에 했던 것보다 더 오랫동안 몸속 독소를 빼내야 했어요. 돈 문제만 아니라면 미국에 있는 전문 치료소에 보냈을 거예요. 몇 달 동안 머무는 곳이죠."

"처방 약을 끊을 수 있도록 마련된 대책이 얼마나 부족한지를 보면 안타까워요. 정부는 여기에 돈을 투자할 의지가 없더라고요."

벤조 끊기: 무슨 일이 일어날까?

문제는 영국에 이 분야 전문가가 매우 부족하다는 점이다. 글을 쓰면서 전문 센터가 런던에 한 곳, 브리스틀에 두 곳, 올덤에 한 곳 있다는 걸 알게 되었다. 멜라니 데이비스를 찾아낸다. 런던에서 가장 오래된 벤조디아제핀 전문 서비스 간사다.

멜라니는 벤조에 의존한 사람과 25년 이상 함께 일했다. '체인지 그로 리브 레스트 서비스'Change Grow Live Rest Service(레스트는 회복, 경험, 수면제, 신경 안정제를 나타낸다)라는 기관에서 고객을 도울 뿐 아니라 다양한 의회 위원회와 '증거 기반 정신 의학 협회'의 일원이기도 하다. 국립 보건 임상 연구원과 영국 의학 협회에 자문하기도 했다.

멜라니가 벤조에 대해 모르는 건 로라제팜 꼭대기에서 중심을 잡을 수 있을 만큼이다. 멜라니는 지역 보건의가 풀 벤조 퀴즈를 내기도 한다. 벤조 퀴즈라니!

'불면증 쇼크' 시절에 멜라니를 알았다면 좋았을 텐데.

멜라니는 "벤조디아제핀은 독특한 화합물이라서 다른 중독성 약물하고 똑같이 다루면 안 돼요. 별도로 주의를 기울여야 하죠"라 했다.

"'일반' 재활 치료소는 보통 적절하지 않아요. 재활 치료소 직원도 이 분야 전문 훈련을 받지 않은 경우가 대부분이고요."

"벤조 중독은 '매력 있지' 않아요. 일차적인 문제는 사람들이 벤조는 약하고, 약간 60년대 할머니용 약이라고 생각하는 경향이 있다는 거예요. 롤링스톤스 노래에서처럼 '마더스 리틀 헬퍼'라는 꼬리표가 붙었는데, 전혀 도움이 안 돼요. 전 가끔 슈퍼마켓에서 어떤 고객을 보기도 했어요. 뭐가 문제인지 상상이 안 되겠지만, 그 여자분은 하루에 바륨을 300밀리그램씩 복용했어요. 엄청난 양이죠. 그렇게 많이 복용한 사람은 본 적이 없었어요. 개인적으로 처방받았다고 하더라고요."

"불법으로 약을 하는 고객도 있어요. 요즘에는 자낙스라는 미국 약이 문제예요. 또 처음에는 알코올 중독으로 시설에 왔다가 벤조를 처방받기도 해요. 술을 끊는 데 도움이 되도록요. 30년이 지나도 계속 벤조를 처방받고요. 저희는 약에 어떤 방식으로 의존하게 되었건 간에 도와 드린답니다."

"저희 고객의 대다수는 장기간 처방받은 분들이에요. 지역 보건의가 옳다고 믿고 찾아갔던 거죠. 연령대는 18세부터 87세까지 다양한데, 평균 연령은 55세예요. 40퍼센트는 남성이고, 60퍼센트는 여성이에요."

"의사는 이런 약 때문에 생기는 문제를 엄청나게 과소평가해요."

"중독이냐, 의존이냐'고요? 전 '비자발적 의존'에 한 표요."

"장기간 벤조를 복용하면 생길 수 있는 문제는 '감정 둔화'('느낄' 능력이 없음), 공포심, 광장 공포증, 흐릿한 시야, 멍한 느낌'이에요. 알코올하고 상호 작용하면 전부 더 심해져요. 의존성은 엄청난 문제예요. 벤조를 두고 휴가를 떠났다가는 다시 집으로 날아올 거예요."

"완전히 훌륭한 사람도 약을 끊게 되면 '의사 쇼핑'을 하면서 약을 처방해 줄 지역 보건의를 찾아낼 거예요. 인터넷이나 심지어 길거리 마약상한테 눈을 돌릴 수도 있고요."

"벤조는 갑자기 끊으면 안 돼요. 치명적인 발작을 일으킬 수 있거든요."

"바로 이 점 때문에 12단계 프로그램이 다른 중독에서는 목숨을 구해 줄지라도 부적절하다는 거예요. 12단계는 자제를 바탕으로 하거든요. 중단한 다음에 그 상태를 유지해야 하는데, 벤조는 갑자기 끊으면 안 되잖아요."

"익명의 벤조 중독자들' 모임이 없는 이유도 정확히 그 때문이에요. 단체에서 풍기는 종교적 뉘앙스가 좀 융통성 없다고 생각하는 환자도 있어요. 레스트REST에서는 이용자 중심의 '상호 협력' 접근법을 권해요."

"약을 갑자기 끊지 않는다고 해도(이건 진짜 위험하다) 너무 빨리 중단하는 일은 피해야 해요. 의료인의 감독 없이 줄였다가는 약을 끊은 사람이 '장기 금단 증후군'을 앓을 수 있거든요(155쪽 참고)."

"수년간 문제가 계속될 수 있어요. 심한 불면증, 불안감, 우울증, 독감과 비슷한 증상 등이죠."

멜라니가 벤조 문제를 겪는 사람을 대하는 방법

- **두 가지를 고심해 봐야 한다.** 약학적 의존인지, 심리적 의존인지. 노련한 치료사라면 두 가지가 관련 있다는 걸 안다.

- **지역 보건의의 도움을 받아 하루치 처방량을 계산한다.** 바륨을 하루에 30밀리그램 복용하고, 가끔 50밀리그램까지 손댄다고 해 보자. 30밀리그램으로 쭉 밀고 나갈 것이다. 그다음에 치료하고 응원해 주면서 천천히 복용량을 줄여 나간다.
- **양을 서서히 줄일수록 더 좋다.** 얼마나 "빨리 줄일지"는 고객의 나이, 상황, 벤조디아제핀 복용 기간, 본인이 목표를 이룰 수 있다고 생각하는지에 많이 달려 있다.

"저희는 서로 도와주면서 경험을 나누는 모임을 열어요. 경험 많은 자원봉사자랑 정식 상담으로 관리하고요."

벤조디아제핀에 의존할 때와 중단하고 싶을 때 할 일

- **갑자기 중단하지 않는다.**
- 복용이나 금단 증상이 응급 의료 상황이라 생각되면 긴급 구조를 요청한다.
- 벤조에 의존하면 무척 외롭다. 가능하면 친구나 가족에게 도와 달라고 한다.
- 벤조 중독을 전문적으로 지원하는 지역에 살 만큼 운이 좋다면, 예약하고 상담사를 찾아간다.
- 몇 안 되는 전화 상담 서비스에 전화해 본다. 인터넷이나 293쪽 '자료'를 보면 있다.
- <애쉬튼 매뉴얼>(113쪽 참고)을 찾아보기를 적극적으로 추천한다. 복용량을 안정화한다. 약 없이 하루도 보내지 않는다.
- 자기 상태를 공부한다. 전문 웹사이트나 토론방이 도움이 된다. 하지만 무서운 이야기는 너무 많이 신경 쓰지 않는다. 사람마다 다 다르고, 금단 증상에 책임감 있게 대처하면 쓸데없이 고통을 겪지 않아도 된다.

- 특히 거주, 자금, 자녀 양육권과 관련해 도움이 필요하다면 지역 국민 보건 서비스의 마약·알코올 서비스가 도움이 된다.
- 정체성을 유지한다. 최근에 문제를 겪기 전에 본인이 어떤 사람이었는지 기억하고, 그 사람으로 돌아가겠다고 목표를 세운다.
- 가능하면 잘 먹고 운동한다. 하지만 벤조를 복용할 때랑 끊을 때 모두 신체적으로 동기 부여하기가 어렵다. 현실적으로 움직인다. 자전거를 타고 10킬로미터를 나서는 사람도 있지만, 대부분은 그렇게 못 한다.
- 매일 집 밖으로 나가려 한다. 말은 쉽다. 광장 공포증은 벤조를 복용하거나 중단하면 흔히 생기는 부작용이다.
- 자신에게 관대해진다. 이런 약물은 끊기가 굉장히 힘들다. 다른 약물도 복용해 본 고객은 벤조를 중단하는 게 가장 어렵다고 했다.
- 희망은 있다는 점을 잊지 말 것! 악영향은 영원하지 않은 경우가 대부분이다. 매번 새로운 신경 연결 통로가 생기기 때문이다. 내가 같이 일해 본 고객은 어느 정도 나아졌다.

멜라니가 볼 때 일어나야 하는 일

"정부는 의원성 중독을 위한 서비스를 제공해야 해요. 지역 보건의랑 정신과 의사는 이런 약물의 위험성과 관련된 최신 교육과 환자가 약을 끊을 수 있게 하는 전문 훈련을 받아야 하고요."

멜라니는 다 안다! 다 이해한다!

11월 12일
0시간, 0분

치료소 상담사 두 명이 나를 다시 런던에 데려다준다. 난 응급실에 내려 줄 수 있는지 묻는다. '일반' 국민 보건 서비스 정신과에 입원해야 할 것 같다. 기적처럼 잠들 수 있는 약이 있겠지. 사람들이 나한테 알려주지 않은 약 말이다. 벤조 금단 증상으로 엉망이 된 상태를 다 이해해 줄지도 모른다.

상담사는 나를 동네 병원 응급실에 데려다주고는 서둘러 떠난다.

파란색 플라스틱 의자가 있는 곳에서 또 하루를 보낸다. 내 옆에는 커다란 가방이 있다. 안에 재활 치료소에서 가져온 짐이 다 들어 있다. 나한테 있는 옷은 거의 다 들어가 있다. 노숙자가 된 기분이다.

결국 응급실 정신과 의사 팀이 온다. 역시나 나를 어떻게 해야 할지 모르더라.

정신과 병동에 자리 잡기는 무척 어렵다. 갑자기 나타나서 입원하게 해 달라고 부탁하는 경우는 더 흔치 않다. 하지만 누군가는, 어딘가에서, 내 절망감을 이해한다. 침대를 찾는다. 외래 환자로 갔던 동네 병원에 실려 갈 내 모습을 떠올려 본다. 하지만 머물 병실이 없다.

그래서 다른 곳으로, 도시의 낯선 곳으로 가게 될 운명에 처한다. 국민 보건 서비스 정신과 환자는 선택권이 없다. 도중에 구급차가 길 끝에서 확 지나친다.

난 겁에 질린다. 잠들고 싶다고!

지금 와서는 내가 끔찍한 실수를 저지르고 있다고 생각하지만, 너무 마비된 나머지 구급 대원한테 아무 말도 못 한다(구급 대원이 "좋아요, 그럼"이라고 하면서 우리 집 현관에 내려 주리라고 생각진 않지만). 대신 우리는 한밤중에 우울하고 먼데다가 낮은 건물에 도착한다.

병동으로 들어서자 등 뒤로 끈적끈적한 이중문이 닫힌다. 내 '방'을 보게 된다. 커튼으로 6인실을 나누었는데, 폭은 2미터밖에 안 된다.

내가 뭘 *하는* 거지?

11월 13일
마이너스 2시간. 그게 가능하다고?

새벽 2시, 커튼으로 나눈 좁은 방에서 누가 낯선 언어로 노래를 하기 시작한다. 소리 좀 낮추어 달라고 부탁하는데도 못 들은 척한다. 그 사람은 내가 다음 날에 관리인한테 불평하기도 전에 동네 병원으로 이송된다.

이제 난 국민 보건 서비스의 광팬이다. 이 나라의 끔찍한 정신 건강 대책을 두고 똑같고 판에 박힌 이야기를 들먹일 필요가 없었으면 좋겠다. 하지만 안타깝게도 나한테는 선택권이 없다. 난 국민 보건 서비스 정신과 입원 환자가 되는 걸 썩 좋아하지 않는다. 적어도 이렇게 특정한 병원에 있는 특정한 병실만큼은.

좋아, 마지막에 갔던 데보단 낫네. 방도 따로 쓰고, 밑에 플라스틱 시트가 있는 작은 침대랑 고무 베개도 있다. 개수대랑 문 달린 옷장도 있는데, 쐐기 모양이고, 반쯤 열려 있다.

병동은 철도선을 따라 지어져 있다. 침대에 앉아 창밖 노란 단풍잎을 빤히 쳐다본다. 지하철 열차가 새벽 1시까지 덜커덕거리며 지나갔다가 5시쯤 다시 지나가기 시작한다. 머리 위로 빛이 깜빡인다. 직원은 밤새도록 엿본다. 조용히 있으려고 엄청나게 노력하진 않더라.

잠자는 데 진짜 도움이 안 된다. 아득히 먼 옛날을 기억하는 사람이 있는지 모르지만, 애초에 내가 이렇게 엉망진창인 곳에 온 게 바로 잠 때문인데.

심리 치료는 안 하는 셈이다. 크레용 세 개랑 플라스티신*이 있는 '미술실'만 빼면. 미안하지만 난 거기에 안 갈 생각이다. 아직 자존감이 티끌만큼 남아 있거든. 흥미롭게도 모이는 시간이 있는데, 심리학자가 와서 우리랑 '매슬로의 욕구 단계'에 대해 이야기를 나눈다. 매슬로의 욕구 단계란 음식, 성부터 '자아실현'까지, 인간에게 필요한 것을 나타내는 피라미드 모양 도표다. 의외로 분위기가 지적이다. 난이 시간에 활기를 좀 되찾는다.

그 외에는 할 일이 별로 없다. 텔레비전은 온종일 소리 없이 켜져 있다.

프랭크 시나트라 전기의 반절을 알게 된다(나머지 절반이다). 적어도 이야기가 어떻게 끝나는지는 안다(연인이 아니라 친구일 뿐이다).

하루에 세 번, 거만한 간호사가 복도를 행군하며 "맑은 공기! 맑은 공기!"라고 외친다. 다들 발을 질질 끌면서 뜰로 간다. 뜰은 엄청

---

* 어린이용 미술 점토.-옮긴이

작은데, 담이 아주 높아서 하늘이 겨우 보인다. 스페인 베니도름에 가 본 적이 있는데, 거기가 생각난다.

마당은 커다란 재떨이처럼 생겼다. 담배 *냄새*가 풍긴다. 환자 중에서 나만 담배를 안 피운다. 사실 병동 공기가 더 맑다.

가족이 나를 보러 여기에 안 왔으면 좋겠다. 하지만 예전 치료사인 앤서니가 어마어마하게 큰 초콜릿을 들고 온다.

11월 14일
0시간, 0분

간호사는 환자를 대할 때 짜증을 낸다. 사실 도와 달라고 하면 눈빛에서 피곤해하는 게 느껴진다. 진짜 교도소장 쪽에 더 가깝다. 그래야 할 것 같긴 하다. 여기 있는 환자는 대부분 '입원 치료 명령'을 받았거나 '정신 보건법'에 따라 통제되니까. 간호사는 다들 키가 커서, 내가 도와 달라고 애원하면 중간쯤 되는 거리에서 내 머리 위를 똑바로 바라본다.

난 자발적인 환자인데도 간호사는 날 안 내보낸다. 병원 구내에서도 못 걷게 한다. 그래서 무진장 화가 난다. 다른 환자랑은 다르게 난 입원 치료 명령을 받지 않았다. 내 마음대로 드나들 자유가 있어야 한다.

간호사는 여러 사람을 관리하고 약을 나누어 줄 목적으로만 있는 듯하다. 이해심이 없다.

나한테 유일하게 친절한 사람은 정신과 간호사 학생이다. 19살밖에 안 되어 보인다. 아무것도 할 줄 모르지만, 적어도 말은 들어준다.

11월 15일
0시간, 0분

여기에 머무는 동안 의사는 딱 한 번 본 기억이 난다.

기억은 흐리멍덩하지만, 젊은 전문의는 내 약을 그대로 유지하기로 한다. 실망스럽다. 내 비뚤어진 논리 한쪽에서 여기에 입원하기로 한 이유는 새로운 방법을 시도해 보려는 거였으니까.

전문의가 나한테 취직을 해 보면 어떠냐고 한다.

"아마도 테스코에서요?"

11월 16일
0시간, 0분

남자 환자가 여자 쪽 병동에 와서 목욕하다 똥을 싼다. 청소하는 동안 다들 남자 병동 쪽에서 몇 시간 있다 온다.

11월 17일
0시간, 0분

환자 몇 명하고 이야기해 보려 하는데, 상상이 가겠지만 그중에는 심하게 아픈 사람이 많다(물론 나도 그렇다). 대화는 적당하게 시작하는데, 그다음에는 세계를 지배하겠다는 계획을 나눈다. 어떤 남자는 이해할 수 없는 책을 꺼내고는 철도선을 두고 야단법석을 떨면서 그게 '우주'로 향하는 열쇠라고 한다. 난 거기서 한 시간 반 동안 붙잡혀 있는다.

두 명이 내 눈에 들어온다. 전직 테이블 축구 챔피언(병동 테이블에서 경기했는데, 내가 골을 넣었다! 약을 많이 먹었나 보다!)이랑 다정하고 어린 남자앤데, 매일 맨체스터 유나이티드 옷을 입고 있다. 우리는 챔피언스 리그 경기를 같이 본다.

이 조그마한 남자애는 나머지 시간에는 대부분 무서워 보이고 완충제를 넣은 방에서 덩치 큰 간호사 몇 명이 붙들고 있는 동안 주사를 맞는다.

다행히도 맨체스터 유나이티드가 경기에서 이긴다.

11월 18일
0시간, 0분

5일쯤 지난 뒤에 '병동 순회'를 한다. 난 어린 전문의랑 모르는 사람 무더기가 내 문제를 의논하는 동안 잠자코 보기만 한다.

난 시간을 낭비하니까 당장 쫓겨난다. 다시 '재택 치료 팀'이 나를 돌보게 된다.

11월 20일
0시간, 0분

다짐한다. 약을 다 끊을 거다.

약을 먹기 시작한 건 다 잠들기 위해서였다. 하지만 무척 불쾌하다. 난 아직도 못 잔다. 아직도 약에 중독되어 있다.

재활 치료소는 대실패였다. 국민 보건 서비스는 가망이 없다. 〈애쉬튼 매뉴얼〉은 '자기 훈련'(수학 실력도 있어야 함)을 해야 하는데, 난 그런 걸 못 한다.

그래서 내 방식대로 하려고 한다.

난 약을 '갑자기 끊을' 만큼 심하게 멍청하진 않다. 그건 치명적이니까. 이미 바륨을 50밀리그램에서 20밀리그램으로 줄였으니, 힘든 단계는 이미 어느 정도 끝났다. 인터넷에 검색해 보니 트라조돈, 그러니까 내가 먹는 항우울제에는 금단 증상이 없다고 한다. 있다고 해도 미미한 정도다.

그래서 스스로 조금씩 줄이기로 한다. 감소 프로그램 이야기를 구구절절 쓰고 싶진 않다. 오히려 되는대로 막 한다.

그거 아는가? 모든 일을 겪고 난 뒤에 어떻게 일이 더 나쁘게 돌아갈 수 있는지?

자제하면서 깨끗한 상태가 되려고 한다. 12단계에 나오듯이 말이다. 케일을 먹어야지. 물도 많이 마시고. 긍정적으로 말해야지. 요가 수업을 들을 수도 있다.

그러고 나면 때 묻지 않은 뇌가 분명히 "오, 그래. 다시 자려면 그렇게 해야 해"라고 할 테고. 다시 시동을 건다.

12월 25일
0시간, 0분

크리스마스가 멍하니 지나간다. 난 방에서 거의 일어나 있다. 구글에서 새로운 신체 증상을 검색한다. 식구들이 음식을 요리해 준다. 게 눈 감추듯 먹어 치운 뒤 안전한 방으로 서둘러 올라간다. 난 방에서 약을 많이 먹지 않는 데 온 힘을 쏟는다.

5년 차

1월 9일
0시간, 0분

이제 소량으로 복용하는 바륨만 빼고 약을 다 끊었다. 지금은 기억이 흐릿하다. 얼마나 복용했는지 기억이 안 난다. 식구들은 주말 동안 어디에 가 있을 예정이다.

집에 다른 사람은 아무도 없으니 완전히 덤벼들 기회라고 마음먹는다. 모든 약을 그만 먹기. 끊어 버리기.

금요일 오후에 마지막 바륨을 먹는다. 토요일 점심시간 무렵에는 점점 더 초조해진다. 〈원디렉션〉 영화를 본다. 해리랑 제인이랑 동료가 내가 헤쳐나가도록 도와줄 게 틀림없다.

진전되고 있다. 전에 그랬듯이 덜덜 떨리고, 땀도 뻘뻘 흐른다. 욕지기도 난다. 하지만 마지막에 크레디트 타이틀이 나올 무렵에 배를 칼로 찌르는 듯한 아픔에 웅크린 채 정신적 고통을 겪으면서 어쩔 줄 몰라 할 준비까지는 안 되어 있다.

데굴데굴 구르면서 옆구리를 부여잡는다. 너무 크게 끙끙거리고 있으니 옆집에도 분명히 소리가 들릴 거다.

그러더니 기억이 엄청 흐리멍덩해진다.

그래도 새롭고 이상한 일이 생긴 건 기억난다. 내 뺨을 찰싹찰싹 때리기 시작한다. 〈레인 맨〉에 나오는 더스틴 호프만이랑 약간 비슷하다.

아니다. 왜 그런지도 모르겠다.

10년 차: 미래에서 온 쪽지

『돌직구 정신과 약 입문서: 작용 원리와 끊는 법에 관한 진실A Straight Talking Introduction to Psychiatric Drugs』(국내 미출간)을 쓴 조애나 몬크리프 교수는 이렇게 말합니다.

"벤조디아제핀을 갑자기 중단하면 정신병 증상, 혼란스러움, 자살 충동과 다른 행동 장애를 겪을 수 있어요. 약을 먹기 전에는 나타나지 않았던 증상이죠."

"금단 증상은 보통 몇 시간 내로, 아니면 약을 끊거나 복용량을 줄인 날에 나타나는데, 반감기에 따라 차이가 있어요. 디아제팜(바륨)처럼 오래 작용하는 약은 금단 증상이 몇 주까지 지연될 수도 있어요."

"최근에 추정한 수치에 따르면 벤조디아제핀을 6개월 이상 복용한 사람은 약을 중단한 다음에 어느 정도 금단 증상을 겪는다고 해요. 금단 증상이 몇 달까지 계속되는 경우가 많다는 건 1980년대부터 알려졌고요."

"금단 증상은 심하게 오르락내리락해요. 보통 시간이 흐르면서 점점 더 나아지죠. 하지만 계속 심한 사람도 있어요. 몇 달이나 몇 년까지 오래가기도 하고요. 때로는 금단 증상이 이렇게 오래가면 우울증 같은 질환처럼 보일 수 있어요. 증상이 너무 심하고, 심신이 쇠약해져서 약에서 손을 떼고 싶어 하면서도 그러지 못하기도 해요."

"끝까지 밀고 나가서 다시 약에 손대지 않았다가 크게 떨어진 삶의 질을 몇 달씩 견뎌내야 할 수도 있어요. 나중에는 몇 년이 될 수도 있고요."

"정신과 약을 무사히, 효과적으로 중단하는 방법을 다루는 연구는 심각할 정도로 부족해요. 정확히 얼마나 빠르거나 느리게 약을 중단해야 하는지 정보가 없는 경우가 많아요. 예를 들면, 알코올과 마찬가지로 벤조디아제핀을 대량 복용하다가 갑자기 중단하면 간질 발작과 심한 금단 증상이 나타날 수 있어요."

"이런 상황에서는 의료인 감독하에 천천히, 조심스럽게 약을 중단하는 게 중요해요."

1월 13일
0시간, 0분

더 다양한 가족이 내 문제에 관여하게 되었다. 오늘은 개인 병원 전문의한테 예약을 잡아 주었다.

기억나는 거라고는 진료실로 가는 길 복도 카펫에 있던 소용돌이 무늬뿐이다. 그다음에는 국민 보건 서비스 시설 한 층 위에 있는 침실로 끌려간 기억이 확실히 난다. 유명인사가 자주 드나들 법한 호화로운 침실은 아니긴 하지만. 3성급 호텔에 더 가깝다.

그렇게 치료소에 입원했다. 무척 비싼 곳이라 아빠가 치료비를 내준다고 했다.

1월 14일
0시간, 0분

특히 이때 입원해 있던 시기의 파편을 잘라내려 하기 전에, 정신과 의사가 쓴 소견서 발췌문을 입력해 두려 한다. 퇴원할 때 딸려 왔다.

이 소견서를 보면 의료 전문가가 당시에 나를 어떻게 봤는지를 알 수 있다.

"미란다가 내 진료하에 입원했을 때, 정신 상태는 심각한 우울증 증세를 보이는 수준이었다. 동시에 몸이 못쓰게 돼 간다는 망상도 믿고 있었다. 다락방에서 살면서 나머지 식구들이랑 떨어져 지낸다는 이야기도 들려주었다. 사회생활, 가족 관계, 경제 문제를 겪고 있었다. 정신 상태는 좋지 않았다. 미란다는 국민 보건 서비스에서 수년 동안 진료받기도 했다."

"입원 초기부터 정신병 증세가 있어서, 처음에는 올란자핀*은 매

---

* 항정신병 약물. 체중이 증가하는 부작용이 있는 약으로 유명함.

일 2.5밀리그램에서 20밀리그램까지, 플루펜틱솔*은 매일 1그램씩 복용했다."

"우울증 증세 때문에 벤라팍신 XL**은 75밀리그램씩 복용했다. 정신 상태는 꾸준히 나아졌다. 입원 마지막 날에는 모임에 참석하고, 사람들과 어울리며, 식당에서 다른 환자랑 같이 식사도 할 수 있었다."

"입원 초기에는 어떤 대인 관계도 하지 않으려 했다. 자기 뺨도 계속 찰싹찰싹 때렸다."

"퇴원하기 이틀 전, 미란다가 올란자핀을 다른 항정신병 약으로 바꾸어 달라고 부탁했다. 너무 순식간에 체중이 증가한다고 느꼈기 때문이다. 자기가 어떻게 보일지 걱정했다. 자신을 더 돌보고 있다는 뜻이다. 올란자핀 20밀리그램은 리스페리돈*** 3밀리그램으로 바꾸었다. 미란다는 리스페리돈 3밀리그램과 벤라팍신 XL 75밀리그램을 복용하기로 하고 퇴원했다."

정신증의 정의

정신증이 있으면 현실과 동떨어지게 된다. 다른 사람은 보거나 듣지 못하는 것을 보거나 듣는 일(환각)과 관련 있을지도 모른다. 실제로는 사실이 아닌 것

---

* 막 알게 된 약. 조현병에 씀. 조현병이라고?
** 세로토닌·노르아드레날린 재흡수 억제제 항우울제(55쪽 참고).
*** 더 오래된 항정신병 약물. 체중 증가와는 관련 없다고 함.

을 믿을 수도 있다(망상).

정신증의 주요 증상 두 가지는 다음과 같다.

환각: 보거나, 듣거나, 느끼거나, 냄새를 맡거나, 맛을 느낀다. 머리 밖에서는 존재하지 않는 것들인데도 정말 실제처럼 느낀다. 환청을 듣는 건 흔한 환각 증상이다.

망상: 신념은 강한데, 다른 사람과 함께 나눌 수는 없다. 누군가가 자기를 해칠 음모를 꾸미고 있다고 믿는 건 흔한 망상이다.

난 확실히 환각을 보거나 환청을 들은 적이 없다. 망상 이야기를 해 보자면, 음, 사실 정신과 의사는 내가 잠을 못 잔다는 게 망상이라고 생각했다. 신체 문제로 수치심이 든다고 불평했을 땐 비위를 맞추어 주기도 했다.

소견서에는 기본적으로 내가 미쳤다고 되어 있다. 반박할 여지 하나 없는 진단이다. 하루에 24시간 동안 침대에 꼼짝하지 않고 있으면서 자기 뺨을 찰싹찰싹 때리는 일이 흔하진 않으니까.

정신과 의사 사미 티미미 박사가 말하는 정신증

"100년이 넘도록 정신 의학과 '신경증적 질환' 사이에는 기본적으로 차이가 있다고 봤어요. 신경증적 질환은 현실과 계속 닿아 있어요. '정신 질환'은 현실과 동떨어져 있고요. 이런 정의의 역사는 길고, 문제도 많아요. 가장 유명한 정신 질환은 조현병이에요."

"정신증은 주로 세 가지를 바탕으로 정의해요. 사고 장애, 망상, 환각(아니면 비정상적 인식)이죠. 『정신질환의 진단 및 통계 편람』(정신 건강 진단 편람)에 따르면 칸에 일정 수만큼 체크 표시할 경우, 정신 질환을 진단받게 돼요."

"위 소견서랑 미란다가 저한테 한 말을 참고하면, 또 미란다가 분류법이 타당하다고 생각한다면, 정신병적 우울증 기준에 들어맞을 거예요. 하지만 이 분류법은 주관적이에요. 미란다가 말했듯이 이해할 수 있는 근거가 있죠. 전 수면 박탈에 시달리는 환자한테 나타나는 증상이란 증상은 다 봤어요."

"올란자핀이랑 리스페리돈은 '더러운 약물$^{dirty\ drug}$'이에요. 수많은 뇌 화학 물질을 차단하죠. 하지만 주로 도파민을 차단해요. 그러면 환자는 좀비처럼 변하게 돼요. 잠이 들기는커녕 즐거움을 못 느끼죠. 도파민이 차단되면 파킨슨병 같은 증상이 나타나요. 마비되는 거예요. 항정신병 약물은 신진대사 체계를 다 망치고, 인슐린 민감도와 성장 호르몬에 간섭해요. 전 미란다가 체중이 늘었다는 게 전혀 놀랍지 않아요."

"정좌 불능증이라고 하는 희귀한 증후군도 있어요. 내적으로 안절부절못하는 기분 때문에 생기는 운동 장애예요. 정신적 고통과 가만히 앉아 있지 못하는 증상이 뒤따라오죠."

"항정신병 약물이 필요하다고 생각하긴 하지만, 최근에 처방되는 사례는 5퍼센트 미만일 거예요. 정신이 무척 흥분돼 있고 현실과 동떨어져 있어서 자기나 다른 사람에게 위험한 상태라면, 이런 약물 덕에 감정 강도가 약해질 수 있어요. 그러면 대화를 시작할 수 있죠."

"전 의사로서 항정신병 약물은 이렇게 극심한 상황에서만 소량으로 처방할 생각이에요. 환자가 약을 최대한 빨리 끊는 걸 목표로 삼을 테고요."

1월 15일
0시간, 0분

정신과 의사한테 벤조디아제핀을 5년가량 대량 복용하다 막 끊었다고 한 번 이상 말한다. 의사는 이런 건 문제도 아니라고 생각하며 일축하고 휙 넘어간다.

내 불면증은 초기에 '도파민 부족' 같은 진단을 받으며 무시당했다. '도파민 부족'은 정신 의학을 하나도 모르는 환자를 달랠 때 쓸 법한 용어다.

난 너무 미치광이라서 수면 부족의 결과와 벤조를 중단했을 때 걱정되는 부분을 좋게 표현할 수가 없다. 진단이나 치료 계획 어디에서도 이런 건 고려되지 않았다. 더 긴 퇴원 사유서에서도 언급되지 않았다.

난 이게 의미가 크다고 생각한다.

2월 1일
0시간, 0분

이 병원에 입원하기 전에 광장 공포증을 앓았다. 재활 치료소에서 돌아올 때부터 난 밖에 나가는 걸 아예 그만두었다. 그래도 최소한 집 안에서는 이 방에서 저 방으로 돌아다녔다.

게다가 여기서는 방에서 나가고 싶지가 않다. 직원이 계속 기운 나게 해 주는데도 다른 환자랑 섞이거나 심리 치료 모임에 나가는 걸 거부한다(국민 보건 서비스 병원이랑은 다르게 심리 치료 프로그램이 그득하다). 식당에 가고 싶지도 않다.

복도를 걸어가 전문의를 마주할 수도 없다. 전문의 진료실은 복도에 있다.

혹시 모르니 15분에 한 번씩 '확인을 받아야 한다'라는 원칙이 있다. 플라스틱 커튼 봉이나 문손잡이에 매달려 보려 한들 둥글둥글하고 미끌미끌해서 못 매달릴 듯하다.

개인 병원인데다 돈을 낸 고객인 만큼 처음엔 직원이 기꺼이 밥을 방에다 가져다준다. 하지만 오래 머무르니까 당연히 덜 열심이다. 방에 있는 창문은 조금만 열려 있다. 아마 못 빠져나가게 하려는 것 같다. 내 방에서 냄새가 나기 시작한다.

내가 하는 일이라고는 신문을 빤히 쳐다보거나, 텔레비전을 뚫어지게 보거나, 얼굴을 찰싹찰싹 때리면서 잠을 못 잔다고 하는 것뿐이다. 밥도 먹는다. 조리된 식사가 하루에 세 번 나온다(아침 식사 포함). 점심이랑 저녁 때는 속이 더부룩해지는 푸딩하고 커스터드도 나온다. 계속 탄수화물이 당긴다. 한 번은 통 안 그러다가 주방에 쳐들어가서 차를 끓이던 도중에 누가 남긴 당밀 푸딩을 보고 먹어 치운다.

아무도 날 어떻게 해야 할지 빌어먹을 실마리를 찾지 못한다.

언제 마지막으로 화장을 하거나 머리를 잘랐는지 기억도 안 난다. 똑같은 옷을 이틀이나 사흘 동안 연달아 입을 때도 많다. 내 외모가 너무 눈에 띄니까 사람들이 깜짝 놀라는 듯하다(편집증인가? 모르겠네).

15분 순회 당번인 직원은 방에 들어온 뒤에 노크하는 버릇이 있다. 오히려 거꾸로 한다. 문은 잠그면 안 되는데, 안전 때문이다. 목욕하고 있는데 '간병인'이 불쑥 들어온다. 바깥 복도에서는 키득키득 웃으면서 기분 나쁘게 수군거리는 소리가 들려온다. 아니면 이것도 편집증일지도.

난 내가 약간 제정신이 아니게 행동하는 게(그 점과 관련해서는 다른 누구도) 벤조를 너무 빨리 끊었기 때문이라는 생각은 들지 않는다.

2월 19일
0시간, 0분

햄릿은 "난 호두 껍데기 속에 갇혀 있어도 나 자신이 무한한 공간의 왕이라고 여길 수 있네. 악몽만 안 꾼다면"이라 했다. 햄릿 목소리가 들린다. 나도 갇혀 있다. 가두어져 있다. 꽉 막혀 있다.

햄릿은 "죽는 것은 잠드는 것. 잠이 들면 아마 꿈을 꾸겠지"라고도 했다. 운 좋은 놈. 덴마크 왕자 햄릿은 비참하게 살긴 했어도 밤에 잠은 좀 잤다.

3월 3일
0시간, 0분

전문의는 퇴원 사유서를 이렇게 끝맺는다.

"치료를 계속하는 것을 두고 의논을 많이 했다. […] 미란다는 전보다 상대적으로 나아진 정신 상태로 퇴원해 집으로 돌아갔다. 미란다가 망상을 믿는 것과 관련해 통찰력이 부족하다는 점이 걱정된다. 약을 그만 먹겠다고 하는 부분도 마찬가지다."

"그래서 퇴원할 때 개인 정신 건강 코치를 고용해 미란다의 집에 방문하도록 했다."

3월 10일
0시간, 0분

개인 정신 건강 코치 C가 우리 집에 온다. C는 사람 좋고 진지하다. 하지만 2주 정도 동안 한 일이라고는 와서 옷장을 뒤지더니 여성지에 나오는 '생활 속 잡동사니 정리하기' 같은 방식으로 2000유로짜리 웨딩드레스를 버리는 것뿐이다. 내가 깜짝 놀라서 쳐다보니 "이런 건 더는 필요 없을 거예요"라고 한다. 이토록 아름다운 드레스를 딸한테 물려주려던 계획이 바로 물거품이 되고 말았다.

하지만 난 400유로짜리 펜윅 가죽 재킷 위에는 뛰어들어 몸을 내던졌다. 역시 재활용될 운명에 처해 있던 옷이다. 원초적인 본능이 나타나더니 나중에 그런 옷을 다시 입을지도 모른다는 생각이 어렴풋이 든다.

회복하려는 기미일까?

C는 나를 동네 쇼핑몰에 데려가기까지 한다. 난 평소에 쇼핑몰을 지옥 같이 여긴다. 오늘은 어떨지 생각해 보시라. 특히 '뒷모습을 보

여 주는 거울'에서 퉁퉁 부어오른 엉덩이를 보는 순간을.

결국에는 새 옷을 사는 것 이상의 일이었다. 난 C가 돌봐 주는 게 도움이 별로 안 될까 봐 두렵다. 비용이 저렴하지도 않을뿐더러 2주 뒤면 헤어지게 되어 있으니.

내가 돕기 쉬운 사람이 아니란 건 안다. 그러려고 하는 사람마다 족족 그렇게 말한다.

3월 25일
0시간, 0분

병원에서 나온 순간 회복의 불꽃이 피었지만, 금세 꺼져 버리고 만다.

난 재활 치료소에서 비웃음을 샀고, 국민 보건 서비스 정신 병동에서 쫓겨났다. 아빠 돈 수만 파운드를 개인 병원에 여러 번 쏟아부었다. 개인 병원은 길게 보면 터무니 없는 알약을 나한테 던져 준 곳이다. 훌륭한 앤서니마저도 나보고 '머리가 약간 이상한 사람'이라고 했다(앤서니는 아주 다정한 말투로 말하지만, 난 요즘 액면 곧이곧대로 듣는다. 유머도 못 받아들인다).

사람들은 대체로 나를 좋아했다. 물론 다들 그렇다는 뜻은 아니지만. 난 편집장 자리에 있을 땐 굳세고 거침없이 말할 수 있다. 하지만 평소에는 새로운 지인이 나한테 미소를 지으면서 관계를 맺는다. 적어도 나를 너그럽게 봐주는 척한다.

이제 난 움찔거리는 기운을 바로 느낀다. 의사부터 치료소 접수

담당자에, 더는 나를 보러 거의 안 오는 친구한테서까지 다(주로 내가 친구가 안 오길 바라니까, 모두한테 엄청 기분 나쁜 일이다).

사실 내가 요즘 실제로 보는 사람은 직계 가족하고 정신 건강 전문가뿐이다.

'건강한 미란다'는 보통 자기 연민에 빠지지 않는다. 하지만 난 더는 진짜 '미란다'가 아니다.

'미란다'는 뭘까? 라는 생각으로 이어진다. 어떤 사람이 '사람'이 되게 하는 건 뭘까? 정체성은 어떻게 형성될까? 직업으로? 가족 위계질서에서 차지하는 위치에서? 친구 사이에서? 거울에 비친 자기 모습을 보며 묵묵히 인정할 때? 위에서 말한 내용이 다 섞인 걸까?

전에 한 번 잠깐 정체성에 의문이 든 적이 있다. 많은 여자처럼 나도 일찍이 출산 휴가를 내고 잉잉 울면서 웩웩 토하는 아기랑 같이 집에 갇혀 있는 게 해 볼 만하다고 생각했다. 두 아이는 20개월 차이로 태어났다. 재미있고 독립적인 직장 생활과는 거리가 멀었다. 산후 우울증을 진단받은 적은 없다. 난 내가 산후 우울증이라고 생각하지 않았다. 하지만 초기에 김이 빠지고 많이 지루했던 건 기억난다. 무엇보다도 진이 다 빠져 버렸다. 처음 6개월 동안에는 모유를 먹여야 한다는 공포심 때문에 아이들이 깨서 밥을 달라고 하기 전에 한 번에 한 시간 이상 잔 적이 거의 없다.

그러고 나면 또 하루가 흘러갔다.

그래, 불면증 때문에 녹초가 되어서 앞서 말한 아기를 몇 번이고 럭비공처럼 창밖으로 던지고 싶었다. 하지만 '불면증 쇼크' 때 겪은 고통과는 달랐다. 아기가 깜빡 잠이 들면 나도 잠들었다.

잠은 나를 기다리고 있었다. 기회가 필요했을 뿐이었다. 이제 나한 테는 기회가 많다. 24시간이 있으니까! 하지만 잠은 못 잔다.

태어난 지 6주가 되니 아기가 빙그레 웃기 시작했다. 길 잃고 절망 적인 느낌은 일터에 복귀해 사회생활을 하니 나아졌다. 정체성도 서 둘러 돌아왔다. 묵묵부답이던 신생아가 자라니 매력 넘치는 작은 사 람이 되었다.

하지만 최근 이런 상태는 영원할 느낌이다. 돌아갈 직장이 없다. 주변 친구는 더 많이 잃었다. 내 5년 전 사진을 보면 같은 사람이라 는 게 믿기지 않을 정도다. 터널 끝에 빛이 안 보인다.

난 힘을 다 써 버렸고, 짓밟혔으며, 절망에 빠져서 더는 자살을 생 각할 힘마저도 남아 있지 않다.

4월 25일
0시간, 0분

어느 순간 정신과 의사랑 '의무 기록 검토'를 해 본다. 새로운 일이다. 한 번으로 끝나지 않을 수도 있다. 기억이 안 난다. 항정신병 약을 다 른 약으로 대체했던 기억이 어렴풋하게 난다. 그런 다음에는 다 끊었 다. 누가 나한테 조피클론을 처방했다. 안 통하는 듯한 약이다. 미르 타자핀이라는 항우울성 진정제도 포함되었다. '정신과 사파리 여행' 은 계속된다.

엉망진창이다. 정신과 실험실에 있는 실험 대상 같다. 근데 그거 아는가? 난 더 이상 신경 안 쓴다. 이런 걸 관리하기를 포기했다.

알약을 물에 꿀꺽 삼킨다. 되풀이한다.

내가 낮에 내내 하는 일: TV 빤히 보기, 토스트 한바탕 굽기, 감자칩 몇 봉지 먹기. 아래층에 와인병이 있으면 마시려 한다. 이건 새로운 버릇이다.

정말 이상하게도 몸무게가 늘고 있다. 팔이랑 다리는 아직도 비쩍 말랐는데, 배가 불룩 나온다. 약간 거미 같다.

무슨 이유에선지 축구에 무척 관심이 생겨서 노트북으로 〈오늘의 경기〉를 본다. 축구는 드라마 같아서 시간을 쏟게 된다. 〈토크스포츠〉로 채널을 돌려 최근 가십거리도 듣는다. 올해 제일 깜짝 놀랄 만한 소식은 조제 모리뉴 감독이 첼시에 두 번째로 미역국을 먹었다는 사실이다.

사촌이 친절하게도 나한테 넘겨준 킨들에서 축구선수 즐라탄 이브라히모비치의 거친 전기를 읽는다. 즐라탄은 진짜 웃긴 사람이다. 그런 다음에는 균형 잡힌 평소 방식대로 돌아가서 다시 시작한다. 제일 좋아하는 부분을 또 읽는다(좋긴 했는데, 그렇게까지 좋지는 않았다).

시력이 더 안 좋아져서 킨들로 읽는 게 더 편하다. 너무도 안 좋아진 탓에 한쪽 눈을 감으면 거의 안 보인다. 이게 내가 얼굴을 찰싹찰싹 때린 거랑 관련이 있을까? "잠을 못 자요"에 "안 보여요"까지 보탠다.

절망감이 한 번인가 두 번 치솟더니 공황 발작으로 이어져 숨을 쉬기가 버겁다. 구급차를 불러서 응급실에 갔다 오는 하루가 될 듯하다. 처음으로 운전해서 병원에 갔다. 주요 수치를 확인했는데, 정상이란다. 바로 뒷문으로 다시 나간다. 두 번째로 999에 전화하니 구급대원이 우리 집 거실에서 산소 포화도가 괜찮다고 확인해 주고는 날 아무 데도 안 데려간다.

내가 밤에 내내 하는 일: 즐라탄 전기 읽기, 〈토크스포츠〉 듣기, 토스트 먹기, 내일이 올지 안 올지 생각하기. 머릿속에서 대하 서사 소설을 쓰기 시작했다. 등장인물한테는 아이가 있다. 손주도 본다. 무척 흥미롭다. 글로 적지는 않지만, 내가 현실에서 벗어날 수 있는 가상 세계다.

이런 상태가 그해 나머지 기간과 다음 해에도 계속된다.

내가 안 하는 일은 자는 거다.

6년 차

7월 15일
0시간, 0분

내 정신이 온전한지 같은 사소한 문제는 잠시 제쳐 놓자. 시력이 진짜 안 좋아져서 한쪽 눈이 완전히 멀 지경이다.

아빠가 막 치과에서 은퇴해서 나를 도와줄 시간이 더 많아졌다. 아빠 집 근처 개인 병원 안과에 예약을 잡아 준다.

안과 의사가 나를 한번 쳐다보더니 위급 상황이라고 한다. 망막 박리라 지금 당장 수술해야 한단다. 백내장도 있어서 나중에 제거 수술을 해야 한다. 난 48살이다.

8월 6일
전신 마취하고 2시간 30분(근데 사실 이건 무효 아닌가?)

전신 마취를 하려고 준비하고 있다. 물론 시력이 걱정되긴 하지만, 마취약이 안 들을까 봐 더 신경 쓰인다. 난 강력한 진정제를 먹어도 불면증이 계속되리라고 확신한다. 불면증을 겪을 만큼 겪었으니까. 의사가 메스로 눈을 가를 때 정말로 깨어 있을 필요가 없다니, 참 감사하네.

하지만 걱정할 필요 따윈 없었다. 약에 취해서 맥이 쭉 빠져 버렸다. 영화에 나오는 것처럼 기분 좋게 카운트다운을 하지도 않았다. 의식이 돌아오니 안대 속에서 눈이 부신다. 간호조무사한테 사방에서 토를 한다. 간호조무사가 "이러려고 지원한 게 아닌데"라며 중얼댄다.

몇 시간 동안 '의식이 없으면서' 조금 잔 느낌이 들기를, 좀 개운하기를 바랐다.

실상은 그렇지 않다. 평소보다 더 끔찍하다. 하지만 안대를 들어 올려 세상을 살짝 보니 다시 앞이 보인다.

8월 7일
0시간, 0분

아빠 집에서 건강을 회복하기로 했다. 수술(덜 외과적임)을 좀 더 해야 해서 더 그렇게 하기로 했다. 난 자그마한 여행 가방만 들고 간다. 잠옷만 입고 어슬렁거릴 텐데, 뭐가 더 필요하겠어?

8월 8~21일
0시간, 0분

올림픽 대회 기간이다. 이른 아침에 하는 카약부터 다이빙이랑 마장 마술까지, 매 순간 경기를 본다. 난 메달 수여식을 보러 나타나기까지 한다.

8월 29일
0시간, 0분

이 시점이 모든 일을 통틀어 최악이 틀림없다. 나한테 있는 신발이라고는 뒤축이 무너진 어그부츠뿐이다. 올 때 신고 온 신발이다.

아빠가 스포츠 다이렉트라는 스포츠 의류점에 데려가서 하얀색 운동화를 골라 준다. 분홍색 테두리가 있는데, *찍찍이로 고정한다.*

9월 7일
0시간, 0분

4주 뒤에도 계속 아빠 집에 있는다.* 아주 좋은 소식은 시력을 부지했다는 점이다. 백내장 수술을 하고 나면 영원히 원시로 바뀌긴 하겠

---

* 아무튼 아빠, 고마워요. '말 그대로'라는 말을 마구 늘어놓긴 싫지만, 여기에선 그래야겠어요. 아빠는 정말 말 그대로 제 목숨을 구했어요. 저를 집에 받아 준 덕분이죠.

지만. 안경을 쓴 채 여생을 보낼 테고.

안과 수술은 유쾌하지 않다. 안경에 의지해야 하는 것도 그렇지만, 볼 수는 있으니까 오히려 괜찮다. 지금이야 완전히 감사하진 않지만, 나중에는 확실히 그러겠지.

툭 터놓고 말하진 않았는데, 아빠 집에서 계속 있게 될 듯하다. 그게 모두한테 최고다. 나 자신, 전 남편, 특히 아이들한테. 난 이제 너무 오랫동안 '행방불명된 엄마'가 되었다.

아빠가 내가 먹을 알약을 살펴봐 준다. 먹어야 하는 양보다 더 먹을 생각을 하지 않도록. 아빠는 매일 저녁 6시마다 파란색 달걀 컵에 알약을 넣어 둔다. 컵에는 '플렘보로'*라고 적혀 있다. 이러니까 더 어린아이가 된 느낌이다. 중년에 아빠랑 사는 부분에서 이미 끝난 게 아니라면.

돌봄 종사자는 비번인 날인데도 차를 끌고 온다. 내가 잘되길 바라면서 안아 주기까지 한다. 하지만 자갈을 자박자박 밟으면서 팔짝팔짝 뛰어가는 소리가 확실히 들린다.

이제는 정신과 진료를 받지 않는다. 그게 얼마 동안은 그렇게 나쁘지만은 않을지도.

** 영국 요크셔에 있는 마을 이름.-옮긴이

9월 28일
0시간, 0분

이제 아빠 집에서 보낸 지 두 달 가까이 되었다. 새로운 환경에선 기분이 더 좋고, 잠도 좀 더 잘 수 있길 바랐는데.

하지만 그러지 못한다.

이제 더는 나 자신을 때리지 않는다. 안과 의사가 진짜로 눈이 멀거라고 하니 죽을 각오를 한다. 아무것도 그렇게 많이 변하지는 않았다. 아직도 침대에 누워 있는다. 침대만 다를 뿐이다. 아빠 집 찬장에는 스코틀랜드 버터 쇼트브레드가 잔뜩 들어 있다. 난 방금 말한 찬장에 자주 왔다 갔다 한다.

친구들이 차로 한 시간 거리에 산다. 휴대전화(아날로그식으로 선불함)를 집에 두고 왔으니 버리는 셈이다. 사람들한테 연락하고 싶어도 전화번호를 일일이 알지도 못한다.

이런 건 더는 나한테 큰 의미 없다.

10월 5일
되는대로 드문드문 잠. 수면 측정기엔 47분 잤다고 나옴. 미안하지만, 난 안 믿는단다.

아빠가 수면 측정기를 사 준다. 엄청 거대한 까만색 플라스틱을 3일 밤 연달아 써 본다. 잠드는 데 도움이 안 될 뿐 아니라 빌어먹게 불편하다.

다음 날 아침에 통계를 확인해 보니 내가 여기저기에서 몇 분 정도 잤다더라. 하지만 사실 그때는 아래층에 있거나 목욕하던 때였다. 셋째 날 밤에는 수면 측정기를 떼서 벽에다 확 던져 버린다.

수면 측정기에 관해

내가 '불면증 쇼크'를 겪던 어느 순간, 세상이 수면 측정기에 미쳐 버렸다.

하지만 이런 기기에 회의적인 전문가가 많다. 기기 때문에 수면의 질이 떨어질 수 있다는 것이다. 얼마나 잤고, 잘 잤는지에 집착해 봐야 도움이 전혀 안 된다고 한다.

이런 증후군에는 겉만 번지르르하고 과학적으로 들리는 이름까지 있다. 바로 '오소솜니아'*다.

2017년에 <임상 수면 학회지Journal of Clinical Sleep Medicine>에 실린 보고서에서 처음 나온 표현이다. 미국 신경학자와 동료들은 '완벽한 수면을 완벽주의적으로 추구'하는 경향을 찾아냈다. 오소솜니아에는 '오소렉시아'**라는 단어가 반영되어 있다. 건강한 식습관에 집착하는 태도를 두고 지난 20년간 유행한 표현이다.

이렇게 수면에 집착하게 된 데는 수면 측정기 수가 증가한 것이 한몫했다. 의사는 사람들이 스트레스를 받는다는 점과 수면의 질이 더 떨어지기도 한다는 부분에 주목했다. 수면 측정기로 수면을 측정했을 때 '질 좋은 수면'이라고 뜨지 않으면 실망하기 때문이다. 새로운 용어에 당황하고 집착하기도 한다.

———————

* orthosomnia: 기기로 수면을 측정하면서 완벽한 수면에 집착해 오히려 수면의 질이 떨어지는 상태.-옮긴이

** orthorexia: 건강한 음식에 집착하는 태도.-옮긴이

이를테면 수면 부채 비율, 심박수 감소, 수면 방해 그래프, 다른 사용자와의 비교 등이다.

가이 레시자이너 교수는 신경과 전문의로, 런던에 있는 가이 병원 수면 장애 센터를 운영한다. 『야행성 뇌: 악몽, 신경 과학과 수면이라는 비밀의 세계The Nocturnal Brain: Nightmares, Neuroscience and the Secret World of Sleep』(국내 미출간)의 저자이기도 하다.

"몇 년 전부터 환자가 병원에 수면 측정기를 들고 오기 시작하더라고요. 지난밤에 얼마나 잤는지 알려주려는 거였죠. 전혀 놀랍지 않았어요. 걸음 수나 그날 소모한 열량을 측정하는 기기도 개발되었으니까요."

레시자이너 교수는 미국 연구진과 생각이 같다. 완벽한 수면을 추구하는 태도가 문제일 수 있다고 걱정하는 것이다.

"우선 수면 측정기는 정확하지 않아요. 맞아요. 수면 측정기는 침대에서 보낸 시간을 관찰해요. 움직임을 바탕으로 하죠. 좀 더 정교한 측정기에는 얼마나 오래 잠들어 있었는지도 나와요. 하지만 수면의 질은 나타내지 못해요. 특정 시간에 어떤 수면 단계에 있었는지, 아니면 밤사이에 몇 번이나 깼는지를 말이에요."

이 점이 안 좋은 이유는?

"수면에 관심을 두는 일이라면 뭐든지 수면의 질을 떨어뜨릴 수 있어요. 그래서 사람들이 텔레비전을 보거나 책을 읽다가 잠드는 거예요. 주의가 다른 데로 쏠리니까요. 하지만 수면의 질이 안 좋다고 느끼는데 수면 측정기에서 그걸 확인하면 도움이 안 돼요. 걱정만 더 늘죠."

지금까지 꽤 잘 자는 사람들 이야기를 해 봤다. 하지만 나처럼 이미 만성 불면증을 앓았던 사람은 어떡할까? 플라스틱 '워치'를 차는 건 확실히 나쁠 만큼 나쁘다. 그러면 정확하지 않은 정보 때문에 안 좋은 의심이 확실해지거나 사실이 왜곡되지 않을까?

그러면 수면 측정기를 버려야 할까?

레시자이너 교수는 이렇게 말한다.

"이런 기기는 식단이나 운동 같은 생활 방식에 긍정적인 변화를 가꾸어 나가는 데 도움이 되니까, 나쁘다고만은 할 수 없어요. 하지만 불면증 치료에 보탬이 되지는 않아요. 사실 크나큰 해를 끼치죠."

12월 5일
0시간, 0분

아빠 아이패드랑 스트리밍 서비스를 발견했다.

집착이 영화로 옮겨 간다. 온갖 영화 장르에 빨려 들어간다. 제2차 세계대전 영화부터, 마이클 패스벤더랑 라이언 고슬링이 나왔던 영화 전부 다, 마블 슈퍼히어로 영화랑 비틀스 다큐멘터리까지 본다. 이렇게 많이 보려면 결제를 해야 하는데, 클릭 한 번이면 된다. 계정에 등록된 청구서는 아빠 앞으로 되어 있다.

아빠가 쏠쏠이 좀 줄이라며 계속 투덜댄다. 하지만 내심 기뻐하는 눈치다. 내가 조금이나마 밖으로 시선을 돌리니까. 좋은 징조겠지.

이거 말고는 먹고, 또 먹는다. 약을 먹는다. 진짜 이게 끝이다.

집에 온 뒤부터 정신과 진료를 받지 않는다. 계속 처방만 반복해서 받을 뿐이다. 크리스마스 전, 아빠랑 나는 전문가에게 보살핌을 받기로 한다.

6주쯤 기다려야 한다. 익숙한 시나리오다. 진료실도 다르고, 전문의도 새로운 사람이긴 하겠지만.

7년 차

1월 23일
0시간, 0분

D 의사한테 가서 매번 똑같은 문제를 두서없이 지껄인다. 의사가 나를 담당하는 지역 보건의한테 소견서를 쓴다.

이 소견서에서 마음에 드는 부분 세 가지.

- 내가 벤조디아제핀에 의존성이 있다는 내용이 언급되어 있다. 예전부터 지금까지 알코올이나 약물 문제가 없었다는 점도 분명히 적혀 있다.
- '병에 걸리기 전'의 성격을 고려하고 있다. 교육을 '평균 이상으로 잘' 받았고, 직업에서 성공했으며, 인간관계도 잘해 나갔다고 되어 있다. 여기서 난 사람이다. 분류되고, 진단받고, 약을 처방받는 데

그치는 존재가 아니다.

- 의사는 나한테 성격 장애가 없으며, 있었던 적도 없다는 결론을 내린다. 대신 우울 장애가 되풀이된다는 내용은 있다.

이 소견서에서 마음에 안 드는 부분 두 가지.

- 바로 이 문단이다. "미란다는 나한테 몇 년 동안 못 잤다고 했다. 아무리 봐도 믿기가 어렵지만, 안타깝게도 미란다는 지금 그렇게 생각한다. 이를 고려해 투약을 자세히 검토해 보려고 한다."
- 이 투약 검토에서 권하는 내용: 미르타자핀을 줄이고(듣자 하니 어마어마한 양을 복용했단다) 트라조돈을 다시 복용한다. 프레가발린도 다시 복용하려 한다. 프레가발린은 항발작제로, 불안증 치료 시에는 승인 없이 처방한다.

의사는 이 약에 부작용이나 금단 증상이 없다고 한다. 난 조피클론을 계속 복용해야 한다. 여태까지 안 통했던 수면제다. 괜찮다. 끊는 건 뜻대로 안 될 듯하다.

D 의사는 리튬을 복용해 보길 권하기도 한다. 리튬은 '기분 안정제'로, 옛날에 유행한 조울증 치료제다. 그걸 복용하면 항우울제가 잘 들을 거란다.

의사가 슬쩍 넘어가는 부분이 있다. 리튬을 복용하면 떨림이 나타날 수 있다. 신장 기능에도 문제가 생길 수 있다. 의사는 이 부분은 대수롭지 않게 여기면서도 내가 왜 리튬을 복용하는 환자는 꼬박꼬박 혈액 검사를 받아야 하냐고 물으니 대답을 못한다.

난 리튬을 복용하고 싶지가 않아서 정중하게 거절한다.

사미 티미미 박사가 나중에 "정말 다행이에요. 리튬을 복용하지 않았으니까요. 독성이 있거든요"라고 하더라.

2월 3일
0시간, 0분

'넷플릭스"랑" 알약, 비스킷 든 찬장의 계절'이다.

달라진 게 별로 없다. 아직도 잠을 못 잔다. 미치광이처럼 얼굴을 찰싹찰싹 때리는 행동을 왕성하게 하진 않지만, 아직도 평소처럼 "잠을 못 자요"라는 대화에서 못 벗어난다. 단어를 말할 때 반복적으로 더듬는다. 아직도 광장 공포증이랑 사회 공포증이 있다. 인류에 도움을 못 줄 때가 대부분이다.

반면에 아래층에는 더 자주 내려간다. 심지어 새벽 6시에 정원에 가서 이른 아침 햇볕을 쐬기까지 한다.

내가 온종일 뭘 하냐고?

텔레비전 시리즈물을 본다!

그러니까, 아마존 비디오랑 넷플릭스를 본다는 말. 가입하니 알라딘의 동굴이 내 앞에서 열린다.

엄청 재미있는 '시즌제' 텔레비전 프로그램이 한도 끝도 없이 계속 나온다. 이런 것들이다.

- 〈매드맨〉(60년대 광고라니! 비서라니! 칵테일이라니!)
- 〈브레이킹 배드〉(난 2주 뒤에 월터 화이트 서사에 빨려 들어간다)
- 〈디 아메리칸즈〉(과소평가된 드라마. 끝내주는데.)
- 〈파우다〉, 〈스루김〉, 〈슈티젤〉(난 이스라엘 프로를 무척 좋아한다. 〈슈티젤〉
  에 나오는 온갖 음식하고 담배를 피우는 장면은 더더욱 좋다.)
- 〈브로드처치〉랑 〈더 나이트 매니저〉(이 프로그램 때문에 톰 히들스턴이
  한 일은 다 찾아보게 되었다. 특히 톰 히들스턴 엉덩이가 나오는 부분도.)

당분간은 이러느라 계속 바쁘다.

6월 15일
0시간, 0분

D 의사는 국민 보건 서비스를 퇴사하고 개업하기로 했다. 구조 조정 때문에 짜증이 났기 때문이다(자기 은행 잔고랑 관련이 있는 듯하다). 난 이제 F 의사를 마주한다.

F 의사는 쾌활하다. 이야기를 잘 들어주고, 설득력도 있다. 나한테 다시 리튬을 처방하려 한다.

진료 기록에 따르면 내가 그때 당시에는 그러겠다고 한 것 같다. 하지만 난 진료실에서 나오자마자 마음을 바꾸어 먹는다.

8년 차

3월 1일
0시간, 0분

새 보건 당국에서 G를 보낸다. 정신 건강 종사자인데, 매주 정해진 시기에 집에 방문한다. G는 마음이 넓고 다정하다. 하지만 시작이 썩 좋진 않다.

G가 내 이야기를 듣더니 맨 처음에 한 말은 "음, 다시는 잠을 못 잘 거라는 점을 받아들이셔야 해요. 계속 삶을 살아가시고요"다.

8년 동안 잠을 못 잔데다 아무도 내 말을 안 믿는다고 하니 "*미란다라면 그 말을 믿겠어요?*"라더라.

이러니 처음엔 G가 비호감이었다.

6월 6일
0시간, 0분

다시 F 의사한테 간다. 의사는 이렇게 적는다.

"미란다는 쉬는 법이 없다. 계속 매일 불안해할 때가 대부분이다. 정신병 증세를 보이지는 않는다."

그런 뒤에 F 의사는 올란자핀 7.5밀리그램을 처방한다. 항정신병약이다. 이해가 안 간다.

'심리' 치료 대기자 명단에도 올라간다. 심리 치료 접근성 확대 프로그램이다. 국민 보건 서비스는 약물 처방에서 벗어날 계획을 세운다. 좋을 수밖에 없는 일이다.

6월 7일
0시간, 0분

내가 왜 다시 올란자핀을 복용해야 하지?

그래, 난 분명히 안 괜찮다. 게다가 리튬을 복용하자고 했을 때 또 '싫다'라고 하니까 F 의사가 좀 화난 눈치다. 선택의 여지가 그리 많지 않단다. 우린 정신 의학의 막다른 길에 가게 될 거다.

전문의한테 잘리고 싶지 않다. 그렇다고 간이 망가진 채 흔들리는 난파선 꼴이 되기도 싫다. 그러니 뚱뚱해지는 약을 먹기로 하고 팀을 위해 나를 희생한다.

6월 29일
0시간, 0분

올란자핀을 복용하면 왜 살이 찌는지 궁금해하면서 자파 케이크 상자를 뜯는다. 상자에서 두 개를 꺼내고는 위층으로 쿵쿵 올라간다.

문득 두 개가 더 먹고 싶어진다. "아, 신경 끌래. 많이 먹는 게 낫겠어"라고 혼잣말을 한다.

계속 탄수화물이 당긴다. 배가 부르는 법을 모르는 느낌이다. 시리얼바에, 오븐에 구운 웨지감자에, 암브로시아 라이스푸딩까지. 새벽 3시에 굽는 토스트는 "안 치는 걸로!" 몸무게는 절대 안 잰다.

7월 15일
0시간, 0분

난 아직도 완전히 엉망인데, 정신 건강 종사자인 G는 나한테 일을 시킨다.

하기가 싫다. 침대에 누워서 〈아웃랜더〉나 한 편 더 보고 싶다. 하지만 G랑 아빠는 음모를 꾸미며 날 괴롭힌다. 이렇게 하는 게 '나한테 좋다'면서. 그래서 마지못해 응한다.

G랑 난 단지 근처를 산책하며 이야기를 나눈다. 휘청거리면서 헐떡이는 쪽에 더 가깝다. 몸 상태가 완전 나빠서 몇 번씩 쉬어가며 숨을 골라야 한다. 한 바퀴만 도는데도.

그래도…. 난 계속 이야기한다. 몇 년 만에 처음이다.

달콤하고 쌉싸름한 옛 생각에 젖어 언론사에서 일하던 나날을 구구절절 이야기한다. 오후 7시에 기사를 철한 뒤 다음날 새벽 5시에 신문을 읽던 시절. 아니면 잡지사 편집장이 되어서 재미있게 표지 촬영 모델이 될 아기 오디션을 보던 시절.

옛 생각을 하면 달콤하기보다는 쌉싸름하다. 그런 삶은 끝났다는 게 분명해지니까.

재활 치료소에 있던 상담사가 술과 마약을 둘러싼 '기분 좋은 기억'을 떠올리는 건 안 좋다고 했던 기억이 난다.

자, 나한테는 일하던 시절이 '기분 좋은 기억'이다.

G가 "그렇게 그 시절에 머물러 있지 말아요. 새 삶을 찾아요. 새 친구도 사귀고요. 사무실에서 아르바이트하면 어때요?"라고 한다.

난 옛 직업이 좋았다. 옛 친구가 좋았다. 내 삶이 정말 좋았다.

8월 8일
0시간, 0분

G는 나를 동네 커피숍에 오래 끌고 다니는 버릇도 있다. 내가 싫어하는 원정이다. 아무도 나를 못 보도록 구석 자리에 앉자고 한다. 난 그렇게나 겉모습을 의식한다.

G가 뭘 마시고 싶으냐고 물어본다. 난 멍하니 바라보다가 "예전의 미란다라면 얼그레이 홍차를 마셨겠죠"라고 한다.

G가 활짝 웃는다. "아니죠. 미란다가 이걸 좋아하는 거죠. 훌륭해

요! 미란다의 일부를 되찾아야죠."

별것도 아닌 말처럼 들리지만, 사실 G 말이 맞을지도 모른다. 어쩌면 다시 기자가 되겠다고 생각하는 건 너무 야심 찬 계획인지도 모른다. 하지만 난 엄마가 된 뒤에 같은 방식으로 정체성을 되찾았다. 걸음마 단계부터 시작해야 할 수도 있다. 따끈한 음료랑 같이.

G가 얼그레이를 주문하는 사이, 난 어두침침하고 구석진 자리를 물색한다. 평소처럼 계속 고통스럽지만, 차는 참 맛있다. 우리가 여기서 뭔가를 생각해 낼지도 모른다.

옛날의 미란다는 또 뭘 좋아했을까? 그걸 새로운 미란다한테 불러올 수 있을까?

8월 31일
0시간, 0분

지난주에 편지가 왔다. 대기자 명단에서 풀렸다는 소식이다. 이번 주에 6주짜리 국민 보건 서비스 프로그램을 시작한다.

알다시피 난 진짜 '모임 친화적'인 사람이 아니다. 재활 치료소 때문에 '모임'이 더 싫어졌다. 내 모습이 얼마나 형편없는지에 집착하기까지 하니 *진짜* 가기 싫다. 하지만 G랑 F 의사가 나한테 최선을 다해주니까 최소한 의지는 보여 주어야 한다. 누가 알겠어? 거기 가면 정답이 있을지.

불안증을 위한 인지 행동 치료라고 홍보하는 프로그램이다. 내가 지금도 몇 년째 계속 말하듯이 '병에 걸리기 전'에는 살면서 불안증 문제를 겪은 적이 없다. 하지만 지금은 분명히 문제다.

난 뚱뚱하다. 머리카락이랑 피부도 심하게 안 좋다. 정신이 건강한 사람이라면 그렇다고 집 밖에 못 나서는 법이란 없다. 어쩌다가 친구한테 이런 말을 하면 나보고 "쓸데없는 소리는 그만"하라고 한다.

어쨌든 오늘이 모이는 날이다. 공책하고 필기도구를 챙긴다. 마음을 억지로 비틀어 열고 불안증 프로그램 첫 시간에 간다.

이 프로그램에는 각종 정신 건강 문제를 겪는 사람이 마구 뒤섞여서 참가한다. 어떤 사람은 확실히 많이 아프다. 다른 사람은 오후 반차를 내고 오는데, 그 사람은 뭐가 문제인지 모르겠다.

간사가 유인물을 나누어 준다. 맨 위에는 불안증의 원인과 인지 행동 치료의 배경 이론이 간략히 설명되어 있다. 화이트보드랑 색깔이 있는 마커펜도 있다. 간사가 화이트보드에 '두려움'이라고 쓰더니 비슷한 말을 떠올려 보라고 한다.

'두려움'의 의미를 논하느라 1시간을 쓴다.

그러니까 시간이 다 가 버린다.

9월 7일
0시간, 0분

불안증을 위한 인지 행동 치료 프로그램 2부. 다들 돌아다니면서 어떻게 지내는지 이야기한다.

중년 남자 하나가 목공 이야기를 한다. 자기가 만들고 있는 배랑 선반의 성능까지 이야기한다. 계속하고 또 하는데, 20분 동안 끊이질 않는다. 프로그램에 몰입하지 않는 게 분명하다. 사실 가끔은 이야기가 꽤 공격적인 방향으로 흘러가기도 해서 당황스럽다.

난 창밖을 내다보며 도널드 드레이퍼*를 떠올린다.

이 프로그램은 시간 낭비 같을 뿐 아니라 사실 짜증도 난다. 그만두기로 마음먹는다.

9월 10일
0시간, 0분

하지만 아직도 잠을 못 잔다.

난 뇌 속에서 지친 뉴런으로 생각한다. 이제 불면증을 앓은 지 10년쯤 되었다. 약이랑 국민 보건 서비스에서 제공하는 기초 심리 치료보다 더 효과적인 치료법이 *있어야 한다.*

내가 처음 치료법을 찾아 나섰을 때보다는 발전했겠지.

지난주에는 아빠한테 다른 방법을 찾도록 도와 달라고 애원했다. 개인 병원 지역 보건의 이야기를 들었는데, 인정이 많다고 칭찬이 자자하다고 한다. 오늘 밤에 그 의사가 우리 집에 방문한다.

지역 보건의가 국민 보건 서비스에서 하는 '수면 클리닉'이 있다

---

* 미국 드라마 〈매드맨〉에 나오는 인물.-옮긴이

고 알려 준다. 차로 90분 정도 거리라고 한다. 황홀감에 빠진다. 왜 전에 구글에 검색했을 땐 안 나왔지? 의사가 소견서도 써 주겠다고 약속한다.

"저희는 영국 전역에서 다방면으로 수면 장애를 겪는 사람을 진단 테스트하고, 치료합니다."

웹사이트에 나오는 감동 넘치는 문구다. 예감이 좋다!

10월 17일
0시간, 0분

개인 병원 지역 보건의를 만난 지 5주 뒤에 수면 클리닉에 가게 된다. 여러 사람이 대기실을 가득 메웠는데, 바퀴 달린 기계 장치를 질질 끌고 있다. 금세 그게 '양압 호흡기'라고 알아차린다. 마스크에 바람을 넣는 것으로, 수면 무호흡증이라는 호흡 질환이 있는 사람이 밤에 착용한다.

몇 가지 건강 검진을 한다. 혈압하고 체질량 지수를 확인한다. 그런 뒤에 정말 마음에 드는 폴란드 의사를 만난다. 여태까지 봤던 의료진 중에 유일하게 내가 8년 동안 잠을 못 잤다는 말을 믿는다. 껴안아 주고 싶다.

의사는 입원해서 밤사이에 검사하는 게 좋겠다고 인정한다. 내가 얼마나 자는지 알아보는 검사다. 적어도 잔다고 한다면. 결과가 나오면 어떻게 할지 보려고 한다. 희망이 보인다.

수면의 구조

수면은 뇌의 여러 영역과 관련 있다.

- 시상하부는 땅콩 크기만 한 구조물로, 뇌 깊숙이 있다. 여기에는 신경 세포가 모여 있는데, 이는 중추부 역할을 하면서 수면과 각성에 영향을 끼친다. 시상하부 안쪽에는 시교차 상핵이 있다. 바로 세포가 수천 개 있는 다발로, 눈에 직접 노출되는 빛 정보를 받아들이며 일주기 리듬을 관장한다. 눈이 안 보이는 사람도 계속 빛을 감지하며 수면-각성 주기를 바꿀 수 있다.

- 뇌줄기는 시상하부와 연결되며, 각성과 수면이 전환되도록 조절한다. 시상하부와 뇌줄기 안에 있는 수면 유도 세포는 가바라는 뇌 화학 물질을 생성한다. 가바는 시상하부와 뇌줄기의 각성을 줄인다. 뇌줄기는 렘수면에서 특별한 역할을 하기도 하고(오른쪽 참고), 근육이 이완하도록 신호도 보낸다. 악몽을 꾸는 동안 자세와 팔다리가 바쁘게 움직이지 않게 하는 데 꼭 필요하다.

- 시상하부는 대뇌 피질(뇌에 있는 막으로, 단기 기억에서 장기 기억으로 정보를 해석·처리한다)에 정보를 전달한다. 수면 단계가 진행되는 동안에는 대부분 시상이 진정되기 때문에 외부 세계를 끊어낼 수 있다. 하지만 렘수면을 하는 동안에는 시상이 활동하면서 피질에 이미지와 소리 등 다른 감각을 보내 꿈을 채운다.

- 솔방울샘은 시교차 상핵에서 신호를 받는다. 멜라토닌 호르몬의 생성을 증가시키기도 한다(39쪽 참고). 멜라토닌 덕에 어두워지면 뻗게 된다. 과학자는 시간이 흐르면서 멜라토닌이 오르락내리락하는 현상이 몸의 일주기 리듬을 외부 명암 주기에 맞추는 데 중요하다고 믿는다.

- 기저전뇌는 뇌의 앞부분과 밑부분에 가까이 있으며, 수면과 각성을 촉진

하기도 한다. 반면에 중뇌 일부는 각성 체계 역할을 한다. 아데노신이라는 화학 물질이 분비되면 '수면 욕구'가 생기는 데 도움이 된다. 카페인은 아데노신의 활동을 막는다.

- 편도체는 아몬드 모양 구조물로, 감정 처리와 관련 있다. 이는 렘수면 동안에 점점 더 왕성하게 활동한다.

수면 단계

수면에는 기본적으로 두 종류가 있다. 바로 렘수면과 비렘수면(여기에는 3단계가 있다)이다. 사람은 보통 밤에 비렘수면과 렘수면 단계를 모두 여러 번 순환하는데, 렘수면은 아침에 점점 더 길어지면서 깊어진다.

- **1단계 비렘수면**은 깨어 있는 상태에서 수면으로 전환되는 단계다. 이렇게 짧고(몇 분 정도 지속) 비교적 얕은 잠을 자는 시기에는 심박수, 호흡, 눈동자 움직임 속도가 느려지고, 근육이 이따금 떨리면서 이완된다. 뇌파는 낮에 깨어 있을 때의 형태에서 느려지기 시작한다.
- **2단계 비렘수면**은 얕은 잠을 자는 시기다. 심박수와 호흡이 느려지면서 근육이 더 이완된다. 체온이 떨어지고, 눈동자도 움직이지 않는다. 뇌파 활동이 느려지지만, 전기 활성이 잠시 활발하게 분출된다는 특징이 있다. 다른 수면 단계보다 2단계에서 수면 주기를 더 반복하며 보내게 된다.
- **3단계 비렘수면**은 아침에 개운해지도록 깊은 잠을 자는 시기다. 이는 밤 초반부에 더 오랫동안 나타난다. 심박수와 호흡은 가장 낮은 수준으로 떨어지고, 근육이 이완된다. 이때는 일어나기 어려울 수 있다. 뇌파는 더 느려진다.

렘수면은 잠이 들고 나서 90분 정도에 처음 나타난다. 눈동자가 눈꺼풀 밑에서 급격히 좌우로 움직이고, 호흡은 빨라지면서 더 불규칙적으로 바뀐다. 심박수와 혈압은 깨어날 때 수준에 가깝게 늘어난다. 비렘수면 단계에서 꾸는 꿈도 있기는 하지만, 꿈은 대부분 렘수면 때 꾼다(274쪽 참고). 팔다리 근육이 일시적으로 마비되면 꿈에서 '행동'하지 못한다. 나이가 들면서 렘수면 단계가 더 짧아진다.

낮에 한 경험을 소화하고 '기억 장치'로 옮기려면 두 수면 단계가 모두 필요하다.

간단히 알아보기: 수면 무호흡증과 기면증

이 책에서는 주로 불면증을 다룬다. 하지만 여기에서 더 심각한 수면 관련 질환 두 가지를 소개하려 한다. 내가 다니던 수면 클리닉에서 치료하던 질환이다.

폐쇄성 수면 무호흡증은 비교적 흔한 질환으로, 정상 호흡을 하는 동안 기도가 이완되면서 좁아지는 현상이다. 수면을 규칙적으로 방해해(코도 골 수 있음) 삶의 질에 큰 영향을 끼치게 되며, 심장병을 포함한 특정 질환이 발생할 위험성도 높아질 수 있다.

기면증은 만성 수면 장애로, 낮에 참을 수 없이 졸리다가 갑자기 잠에 '빠져들면서' 생긴다. 기면증이 있는 사람은 어떤 상황이든 간에 오래 깨어 있는 걸 어려워할 때가 많다. 기면증 때문에 일상생활을 심하게 방해받을 수 있다.

11월 5~6일

0시간, 0분(내 기준) | 335분(수면 측정기 기준)

뭐라고?

오후 6시쯤 검사를 받으러 간다. 간호사가 나를 작은 방에 데려간다. 개수대랑 흥미롭게 생긴 전자 장비 판이 벽에 붙어 있다. 침대를 바라보는 감시 카메라도 있어서, 난 처음에 엄청 흥분했다(밤 10시에 켜질 예정. 다행히도 잠옷으로 갈아입은 뒤다). 마음을 가다듬는다. 난 관찰 받으려고 여기에 와 있다.

간호사가 표본을 채취해 메티실린 내성 황색 포도상구균 감염증이 있는지 확인한다. 그러더니 환자가 그득한 대기실 같은 곳으로 데려간다. 다들 잠옷을 입고 있다. 발작성 수면증 환자, 몽유병 환자, 수면 무호흡 환자랑 인사를 할 때는 사실 꽤 즐거운 축제 분위기였다. 불면증으로 치료받는 환자는 나밖에 없는 듯하다.

수다스러운 의료 기사가 나를 심상치 않은 장비에 연결한다. 풀 같은 젤을 써서 머리카락에 전극을 부착한다. 머리에 문어를 달고 걸어 다니는 셈이다. 밤에 편히 눕기만 하면 이런 장비가 방에 있는 판에 붙어서 뇌파를 측정하리라는 생각이 든다(내가 잠을 얼마나 자고, 수면의 질은 어떤지가 드러나게 된다). 문어랑 내가 방으로 돌아온다. 꼬박꼬박 복용하는 수면제를 먹으라는 말을 듣는다.

그 순간 반칙을 쓴다. 인정하기가 창피하다. 진짜 멍청한 짓이었다. 그런데도 그렇게 했다. 침대 옆 탁자에는 이틀치 조피클론이 있다. 간호사가 방에서 나가자마자 이틀치를 다 먹어 버린다.

수면을 관찰하려는 참에 이렇게 하면 어느 정도 역효과가 생기리란 건 안다. 하지만 나한테 복용량의 두 배란 잠을 잘 기회다(집에서는 내 약을 자물쇠랑 열쇠로 잠가 놓는다). 쫄쫄 굶은 사람이라면 배가 너무 고파서 파이를 한 개가 아니라 두 개 먹었다고 해명할지도 모른다는 말로 이런 행동을 정당화한다.

난 약이 필요했으니까, 무죄다.

간호사가 다시 들어왔을 때 눈치채지 못했다. 간호사가 화장실에 다녀오라고 한다. 장비에 '연결되어 있어서' 야간 당번한테 데려가 달라고 하지 않으면 아침 8시까지 화장실에 못 가기 때문이다. 난 질겁한다. 많이들(주로 여자들?) 수긍하겠지만, 소변 금지처럼 화장실에 가고 싶어지는 일이란 없다. 늘 그렇다. 난 소변을 두 번 본 뒤에 마지막 새로운 기기에 몸을 맡긴다. 코 밑에 클립을 꽂아 호흡을 측정하는 기기다.

밤 10시에 불이 꺼지고, 난 미리 잘 준비를 한다. 내 쪽을 가리키며 깜빡이는 빨간색 감시 카메라 불빛을 신경 쓰지 않으려 애쓴다. 머리에 달린 장비는 무겁다. 코 밑에 달린 클립은 무척 불편하다. 난 밤새도록 화장실에도 가야 한다.

약을 더 먹었는데, 조금도 달라진 게 없다.

몇 시간 뒤, 안 어울리는 커튼 뒤에서 희미한 새벽빛을 지켜본다. 잽싸게 샤워를 하며 머리에 풀처럼 붙은 젤을 씻어 낸다. 아래층 '식당'(사실은 회의실)에 가서 얼마 있지도 않은 시리얼을 먹고, 오렌지주스를 마신다.

드디어 전문의가 뇌파 출력물을 가지고 온다. 수면 다원 검사 기록에는 내가 새벽 4시 37분까지 실은 335분 동안 잠들어 있었다고 나온다(5시간이 넘는다!). 수면의 질도 대부분 '좋다'고 한다. **삼백삼십오 분이라고?** 깜짝 놀랐다고 하면 좀 다듬은 표현이리라.

전문의가 만성 불면증은 어려우면서 아주 다루기 힘든 문제라고 맞추어 주면서 빈말을 하는 순간, 내 얼굴에 '진짜?'라고 쓰여 있었을 게 뻔하다. 난 약을 더 먹었다고 자백한다. 하지만 의사는 대수롭지 않게 여기면서 사실 그런다고 수면 시간이 확 달라지진 않을 거라고 한다.

의사는 (나한테) 계속해서 기본적인 '수면 위생' 이야기를 해댄다(예: 점심 이후에 커피 안 마시기, 방 온도 적당히 맞추기, 자기 직전에 아이패드 안 보기). 난 꽤 똑똑하고, 10년 중 대부분을 극심한 불면증에 시달리며 보낸 사람인 만큼, 좀 더 수준이 높길 바랐는데.

좌절감을 안고 떠난다. 해결책은 없다. 머리카락에는 젤이 방울방울 덩어리져 있다. 씻어 내는 데 며칠씩 걸렸다.

12월 14일
0시간, 0분

전문의가 쓴 소견서가 드디어 도착한다. '수면 인식 장애'란다. '과거에 심한 불면증을 앓았다면 그런 경우가 많다'라고 한다. 당혹스럽다. 과학을 의심할 순 없다. 난 지쳐서 정말 미쳐 버린 탓에 거의 신경도 안 쓴다.

  정신 건강 종사자가 접근한 방식이 유일하게 통할 만한 해결책인지도 모른다.

  다시는 잠을 못 잘 거라는 걸 받아들여, 미란다. 계속 나아가렴.

제 3 장

커튼 걷기

8년 차

12월 15일
0시간, 0분

대체 장비 무더기가 어떻게 사람이 잤다고 알려 줄 수 있을까? 사람이 자기가 안 잤다는 '사실'을 알고 있는데?

내가 거짓말쟁이야? 사기꾼이야? 망상에 시달리는 거야? 개인 병원 정신과 의사가 말한 것처럼? 이 복사본을 변기에 내려 버린 다음에 올란자핀을 좀 더 달라고 해야 해? 국민 보건 서비스 정신 병원 정기권도 달라고 하고? 가서 잃어버린 프랭크 시나트라 전기 앞부분 반절을 쓰기 시작하도록?

모르겠다. 그래서 넷플릭스를 틀고 이스라엘 첩보 영화를 본다.

10년 차: 미래에서 온 쪽지

전 다행히도 영원히 못 빠져나올 만한 선택은 하지 않기로 했습니다.

그리고 돌이켜 보니 수면 클리닉에 의문이 들더군요.

바로 제가 335분 동안 잤다는 사실 말이에요. 하지만 '사실'이나 '과학'이 뭔지를 논할 자격이 누구한테 있을까요? 객관적으로 보면(외부에서) 수면 다원 검사 기록에는 제가 5시간 넘게 잤다고 나옵니다. 주관적으로 보면(제 경험에서) 밤새 깨어 있었고요.

어떤 의견이 가장 의미 있을까요? 주관적인 의견일까요, 객관적인 의견일까요?

수면이 뭘 '뜻'하는지 논할 자격은 또 누구한테 있을까요?

우리 곁에는 철학자인 존 로크나 슈뢰딩거 교수랑 고양이도 없잖아요. 하지만 이제 질문을 던져야 할 때가 되었습니다.

수면 과학자라고…?

전문의 소견서를 다시 읽습니다. 이 수수께끼는 밝혀내질 않는군요. 그래서 수면 클리닉 의사한테 전화하기로 마음먹습니다.

의사는 제 의견에 부드럽게 동조합니다. 제 진단을 열심히 검토합니다. 제가 걱정했듯이 무시하지도 않습니다. 의사가 "이 차트는 기술로 뇌파를 분석해서 그림으로 나타낸 보고서예요. 그러니까 생각보다 더 많이 잤을 수 있어요"라고 하네요.

가슴이 철렁하는 순간, 의사가 이렇게 덧붙입니다.

"그런데 아닐 수도 있어요. 우리가 '볼' 수 있는 수면만 나오거든요. 수면 과학은 역사가 짧아요. 불면증은 약간 수수께끼고요. 저희는 할 수 있는 데까지 최선을 다해 진찰하고 있어요. 솔직히 말씀드리면, 기면증이나 수면 무호흡증 같은 질환이 치료하기 더 쉬워요."

역설적 불면증이냐, 수면 인식 장애냐

전문가 의견에 따르면 수면 인식 장애는 수면 상태를 깨어 있다고 잘못 인지하는 사람에게 쓰는 용어다. '양성 수면 인식 장애'도 있다. 잠이 든 시간의 양을 과대평가하는 경우다.

수면 인식 장애 환자는 대부분 전날 밤에 아예 못 잤거나 아주 조금만 잤다고 이야기할 텐데, 의료 기록에는 보통 정상 수면 형태로 기록된다. 논문에는 이렇게 나온다.

"이렇게 수면 인식 장애 환자에게서 발견되는 수면 형태는 오랫동안 수면 인식 장애가 없는 사람의 수면 형태와 구별되지 않았지만, 일부 예비 연구에서는 둘 사이에 미묘한 차이가 있을 수도 있다고 한다."

다시 가이 레시자이너 신경과 전문의한테 돌아가 보자. 가이 교수는 가이 병원 수면 장애 센터를 운영한다.

미란다: 가이 교수님, 뭐가 더 중요할까요? 객관적인 '결과'일까요? 아니면 '자기가 얼마나 잤다고 여기는가'라는 주관성이 중요할까요?

레시자이너 교수: 수면 인식 장애를 둘러싼 논쟁을 보면 우리가 수면을 얼마나 형편없게 목격하는지가 드러나요. 그래서 *뭐가* 더 중요할까요? 핵심은 이거예요. 본인은 안 잤다고 생각하는데, 다른 사람이 사실 6시간 잤다고 하면, 기분이 나아지진 않을 거라는 점이죠.

미란다: 그러면 전 안 잤는데, 왜 장비에는 잤다고 나왔을까요?

레시자이너 교수: 두 가지로 설명할 수 있어요.

1. 다들 밤에 잠깐 깨는 때가 있어요. 고작 몇 초만이라도요. 그때의 정신 상태가 그렇게 얼마 안 되는 동안 내내 깨어 있었다고 해석했을 수도 있어요.

2. 제가 볼 땐 두 번째가 더 그럴듯해요. 수면 클리닉에서 뇌파 검사기랑 전극 네 개를 부착했잖아요. 의사는 그 덕에 무슨 일이 일어나는지를 알 수 있어요. 하지만… 뇌 표면만 대략 파악할 뿐이에요. 전체 조직이 아니라는 말이죠. 뇌는 통일된 상태로 존재하지 않아요. 사람이 깨어 있는 동안에도 뇌 일부는 잠들었다 깼다 하거든요.

수면 연구는 이처럼 뇌 활동과 관련된 아주 제한적인 정보만 제공해요. 뇌의 특정 부분은 밤새 깨어 있으면서 의식하고 있을 거예요.

현 과학 수준으로는 뇌 깊은 곳에 있는 구조를 알 수가 없어요. 스노클이랑 마스크만 끼고 세계 해저 지도를 그리려 하는 격이죠. 표면 1미터 아래만 볼 수 있을 뿐인데 말이죠.

뇌파 차트가 똑같더라도 어떤 사람은 '잘 잤다'라고 할 때 다른 사람은 '아예 못 잤다'라고 할 수도 있어요.

미란다: 그러면 제가 몇 년 동안 계속 못 잤다는 건 여전히 맞는 말일까요?

**레시자이너 교수: 미란다는 확실히 잠을 잤어요. 안 자면 죽으니까요. 제가 볼 땐 미란다의 뇌 일부만 잠들었던 것 같아요. 하지만 동시에 다른 부분은 깨어 있었을 테고요.

미란다: 장비로 수면을 분명히 밝혀내지 못한다면, 정확히 왜 그러는 걸까요?

**레시자이너 교수: 수면은 여러 요소가 결합하면서 나타나요. 신체, 신경, 심리,

환경 등이죠. 생물학적 과정은 근본적으로 매우 복잡해요.

전 역설적 불면증을 진단하기가 싫어요. 환자가 제정신이 아니라는 뜻이 거든요. 심한 불면증을 호소하는 사람한테 '확실히 잘못되었다'라고 말한다고 무슨 소용이 있겠어요? 아무한테도 도움이 안 될 텐데요.

미란다: 아직도 약간 수수께끼로 남아 있네요?

12월 17일
여기서 몇 분, 저기서 한 시간

약간 이상하면서도 전적으로 반가운 일이 일어나고 있다.

밤사이 몇 시간을 설명하지 못할 때가 있다. 지난 8년 동안에는 어떤 순간에 무슨 일이 일어났는지 정확히 설명할 수 있었는데. 예를 들면, 이른 아침에 계속 라디오 프로를 들었던 것처럼.

하지만 점점 더 이상하게 시간을 건너뛰고 있다. 예를 들면, 시계를 봤을 때 새벽 2시 45분이었는데, 다음번에 시계를 보면 4시 6분일지도 모른다. 난 보통 새벽 6시쯤에 신문 배달부 아주머니의 차 소리를 듣고 절망에 빠진다. 한 번인가 두 번쯤은 그 소리도 아예 못 듣는다.

왜 이러는지 모르겠다. 놀랄 만한 일이다. 하지만 문제는 내가 더는 논리정연하지 않다는 점이다. 이보다 더 진이 빠질 수도 없다.

아직도 지옥같이 느끼는 순간에 이렇게 잔 시간을 표시하는 건

굉장히 쓸모없어 보인다. 그래도 난 자고 있겠지. 그렇겠지.

아닌가?

12월 18일
2시간, 3분

BBC 퀴즈 프로 〈포인트리스〉를 보기 시작했다. 열성적으로 보면서 약간 집착하게 된다. 토요일에 하는 유명인사 버전을 보면 가슴이 더 두근두근 뛴다.

오후 5시 15분에는 아래층에 내려가 와인 한 잔을 따른다(약물 상호 작용 따위는 신경 쓰지 않는다. 최악으로 일어날 일이 뭔데? 졸린 거?) 산더랑 리처드가 특유의 편안하고 부드러운 유머를 구사하는 모습을 지켜본다.

난 반응이 느리긴 해도 정답 몇 개를 맞추기까지 한다. 주제가 문학이나 역사면 더더욱 그렇다. 캘리포늄이랑 아인슈타이늄이 유익하면서도 쓸모없는 주기율표에 들어간다는 점을 알게 된다. 나라를 주제로 한 퀴즈에 나오는 지부티 관련 질문처럼 말이다. 난 낱말 퀴즈는 완벽하게 푼다.

내 안 어딘가에서 기쁜 감정이 아주 희미하게 솟아난다. 인정하고 싶진 않을지라도.

12월 19일
2시간, 12분

F 의사한테 간다.

진료가 약간 늘 똑같은 느낌이다. 문득 F 의사가 지역 보건의한테 보낸 보고서를 엿본다. 난 사본을 받는다.

"미란다가 좀 더 긍정적으로 바뀐 것 같다. 기분이 확실히 더 좋아졌다. 처져 있고, 힘도 없으며, 동기 부여도 잘 안 되는 등 우울증 증세는 남아 있다. 잠을 제대로 못 잔다는 말도 똑같이 한다. 미란다는 하루에 2시간에서 3시간밖에 못 자서, 낮에 피곤해한다. 하지만 집중력은 더 나아졌다. 텔레비전 퀴즈 프로그램을 보면서 내내 흐름을 따라간다."

"하지만 미란다는 친구한테 연락하는 데는 자신감이 없다. 체중이 증가했기 때문이다. 미란다는 잘 먹지만, 원하는 양보다 더 많이 먹는 듯한데, 그게 올란자핀 때문이라고 생각한다. 나도 올란자핀 때문에 체중이 증가했다고 본다."

"미란다한테 확실히 활동 정도가 너무 낮아서 그럴 거라고 일깨워 주었다. 미란다는 이를 받아들였다."

F 의사가 체중을 두고 한 판단에는 나도 같은 생각이다. 하지만 낙관적으로 보는 건 완전히 이해가 안 간다. 〈카운트다운〉 수수께끼를 알아내거나 〈포인트리스〉 정답을 알아서 10억분의 1초 동안 기쁜 순간을 빼면, 난 기분이 조금도 나아지지 않았는데.

9년 차

1월 5일
2시간, 47분

가족 몇 명이 들른다. 아빠가 유명한 영화를 같이 볼 거라고 한다. 〈위대한 쇼맨〉을 튼다.

몇 분 뒤에 난… 뭔가를 느낀다. 긍정적이진 않다. 지금까지 봐 왔던 적당히 올바르고, 감상적이고, 달콤하면서, 기분 좋게 토해낼 만한 것을 잔뜩 쌓아 올린 영화다.

내가 느끼는 '무언가'는 바로 생각이다. 거의 9년 만에 처음으로 한 생각이다.

타란티노 영화를 좋아하고, 끌로에 구두를 신는 전 타블로이드 신문 기자 미란다라면 이 영화를 싫어했겠지. 10년 동안 지치고 살도 몇 킬로그램씩 찐 미란다가 이제는 겉보기엔 삶을 되찾은 듯하다.

〈위대한 쇼맨〉에서 뭔가를 깨닫는 순간도, 노래하고 춤추며 음악에 찬사를 보낼 만한 순간도 아니다. 그래도 오히려 기분은 좋다.

1월 27일
3시간, 17분

세상에, 난 뚱뚱하다.

진료실 간호사를 만나서 독감 예방 주사를 맞는다. 간호사가 몸무게를 재라고 한다. 한쪽 눈을 가늘게 뜨고 숫자를 봤다가 바로 다시 꾹 감는다. 충격을 받아서 체중계에서 떨어지다시피 한다.

방에 코끼리가 한 마리 있다. 그 코끼리는 바로 나다.

5개월 동안 12.7킬로그램이 쪘다.

1월 28일
3시간, 30분

'수면 시간'이 슬금슬금 다가온다. 급격하게 늘어나진 않는다. 어떤 날에는 3시간 동안 잔다. 다음 날에는 2시간 45분 동안 잤다가, 다시 반대로 된다. 그래도 늘어나는 추세다. 기쁨이 말로 표현할 수 없을 만큼 차오른다.

주변 세상에 마음을 쏟기 시작한다. 대부분 반짝반짝 빛나고 신나지만, 본인이 비만이라는 점을 깨닫는 건 안 그렇다. 네발로 기어

나오지 않으면 욕조에서 나올 수가 없다. 이제는 곡예사처럼 이상한 동작을 하지 않고서는 더는 양말도 못 신는다.

나한테는 빨간 줄인 셈이다. 지난 50년간 원래 날씬한 사람이 아니었다고 해도 굴욕적이다. 게다가 수면하고는 다르게 체중은 변덕스럽게 왔다 갔다 하는 만큼 몇 년 동안 손가락 한번 딱 꺾으면서 최소한 조절하려고 노력해 볼 수 있지 않을까.

불면증 세계에 둘러싸인 채 처음 세운 인생 목표는 살을 좀 빼는 거다.

올란자핀 관련 내용을 많이 읽는다. 금단 증상이 나한테는 벤조디아제핀만큼 가차 없지는 않은 듯하다. 그래서 내 멋대로 줄이기로 마음먹는다. 상태가 더 안 좋아진 느낌이 들면 과정을 뒤바꾸려 한다. 더 건강하게 먹을 거다. 지금은 덜 횡설수설하는 미치광이 신세다. 인스턴트 식품을 끊고, 스코틀랜드 쇼트브레드를 내다 버려야 한다. 신선하고 건강한 재료로 요리해야 한다.

운동도 좀 하자고 맹세한다. 흉측한 찍찍이가 달린 운동화를 신고 집을 나선다. 단지 주변으로 반쯤 갔을 때가 되어서야 내가 밖에 혼자 있다고 깨닫는다. 크나큰 성과다.

하지만 사실 난 멈추어 서야 한다. 헐떡거리며 숨을 고른다. 한 바퀴 도는데 세 번이면 그렇게 많지도 않다.

2월 15일
4시간, 2분

네 시간!

아빠한테 삐걱거리고 오래된 러닝머신이 있다. 설정을 제일 약하게 해 둔 뒤 조심조심 올라선다. 러닝머신과 내가 아래층 바닥으로 쾅 하고 추락하지 않는다는 확신이 든 순간, 좀 더 빨리 걷는다.

방에 텔레비전이 있으니 챙겨 봐야 할 코미디 프로를 찾는다. 〈플라이트 오브 더 콘코즈〉랑 〈인비트위너스〉를 보면 특히 간질간질한 기분이 든다(각 프로는 20분짜리라서 한 편을 보는 동안에 운동할 만하다).

걷다 보니 가슴 쪽에서 이상한 소리가 들려온다. 웃음이라는 거겠지. 몇 시간 자니까 유머 감각이 깨어나더니 기지개를 쭉 켜며 하품을 하는 듯하다.

하루에 40분씩 두 번 운동을 하려 한다. 식습관을 개선하고 올란자핀을 급속도로 줄였다. 금단 증상은 확실히 없다. 거의 바로 몇 킬로그램이 빠지기 시작한다.

2월 27일
4시간, 12분

지금은 4시간 법칙에 따라 생활을 관리한다.

4시간 법칙은 2000년대 초반, 20개월밖에 차이 안 나는 아기들이 밤에 릴레이 경주를 하듯 45분에 한 번씩 깨던 시절에 알게 되었다. '5초 법칙'의 불면증 버전이다. 음식이나 커트러리를 바닥에 떨어뜨렸을 때 5초 안에 집으면 위생상 괜찮다고 하는 것 같은 '핑곗거리'다.

불면증을 9년쯤 앓고 나니 4시간이 한계 목표라는 생각이 들었다. 그래서 4시간 넘게 자면 괜찮다는 걸 기본 원칙 삼았다. 그보다 덜 자면 약간 엉망진창이 된다.

게다가 확실히 정한 건 아니다. 4시간에 아슬아슬하게 걸치면 앞뒤가 안 맞는 말을 하고, 또 한다.

시간은 이렇게 흘러간다.

밤 10시 30분쯤 침대에 눕고, 새벽 2시에서 4시 사이에 아무 때나 깬다. 다른 영국 사람보다 좀 일찍이긴 하다. 꼭 스위치를 누르면 불이 켜지듯이 별안간 일어난다. 옛날처럼 기분 좋게 졸리진 않다. 전에는 더듬더듬 스누즈 버튼을 찾으려고 기를 쓰다 다시 잠들었는데. 뇌가 딱 그렇게 하지는 못한다. 그래서 시간을 때울 일을 찾아야 한다.

수면이 나아지면서 사회생활도 그렇게 된다. 옛 친구 몇 명은 이제 뉴욕, 로스앤젤레스, 호주에 살아서 서로 편지를 쓰기 시작한다. 런던에서 새벽 3시 30분이면 브루클린에서는 밤 10시 30분이니까 꽤 잘 통한다. SNS 계정도 다시 찾았다. 모든 게 무너져 내리기 전이었던 초기 상태 그대로다.

다정한 미국인 작가랑 채팅을 하기 시작했다. SNS에서 정치 토론을 하다가 '만난' 사람이다.

침대에서 노트북으로 매력 넘치는 사람을 좀 만났다. 작가, 교수,

의사, 변호사 등이다. 이 사람들이 끝내주는 문학이랑 음악, 텔레비전 프로를 추천해 주었다. 위로가 되기도 한다. 몇 시에 일어나든 간에 트위터가 계속 열심히 울려대니까.

새벽 4시 30분쯤에는 일어나서 아래층에 내려간다. 집이 조용한 틈에 여유롭게 차를 한잔 마신다. (조용히) 음악을 좀 들으려 한다. 요즘에는 쇼팽이 제일 좋다.

다시 뇌를 쓸 때가 된 느낌이다. 근데 어떻게? 물론 이렇게 세월이 흘렀으니 다시 기자가 될 수는 없겠지? 빨리빨리 돌아가는 업계니까. 모래에 찍은 발자국은 다음번에 유능한 사람이 오면 파도에 쓸려 금세 사라지는 법. 어떻게 재교육을 받을지 곰곰이 생각해 본다.

나머지 시간에는 오후 중반쯤에 계속 되는대로 자주 운동한다. 그러니까 활력이 좀 생긴다. 5시 정각은 '와인 마실 시간'이다. 들리는 것만큼 '나쁘진' 않다. 보통 딱 한 잔인데다 내 세상에서는 다른 사람 시간으로 치면 밤 9시랑 똑같으니까. 문제는 7시 정각 무렵에는 약간 숙취가 있다는 거다.

짧은 저녁 시간 동안에는 보통 전화를 하거나, 친구랑 왓츠앱*을 하거나, 아이들이랑 문자를 하고, 아빠 저녁상을 차린다. 그런 뒤에는 텔레비전을 좀 보겠지.

밤 10시 30분쯤에는 진이 쭉 빠진다. 목욕하고 약을 먹은 다음 책을 좀 읽는다. 숨이 턱턱 막히면서 어두컴컴한 잠에 빠져든다. 꿈은

---

* 메타에서 운영하는 메신저 앱.-옮긴이

아예 안 꾼다. 왜 그런지 정말 모르겠다.

4시간쯤 뒤에 씻는다. 그런 뒤에 되풀이한다.

3월 15일
4시간, 40분

동생한테 이메일이 온다. 컴퓨터 화면을 볼 만큼 *마음이 안정된 지* 이제 고작 몇 주밖에 안 되었다. 친구 중에 C라는 의사가 있는데, 소설 첫 부분 세 챕터를 쓴지라 '전문가' 의견을 듣고 싶어 한단다.

참 묘하게도 비판적인 눈으로 이 글을 읽을 수가 있다. 괜찮다. 내가 소설 편집자는 아니지만, 어떻게든 해 본다. 그래도 전에 언론사 편집장이었던 경력이 있으니 기본적으로 산문에서 잘된 부분과 안된 부분에 의견을 낼 수는 있다. 건설적인 비판을 담은 이메일도 쓸 수 있다.

수년 전에 남편이랑 엄청나게 충격적으로 대화했던 순간이 바로 '슬라이딩 도어즈 모먼트'였다. 이는 내가 10년 가까이 고통에 빠지는 계기가 되었다. 〈위대한 쇼맨〉을 보면서 싫어하는 것도 다른 측면에서는 '슬라이딩 도어즈 모먼트'였다. C 의사가 쓴 소설 챕터에서 기차가 움직이기 시작한다.

아직도 할 수 있다! 읽을 수 있다! 의견을 낼 수 있다! 세상에 쓸모 있는 존재다! 이 일 덕에 얼마나 자신감을 얻었는지 더 허풍떨 수도 없다.

다음 날 아침, 신문을 집어 들고 텔레비전 뉴스를 본다. 내 이메일 계정이 휴면 상태가 되어서 새 계정을 만들어야 하기 전에, 아빠 컴퓨터 앞에 앉아 스팸 메일 6만 통을 삭제한다.

내가 다시 세상에 연결되고 있다.

3월 25일
5시간, 12분

온라인 강의 2개를 신청한다. 하나는 '상업 광고 문구 작성'이다. 내가 먹고살 수 있다는 생각이 드는 분야다. 다른 하나는 재미로 듣는다. 아빠가 선물해 주었다. 이스트앵글리아대학교에서 하는 '첫 소설 쓰기' 과정인데, 창의적 글쓰기 강의로 호평을 받았다.

오늘 밤에는 친구 몇 명한테 전화를 해 보기로 했다. 그중 몇 명하고는 몇 년간 이야기를 나눈 적이 없다.

K가 "어떤 미란다야?"라고 묻는다. 의심하더니 기뻐서 어쩔 줄 모른다.

W는 변덕스럽게도 울다가, 웃다가, 큰소리치기를 되풀이하더니 말한다.

"*나한테 한 번만 더 그러기만 해 봐라.*"

L은 자기들끼리 무슨 생각을 했는지 이야기하면서도, 차마 '네가 죽은 줄 알았잖아'라는 말은 못 한다.

아직 아무도 그 누구도 만나고 싶지 않다. 살이 쪄서 너무나 신경

쓰이니까(나도 알아, 안다고). 하지만 그날이 슬금슬금 가까이 다가오는
게 느껴진다.

4월 2일
5시간, 4분

'회복'을 곰곰이 생각한다. 아직도 계속 '왜' 그런지 모르겠다. 내가
먹던 약이랑은 확실히 아무 상관없다. 같은 복용량으로 몇 년간 먹었
고, 이제 올란자핀에서는 완전히 꽤 많이 벗어났다.

　내가 아는 거라고는 기분뿐이다. 8년 6개월간 사슬에 묶인 채 연
못 밑바닥에 가라앉은 느낌이었다. 깊은 곳 아래에서는 물 위의 삶이
비뚤어져 보였다. 하지만 볼 수도, 만질 수도 없었다. 몇 달 뒤에 나를
붙들고 있던 사슬이 꽉 조이기 시작했다. 사슬은 마침내 뚝 끊어졌
고, 난 자유의 몸이 되었다. 헤엄쳐서 불쑥 튀어 올라가 숨을 헐떡이
면서 수면으로, 또 물 바깥으로 나왔다.

　다시 숨을 쉴 수 있다.

　이제 하늘은 더 눈부시다. 새 대나무 시트가 고급스럽게 느껴지
고, 와인 맛은 더 좋다. 음악을 들으면 강렬한 감정이 떠오른다. 하지
만 너무 빨리 나와서 산소가 넘치거나 '잠수병 통증'에 시달리지는
않는지, 다시 뚝 떨어지지는 않는지 지켜봐야 한다. 난 행운을 별로
믿지 않는다.

　성가신 복음주의자 같은 사람도 피해야 한다. 왜, 목 졸라 죽이고

싫어질 때까지 쉴 새 없이 큰 소리로 '부활' 이야기를 떠들어대는 사람들 있잖아.

4월 19일
5시간, 20분

좋은 식습관을 하고 운동을 좀 한 덕에 살을 꽤 많이 뺐다. 하지만 정체기가 찾아왔다. 개인 트레이너를 고용하면 어떨까 생각해 본다. 건강하고 날씬했을 때 고용한 적이 있었다. 트레이너가 뚱뚱한 사람도 '맡을까?'

아빠 친구가 트레이너를 소개해 준다. K는 강인하고 유쾌한 사람이다. 운동 부족인 나를 보고도 당황하지 않는다. 비용도 적당하다. 우린 트레이너가 매주 2회 방문하는 프로그램을 시작하기로 한다. 처음에는 주로 걷는다.

걸어서 5분 거리에 있는 들판을 발견한다. 여러 번 멈추어 서서 숨을 돌려야 하지만, 용케도 한 시간을 걷는다. K한테 10년간 겪은 불상사를 털어놓는다. K가 꺅하고 소리를 지르지도, 도망치지도 않는 모습을 보니 시작이 좋다는 생각이 든다.

5월 12일
4시간, 23분

51번째 생일이다(43살부터 50살까지는 건너뛴 것 같다). 아직도 포동포동하고 갓 태어난 병아리 같지만, 9년 정도 만에 처음으로 밤에 밖에 나가면 어떨까 생각해 본다. H랑 S가 나랑 같이 가고 싶다고 해서 동네 술집을 예약한다.

H랑 S한테 전화로 살쪘다는 말을 미리 하면서 깜짝 놀라더라도 티 내지 말아 달라고 부탁한다. 현관문을 여는 순간, 만화에 나올 법한 충격을 맞이할 준비를 한다. 하지만 내 친구들은 다정하다(아니면 연기를 잘하거나). 서로 꼭 껴안는 순간, 눈물이 흐른다. 아주 오래 껴안고 있는다. H가 그래, 약간 부풀어 보이긴 하다고 말한다(H야, 고마워). 그래도 건강하고 행복해 보인단다. '예쁘다'라는 표현도 쓴다. 난 말도 안 된다고 한다. 하지만 그래서 기분이 나아졌다고 하지 않으면 거짓말이겠지.

술집에 도착했는데도 아직 좀 불안하다. 하지만 앉자마자 그런 감정은 싹 다 사라진다. 친구들은 따뜻하고, 웃기고, 수다스럽다. 몇 년 만에 처음으로 칵테일을 마신다. 실은 이렇다. 웨이터님, 지금 한잔 더 주실래요?

살 때문에 창피해서 처음에는 사진을 안 찍겠다고 버텼다. 끝날 무렵에는 사그라들어서 SNS에 안 올리는 조건으로 찍는다. 내 SNS 프로필에는 아직도 편집장으로 일하던 시절 사진이 올라가 있다. 9년 전 사진이다.

5월 15일
5시간

광고 문구 수업에서 A를 싹쓸이하면서 힘이 되는 평가도 받고 있다. 사회생활과 몸에 관련된 자부심보다 일 측면에서 자신감을 더 빨리 얻고 있다.

친구 T(오래전에 내가 원하던 건강 잡지 자리를 꿰찬 친구를 기억하는가?)가 새로운 출판사에서 일하고 있는데, 아이들을 학교에 다시 보내는 일과 관련된 걱정을 솔직하게 써 볼 생각이 있는지 묻는다.

한번 해 보기로 한다. 형편없으면 언제고 카피라이터 쪽으로 가면 된다. 근데 그거 아는가? 내가 의학 전문가랑 다시 무척 재미있게, 또 그럴싸하고, 똑똑하게 이야기한다는 걸. 난 너무 형편없지는 않은 작업물을 제출한다.

5월 20일
5시간, 14분

지금까지 몇 년 동안 사람들이 내 삶에 일어난 일을 글로 써 보라고 부추겼다(에… 아무 일도 없었는데?). 몇 달 전까지만 해도 펜을 집어 들거나 노트북을 켜지도 못했다. '회복'도 너무 전에 없던 일이라서, 그걸 입 밖에 냈다가는 잠의 신이 노해서 자비를 거두어 버릴 것 같았다.

문득 텔레비전에 나오는 유명인이 불면증을 호소하는 글을 읽었다. 궁상맞게 고작 몇 주만 못 잤으면서, 세상에, 징징거리다니. '불면

중 올림픽'에서 내가 금메달을 따고 연단에 올라가는 사이에 저 사람은 아직도 준비 운동을 하고 있을 텐데.

내 이야기가 더 호소력 있다는 생각에 글이 쓰고 싶어졌다.

큰 국내 신문사에 전화한다. 내가 20년 전에 마지막으로 일했던 곳이다. 우연히도 전화를 받은 편집장이 나를 기억한다. 내 이야기를 쓰겠다고 제안한다. '불면증 쇼크'를 주제로 2000자 분량 글을 쓰기로 하고, 모레 원고료를 받는다.

5월 22일
6시간, 1분

… 게다가 아! 스릴이 넘친다. 뇌는 번뜩이고, 손가락은 날아다닌다. 쓰는 데 3시간도 안 걸린다. 경험을 분명하게 표현하면 원래의 안 좋은 습관으로 돌아갈지도 모른다던 생각은 완전히 기우였다. 그래, 이건 감정과 관련된 일일 뿐 아니라 카타르시스도 느껴진다.

복잡하고 끔찍한 시간을 보낸 만큼 글을 지나치게 단순화했다. 거슬릴 만한 부분은 약간 빼기도 했다. 온 세상에 재난 영화를 들려줄 준비는 아직 안 되었으니까.

하지만 이야기에 요점은 담겨 있다. 아주 우라지게 개인적이다. 제법 괜찮은 것 같다. 다행히 편집자도 똑같이 생각한다. 분량은 두 쪽이 넘는다. 젊고 갓 잡지 편집장이 된 미란다 사진이 딸려 있어서 오해의 소지가 있다. 심지어 20년 전에 찍은 사진도 있다. 바로 이 신문사에서 일할 때 찍은 사진이다.

(페미니스트인 친구가 사진 사건을 두고 나를 비난한다. 내 몸과 지금 모습을 자랑스럽게 여겨야 한단다. 미안한데, 난 완전히 생각이 다르거든.)

출판되기 전, 편집자한테 농담으로 너무 들떠서 잠이 하나도 안 온다고 말한다. 편집자는 진심으로 걱정하는 눈치다.

하지만 난 눈을 감은 지 6시간하고 1분 뒤에 눈을 뜬다. 9년쯤 되는 시간 중에 제일 많이 잤다.

5월 25일
5시간, 17분(승리한 기념으로 한 바퀴 돈다)

글이 잘 써져서, 전 세계에서 이해심 넘치는 댓글이 많이 달렸다. 그래, 늘 이상하고 못된 온라인 '트롤'도 있기 마련이다. 온라인 트롤은 인간성의 새로운 하위 장르인데, 난 전에는 그런 게 있는지도 몰랐다. 하지만 이렇게 가증스럽고 낯선 사람은 무시하기가 쉽다. 요즘에는 나를 화나게 하려면 그 정도로는 부족하다. 어떤 댓글은 너무 터무니없이 무례해서 껄껄 웃게 된다. 어떤 양반은 나보고 '국제적 지면 낭비'라고 했다. 하지만 수백 명은 내 이야기에 약간 동질감을 느낀다.

문득 곳곳을 둘러보니 사람들이 잠을 못 잔다고 말한다. 난 텔레비전 다큐멘터리, 신문 속지, 잡지 표지에서 약속하듯 '오늘 밤에 잘 자는 10가지 방법' 같은 걸 알려 줄 순 없다. 어떤 기사에는 '수면 업계' 가치가 천억 유로라고 하더라.

'불면증 쇼크'를 회복하고 나서 보니 잠을 푹 못 자는 게 '유행'하
더라. 이번 10년간은 음식 알레르기가 유행한다. 사람들은 수면 측정
기 결과가 '더 좋아지길' 바란다(175쪽에 있는 오소솜니아 부분 참고). 온
갖 기기 이야기를 꺼낸 김에 살펴보자면, 앞으로 수면 측정기랑 스마
트워치를 사는 사람이 치솟으리라 본다.

연구 결과에 따르면 수면이 부족해서 생산성이 떨어지면 영국 경
제 가치로 1년에 400억 파운드까지 비용이 든다고 한다. 국민 보건
서비스에서 처음으로 지침을 발표하려 한다는 소문도 있다. 하루에
7시간에서 9시간 자야 한다는 내용이다.

난 블로그를 열기로 한다. H라는 기자 친구가 어떻게 하는지 알려
준다. 그렇게 talesofaninsomniac.com이 탄생한다.

며칠 뒤, 이 모든 일에 뭔가가 있으리라는 생각이 든다.

난 지금 나와 있는 '수면 논문' 때문에 짜증이 난다. 어떤 글은 거
의 호통을 치는 논조로 하루에 매직 넘버인 8시간 동안 안 자면 얼
마나 '안 좋은지'를 계속 일깨워 준다.

소리를 꽥 지르고 싶다. *내가 선택한 게 아니라고, 이 바보들아! 나
도 그럴 수만 있다면 10시간 동안 잘 거라고!*

나랑 똑같이 불면증을 앓는 사람들은 불면증을 겪었을 뿐 아니라
전문가와 의사랑 이야기를 나눌 줄도 아는 사람한테 더 진솔한 이야
기를 들으면서 조언을 구하고 싶어 할 거다. 그래서 난 J랑 연락한다. J
는 내가 일하는 데 수년간 도움을 준 편집장이다. 지금은 〈데일리 텔

레그래프〉에서 일한다. 놀랍고 기쁘게도 J는 내가 블로그를 개편해서
신문에 주별로 실릴 온라인 칼럼을 올리길 바란다.

6월 5일
5시간, 12분

F 의사와 마지막이 된 진료 날. 분위기가 달라져서 놀라울 따름이다.

F 의사는 바로 내 미소(지난 9년간 난 악마처럼 화난 표정으로 진료실에 들
어섰다), 열려 있는 몸짓 언어, 재잘거리는 수다 소리를 알아본다. 회
복을 축하하는 일 말고는 얘깃거리가 별로 없다. 사실 F 의사는 진료
시간에 컴퓨터로 내가 쓴 신문 기사에 딸린 사진을 볼 때가 많다. 어
디에서 찍었는지 궁금해하기도 한다.

하지만 난 약 이야기가 정말 하고 싶다. 상의 없이 올란자핀을 끊
었다는 말을 꺼내기가 좀 불안하다. 하지만 F 의사는 전혀 당황하지
않는다. 우선은 트라조돈하고 조피클론은 계속 복용하기로 한다. 수
면의 질이 엄청나게 좋아졌다. 심각한 부작용이 없는데, 평지풍파를
일으킬 이유가 뭐가 있겠는가?

내가 유일하게 걱정하는 건 프레가발린(더 자세한 이야기는 224쪽 참
고) 때문에 점점 더 성가시다는 점이다. 프레가발린은 2년 반쯤 전,
내가 복용하기 시작한 뒤에 영국에서 C군 규제 약물로 재분류되었
다(C군에는 단백 동화 스테로이드제뿐 아니라 강력한 아편 유사 진통제인 트라마
돌도 들어간다). 약물이 교도소에서 기분 전환용으로 남용되는 방식에

언론이 관심을 두면서 북아일랜드 여러 곳에서 문제가 되었고, 사망자도 여럿 발생했다. 사실상 이렇게 재분류되면서 지역 보건의가 프레가발린과 가바펜틴을 '자동 반복 처방'으로 공급하는 게 불법이 되었다. 이제 의사는 처방전에 수기로 서명해야 한다.

나는 이런 이유로 F 의사한테 프레가발린을 계속 복용하지 않겠다고 이야기한다. 금단 증상이 심하다는 글을 읽기도 했다. 난 이때 250밀리그램을 오후 늦게 복용했다. 벤조를 복용하면서 교훈을 얻은 만큼, 우리는 1년 이상 한 달에 25밀리그램씩 복용하면서 천천히 중단하도록 프로그램을 짜기로 한다.

F 의사는 내 지역 보건의한테 보낼 소견서에 이렇게 적는다.

"미란다가 나아져서 무척 기쁘다. 기분이 더 나아졌고, 수면도 개선되고 있다. 글을 쓰면서 돈도 번다. 지금은 우울 증세나 스며들어 있던 불안 증세도 없다."

"오늘 미란다를 다시 일차 의료로 보내기를 권고한다."

난 해방되었다! 더는 '공식적으로 미친 사람'이 아니다!

6월 10일
3시간, 53분

9시 정각, 다른 옛 친구랑 술집에 와 있다. 밤이 깊어지면서 점점 더 이상한 기분이 든다. 땀이 흐르기 시작하면서 두통도 약하게 온다. 화장실에 가려고 일어선 순간, 구역질이 나면서 어질어질하다.

진토닉 한 잔밖에 안 마셨으니 술 때문은 아니다. 음식도 거의 다 안 먹었는데, 식중독에 걸리기엔 분명히 너무 빠르지 않나? 문득 깨닫는다. 그날 프레가발린을 먹는 걸 까먹었다. 친구한테 미안하지만 지금 가야겠다고 말한다.

다행히도 술집이 가까운 곳에 있었던지라 집에 오자마자 약을 꿀꺽 삼킨다. 하지만 최소한 1시간은 더 계속 끔찍한 느낌이 들어서 한 알 더 먹는다. 자기 직전에야 슬슬 나아진다. 그래도 잠은 별로 잘 못 잔다. 밤에 잠을 설치더니 무척 일찍 깬다.

아이폰에 '프레가발린 시간'이라고 알람을 맞춘다. 또 까먹지 않도록.

그래서 프레가발린은 뭘까?

프레가발린(또는 리리카)는 가바펜티노이드 계열 약물이다. 2004년에 뇌전증 치료 목적으로 처음 허가받았다. 그다음에는 신경성 동통 또는 '신경성 통증' 치료 목적으로 허가받았다. 명백한 부작용 중에 환자가 진정된다고 느끼는 부분도 있었던 만큼, 프레가발린은 범 불안 장애 치료 목적으로도 허가받았다. 내가 수년 동안 여러 번 진단받은 병명이다.

하지만 이번에는 의학 논문에서 '적신호'가 나타나기 시작했다. 프레가발린과 순한 남동생격인 가바펜틴에서 중독과 의존성 문제가 나타날 수 있다는 것이다. 일화적 근거를 보면, 환자 수천 수백 명이 이 약 때문에 고통을 받는다. 끊으려 할 때 더더욱 그렇다. 정말 화나는 건 벤조디아제핀과 마찬가지로 대부분 의사가 처방했다는 점이다.

처방 사례가 늘고 있으니 문제다. 최근 기사에 따르면 영국에서 프레가발린과 가바펜틴 처방률이 늘고 있다. 2013년부터 2018년 사이에는 프레가발린 처방률은 1.8배 늘었고, 가바펜틴은 2017년과 2018년에 670만 건 처방되었다.

프레가발린은 처음에 현대판이자 문제성 적은 벤조(36쪽 참고)라며 찬사를 받았다. 하지만 일부 전문가는 바로 문제가 있다고 봤다. 프레가발린은 가바에 작용한다. 가바는 뇌 화학 물질로, 이완을 유도하고, 스트레스를 줄이며, 통증을 완화한다. 뇌는 프레가발린에서 형성되는 화학 작용에 의존하게 될 수 있다. 그래서 환자가 약을 끊고 싶어도 못 끊는 것이다.

프레가발린이 제법 세다고 평가하는 의사도 있다. 난 신문 기사를 쓰면서 데이비드 힐리 교수를 인터뷰했다. 힐리 교수는 유명 정신 약리학자이자 정신 의학 서적을 20권이나 쓴 저술가다. 힐리 교수는 나한테 "전 차라리 바륨에 주력할래요. 끊기가 쉽거든요. 프레가발린은 엄청나게 센 바륨이에요"라고 했다.

내가 이 말을 들었을 때 어떤 기분이었는지 상상이 되는가? 물론 그냥 '끊기'란 쉽지 않았다. 닌 프레가발린도 바륨과 마찬가지로 갑자기 끊으면 위험하다고 알고 있었다. 치명적인 발작을 일으킬 수 있으니까. 그래서 난 F 의사랑 같이 중단 계획을 세웠다.

남들은 나 같은 상황에서 어땠을지 알고 싶어서 리리카 생존자(프레가발린 서포트) 페이스북 그룹에 가 봤다. 회원이 전 세계에 1만 700명이나 있다. 프레가발린은 크나큰 문제다.

게다가 프레가발린은 이 책 앞부분에서 강조했던 문제로 되돌아간다. 처방 약물 중독이나 의존성(상황에 따라 삭제)은 심각한 문제다. 앞서 언급했듯 항우울제를 끊기 어려워하는 사람 이야기가 계속 나온다. 벤조랑 프레가발린도 마찬가지다. 난 나를 진찰한 의사도 썼던 항우울제를 '먹었다가, 끊었다가, 먹었다가, 끊게' 한 방법이 나한테 영향을 끼쳤는지 궁금해지기도 했다.

한 가지는 확실하다. 바로 처방 약에 중독된 사람을 위한 서비스와 과다 처방을 엄중하게 단속할 새로운 법이 있어야 한다는 점이다.

6월 18일
5시간, 45분

S랑 같이 슈퍼마켓에 갔다. S는 기기에 직불 카드를 톡톡 두드리며 식료품값을 계산한다. 핀 번호도 안 넣는다. 난 깜짝 놀랐다.

S가 "비접촉식도 몰라? 넌 너무 놓친 게 많다니까. '잠자는 숲속의 공주' 같아. 100년이 지난 뒤에 깨어난 거지"라고 하면서 웃는다.

정말 웃겨서 〈데일리 텔레그래프〉에 이 아이디어를 낸다. 다음은 〈데일리 텔레그래프〉에 실린 편집본이다.

'막 7년간의 뉴스 혼수상태에서 깨어났다. 난 뭘 놓쳤을까?'

7년 동안 혼수상태에 빠져 있었다고 생각해 보자. 깨어나서 처음으로 듣는 목소리는 알렉사*다.

정신 건강 문제로 거의 10년 동안 소식과 일상생활 관련 정보를

———

* 아마존에서 개발한 인공지능 플랫폼.–옮긴이

많이 놓쳤다. 하지만 친구들 표현대로 '잠자는 숲속의 공주'인 내가 이제는 놓친 소식을 따라잡으려 한다. 웃긴 것부터 혼란스러우면서 한낱 사소한 일에 지나지 않는 것까지, 매일 새롭고 작지만, 가치 있는 걸 알게 된다.

아래에 중요도나 심각성 등 순서와는 상관없이 닥치는 대로 눈에 띄는 여러 가지를 뒤섞어 놓았다.

SNS가 왕이다. 내가 지구를 떠나기 전에는 페이스북과 트위터가 제법 새로운 매체였다. 난 둘 다 계정이 있었다. 육아 잡지 편집장이었던 만큼 육아용품 브랜드 홍보 계정이 나를 팔로우했다. 똑똑한 기자나 유명인사랑 수다 떠는 것도 약간 재미있었다. 난 그러다가 신경을 껐다.

다시 새롭게 태어나서 왓츠앱이랑 페이스북 메신저로 이야기랑 웃긴 해시태그를 재미있게 주고받고 있다. 그런데 인스타그램이랑 스냅챗은 대체 어떻게 된 걸까?

지난주에는 밖에 나가서 생일맞이 저녁 식사를 했다. 옆자리에서 스물 몇 살짜리 여자 두 명이 침울한 표정으로 모히토를 빤히 쳐다보고 있었다. 15분 정도마다 어깨동무하면서 즐거운 분위기를 꾸며내며 셀카를 찍더라.

10대를 넘긴 사람이라면 진짜 다른 사람의 식사나, 반려동물이나, 휴가에 관심을 둘까? 물론 그냥 자랑하는 거겠지. 아래에 이어지는 내용처럼….

'은근한 자랑', '깨어 있는'(얼마나 적절한가), '미덕 과시'virtue signalling',
'시스젠더'*. 사람들은 말을 잘못하면 '취소당한다.' 취소당한다고?
비행기나 미용실 예약처럼? 일정도 다시 잡을 수 있나?

대체 전자 담배 가게는 뭐고, 왜 동네 번화가에 있는 걸까? 니코레
트**에 무슨 일이 일어난 거지? 커피숍은 왜 그렇게 많고? 차에서 전
기 콘센트를 쓰는 사람이 있나? 비라도 오면 어떡하지?

틴더랑 그라인더 등 '데이트' 앱. 좀 추잡하다.

아무도 더는 다른 사람한테 말을 안 한다. 친구 하나가 말하길, 휴
대전화가 울릴 때마다 나란 걸 안단다. 나만 전화해서 그렇단다(친구
는 49살이다. 15살이 아니다). 어떻게 이런 일이 일어날 수 있지?

다들 '정신 건강' 문제로 진단을 받았다. 정신 의학 증상과 관련된
오명이 보기보다 덜 남으니 신난다. 사람들이 더 열린 마음으로 서로
를 받아들인다. 지난 10년간 생긴 변화가 눈에 띈다. 고급 잡지 편집
장인 친구 말로는 "서로 항우울제 부작용을 비교하며 하루를 시작"
한다고 한다. SNS가 이런 면에서는 좋은 힘이 되는 것 같다.

---

* Cis-gender: 생물학적 성과 성 정체성이 일치하는 경우.-옮긴이
** 금연보조제.-옮긴이

하지만 시대 흐름을 타는 부분도 좀 있는 듯하다. 캐서린 제타 존스가 조울증 진단을 받은 뒤에 얼마 동안 조울증이 유행했던 기억이 난다. 이제 다들 주의력 결핍 과잉 행동 장애, 난독증이나 순환 장애가 있는 듯하다. 윌리엄 왕자랑 해리 왕자마저도 거들었다.

다 감탄스럽지만, 조현병이랑 조울병(양극성 장애로 표현하기 전에 쓰던 용어)처럼 심하고 유행하지 않는 정신 질환은 심각하게 다루면서 적절한 자료를 나누어 주어야 한다.

와이파이에 완전히 의존한다. 현대의 삶에서는 장치를 떠받든다. 옷이랑 음식을 사고 우버를 타고 돌아다닐 때도 다 눈에 보이는 전파가 필요하다. 기기에 거꾸로 된 원뿔 모양 줄무늬를 연결하지 못하면 스트레스를 받고, 짜증이 나며, 난폭해진다. 상황은 더 나빠지기만 할 뿐이다. 와이파이가 없으면 침묵이 흐르고, 맥도 쭉 빠지고, 아마 쫄쫄 굶어 죽을 지경이 될 거다. 브리티시 텔레콤 기술자랑 광대역을 손볼 줄 아는 사람이 세상을 지배하리라.

내가 마지막으로 세상에 있었을 땐 정말로 축구 광팬만 스카이 디지털 위성 텔레비전 서비스를 이용했다. 이제는 '보통' 텔레비전은 대체로 쓰레기다. 하지만 BBC 수신료, 프라임, 넷플릭스, 브리티시 텔레콤 스포츠 채널을 합하면(휴대전화 회사가 언제 갑자기 스포츠 채널이 되었지?) 돈깨나 나간다.

왜 10유로짜리 지폐를 플라스틱으로 만들었을까?

6월 21일
5시간, 10분

소설 선생님한테 마지막 단편 소설 과제를 낸다. 점수를 매기지는 않지만, 코멘트를 보니 선생님이 내가 노력해서 뿌듯해하는 게 느껴진다.

7월 1일
4시간, 55분

4시간에서 5시간 자면 활동하기 충분하다. 말하고, 생각하고, 집을 나서며, 다시 즐겁게 지낼 수 있다. 지난 9년 중 어느 순간이랑 비교해도 기적이다.

하지만 아직도 엄청나게 피곤하다.

다음 단계로 나아갈 힘을 얻을 수 있을지 궁금하다. 최소한 8시간이라는 매직 넘버에 도달할 수 있을지만이라도. 인터넷을 좀 만져 보다가 우연히 불면증을 위한 인지 행동 치료라는 걸 보게 된다. 한숨을 푹 쉰다. 인지 행동 치료(불면증을 위한은 뺀 것)는 '불면증 쇼크' 기간에 몇 번 해 봤다. 가망은 없었다.

그렇긴 한데, 이상하게 이름에 특별히 들어간 '불면증을 위한'에서 뭔가가 보인다. 좀 더 찾아보기로 한다.

불면증을 위한 인지 행동 치료

불면증을 위한 인지 행동 치료는 짜임새 있는 프로그램으로, 수면 장애를 일으키거나 악화하는 생각과 행동을 알아내고 대체하는 데 도움이 된다. 안 좋은 생각과 행동을 '건강한' 생각과 행동으로 바꾸어서 질 좋은 수면을 유도하자는 게 골자다.

수면 전문가 소피 보스토크 박사는 '불면증을 위한 인지 행동 치료'의 대가다.

"불면증을 위한 인지 행동 치료는 확실히 약보다 효과가 훨씬 커요. 부작용도 하나도 없고요. 이 치료법의 목표는 수면 장애에 맞서 싸울 '도구'를 주는 거예요. 한 가지는 신체적(행동)이고, 다른 한 가지는 심리적(인지)인 도구죠."

"불면증이 있는 사람은 일상에 변화를 준 뒤에 수면을 보는 관점을 바꾸어야 해요. 방법은 여러 가지예요."

"**수면 제한:** 침대에서 '시간'을 덜 보내면서 수면의 질을 높인다는 뜻이에요. 그러니까 피곤할 때만 침대에 눕고, 피곤하지 않으면 일어난다는 말이죠. 나중에 침대에 누우면 자연스럽게 수면 욕구가 늘어나요. 단기적으로는 무척 피곤하게 느껴지지만, 밤에는 덜 깬다는 뜻일 때가 많거든요."

"**자극 통제:** 머릿속에서 침대와 수면 사이의 연결 고리를 강력하게 만들자는 개념이에요. 그러니까 침대는 자거나 성관계를 할 때만 쓰는 거예요. 다른 일은 아무것도 하지 말고요(늘 텔레비전을 켜 두고 자서 텔레비전 없이 잠들 생각을 하는 게 불안하면, 지금은 켜 두세요)."

"**'15분 법칙' 따르기:** 15분 동안 침대에 누워 있는데도 정신이 말똥말똥하면 좌절하지 말고 일어나야 해요. 마음은 그만 졸이고 가서 책을 읽으세요. 텔레비전은 추천하지 않아요. 졸린 느낌이 사라질 수 있거든요. 아무 생각 없이 격렬한 걸 본다고 수면 만족도가 올라가진 않겠죠. 스마트폰이나 태블릿에서 나오는 '블루라이트'는 뇌 속 멜라토닌이라는 호르몬을 방해할 수 있어요. 멜라토닌은 수면을 유도한답니다."

"**이완과 마음 챙김 기법**: 환자한테 여러 가지 요령과 방법을 가르쳐서 뇌가 스트레스에 '투쟁-도피' 반응을 하지 못하도록 돕기도 해요. 몸과 마음은 서로 관련이 있는 만큼 근육을 이완하면 정신없이 돌아가는 마음이 편해지는 지름길이 되거든요. 예를 들면, 점진적 근긴장 이완법에는 근육을 찬찬히 긴장시키는 게 포함돼요. 그런 다음에 주요 근육군을 다시 풀어주죠."

보스토크 박사한테 "좋은 예네요"라고 이야기한다. 그런데 10년 전의 나처럼 *아예* 잠을 안 잔다면 어떨까?

"전 심한 불면증을 앓는 사람한테는 처음에 인지 부분은 신경 쓰지 말라고 권해요. 연구 결과에 따르면 간단한 '행동 요법'이 더 효과가 클 수 있거든요."

"전 늘 수면 일기를 쓰라고 권해요. 지쳐 있는 상태라면 불만스럽겠지만, 엄청나게 가치 있는 일이거든요. 일기 덕에 현재에 자리 잡게 되고요. 일기가 탄탄한 기준선이 되기도 해요. 불면증의 배후에는 복잡한 원인이 있을 거예요. 하지만 유익한 일상생활은 '수면 압력'을 쌓아 나가는 데 꼭 필요해요. 수면 압력은 깜빡 잠들려는 충동이에요. 되는대로 일상생활을 하면 밤에 푹 잘 방법이 없어요."

"자. 지금은 수면 시간은 신경 쓰지 마세요. 알람을 아침 7시로 맞춘 뒤에 일어나세요. 기분이 어떻든 간에 말이에요. 최대한 일찍 밖에 나가 보세요. 아침 햇살이 일주기 리듬을 조절하는 데 정말 도움이 되거든요. 수면 위생(34쪽)을 두고 말들이 많은데요. 임상 시험 결과를 보면 그 자체는 큰 차이가 없어요. 하지만 많이 인용된 논문에서는 자기 6시간 전부터 카페인을 섭취하지 않는 게 가장 좋다고 나와요."

"대신에 건강한 생활 습관을 따르세요. 운동하고, 잘 먹고, 뇌를 쓰다가 적당한 때 쉬세요. 사람들은 제가 이런 말을 하면 눈알을 굴려요. 하지만 이런 조언을 듣고 고개를 끄덕이는 것과 행동으로 옮기는 건 좀 달라요."

"졸릴 때 침대에 누우세요. 밤에 깨든 말든 중요하지 않아요. 수면 주기는 90분이 될 거예요. 나이가 들면서 더 자주 깨는 경향이 있기도 해요."

참고: 몸 바쳐서 불면증을 위한 인지 행동 치료를 하는 치료사가 있다. 하지만 흔치 않을뿐더러 비용도 많이 든다. 지금은 디지털 치료법도 생기고 있다. 하지만 불면증을 위한 인지 행동 치료법은 상식 수준인 경우가 많다. 치료사나 앱이 없어도 된다.

완전한 불면증에 시달려야만 불면증을 위한 인지 행동 치료 덕을 보는 건 아니다. 가끔 스트레스를 받아서 잠들기 힘들 때도 도움이 된다.

7월 7일
5시간, 12분

불면증을 위한 인지 행동 치료를 현재 수면 상태에 어떻게 적용할지 고민해 본다.

아주 일리 있긴 한데, 이렇게 실용적인 주제가 내가 최악으로 '불면증 쇼크'를 겪던 시절에도 도움이 되었을지 아직도 의문이 든다. 그때는 제일 간단한 지시 사항도 따를 수가 없었다.

하지만 지금은 몇 달 동안 제정신으로 산 만큼 최근에 하는 행동에 적용해 볼 만한 원칙이 있을 것 같다. 어쨌든 그중에 몇 가지는 자연스럽게 하고 있다. 예를 들면, 자연광을 쬐고, 낮잠을 안 자는 거다. 아무튼 수면 제한이라는 개념에 끌린다.

그래서 자정에 잠자리에 들기 시작한다. 평소처럼 밤 10시 30분이 아니다. 딱 잘 준비가 되었을 때만 눕는다. 자기 전에 휴대전화를 안 봤다고 말할 수 있다면 좋겠다. 하지만, 글쎄. 흠, 벨소리를 끈 것도 쳐야 하나?

더는 바로 잠들지 않지만, 일어나는 시간은 바뀌었다. 그러니까 밤 10시 30분부터 새벽 3시 30분까지 자는 대신에 자정부터 5시까지 잔다. 여전히 다른 누구보다도 일찍이긴 하다. 그래도 흔히 있는 일이다. 도미노 효과가 일어난다. 오후 늦게 피곤해져서 '평범한' 저녁을 즐길 수 있다. 텔레비전 앞에 누워서 뭉개는 것 말고 더 한 일도 할 힘이 있다.

목록을 적는 방법도 찾아냈다. 처음에는 자기 전에 '브레인 덤프'* 용도로 목록을 써서, 다음날에 뭘 해야 하는지 곰곰이 생각하지 않았다. 하지만 지금은 목록을 적는 게 좋다. 아니다. 엄청 좋아한다. 온종일 책상 위에 있는 아이 블루텍 A4용지에 끄적인다. 목록은 손으로 써야 한다. 컴퓨터로 쓰면 왠지 느낌이 다르다. 그다음에는 마커펜을 써서 색깔별로 분류한다. 일은 분홍색, 사회생활은 초록색 등이다.

---

* brain dump: 머릿속에서 생각하는 것을 몽땅 끄적이는 행동.-옮긴이

목록을 지워나가다 보면 어마어마한 만족감이 든다. 완전히 해내지는 못하더라도.

7월 11일
5시간, 29분

처음 일어날 땐 힘이 넘친다. 신문하고 잡지 원고료를 더 많이 받는다. 새벽 5시부터 아침 10시 사이에 글쓰기가 대부분 끝난다. 안타깝게도 광고 문구 수업은 헛물 켠 격이 되었다. 원래 하던 언론사 일로 돌아갔으니까.

이 시간에는 마법 같은 힘이 있다. 난 세상이 깨어나기 전, 고요한 시간을 즐긴다. '불면증 쇼크' 시절, 나랑은 늘 생각이 반대인 줄리 버칠이라는 칼럼니스트의 글을 읽었다. 버칠도 불면증에 시달리던 사람이었다.

버칠은 불면증을 찬양했다. '여분의 삶'이라고 부르기까지 했다. 그때는 버칠이 미쳤다고 생각했다. 약간 겉치레로 한 말일지도 모른다고 생각하기도 했다.

하지만 지금은 무슨 뜻인지 이해된다. 그래, 딱 몇 시간만 자고 일찍 일어나는 건 불면증이랑 *완전히* 똑같진 않다. 일을 해낼 시간이 확실히 더 많아진다.

아침형 인간이냐, 저녁형 인간이냐? 당신의 '크로노타입'은?

얼마나 오래 자고 언제 일어나는지는 주로 유전자에 달려 있다(야간 근무를 해서 선택의 여지가 없는 게 아니라면). 과학자가 이를 조사해 봤다.

최근에 한 논문에서 '올빼미형 인간', 즉 늦게 자고 늦게 일어나는 사람과 '종달새형 인간', 즉 일찍 자고 일찍 일어나는 사람의 차이를 설명하려 했다. 사람마다 '크로노타입'*이 다르다고들 한다. 예를 들면, 새벽 5시에 일어나는 사람은 '극 아침형 크로노타입'이다.

그렇다면 당신의 크로노타입은 뭘까?

소피 보스톡 박사가 이를 알아내는 방법을 제시한다. 일을 안 하거나 이른 시간에 모임이 없는 날을 하루 고른다. 피곤할 때만 잠자리에 들었다가 알람을 맞추지 말고 그냥 깰 때 일어난다.

"각자 자기만의 일주기 리듬이 있어서, 몸이 24시간을 주기로 활동하면서 회복하도록 작동해요. '크로노타입'은 일어나고, 활동하고, 잘 때 선천적으로 선호하는 시간대를 나타내는 용어예요. 연구 결과에서는 대부분 종 모양 분포**를 이룬다고 나와요. 맨 끝에 있는 사람은 적고, 대다수는 중간에 있죠."

과학자는 체내 시계가 유전 암호로 프로그램된다고 생각한다. 하지만 체내 시계는 우리 환경에 맞게 설계되어 있고, 나이가 들면 바뀐다.

그러니까 예를 들면, 어린이랑 노인은 아침형 인간인 경향이 있다. 하지만 십 대의 체내 시계는 느릿느릿 움직인다. 일찍 자거나 아침에 일찍 일어나는 게 정말 힘들다는 뜻이다. 50세까지는 남성의 크로노타입이 여성보다 '늦다'라고 추정된다.

---

* chronotype: 자기한테 맞는 활동 시간대.-옮긴이
** 정규 분포 특성을 띠는 분포 형태.-옮긴이

그래, 다 좋다. 하지만 9시부터 5시까지 일하는데, 크로노타입은 새벽 3시에 자서 아침 10시까지 누워 있고 싶다면 어떡할까?

보스토크 박사는 이렇게 말한다.

"최대한 짐작해 보면, 크로노타입의 최대 50퍼센트는 유전자에 달려 있어요. 그러니 인간한테는 바꿀 능력이 확실히 있죠. 부모님이랑 똑같은 시간에 일어나는 성향이라도 최근 연구에 따르면 새로운 일과에 적응할 수 있어요. 조절할 수 있는 부분을 관리하는 방법으로요. 특히 빛이나 음식을 활용하죠."

예를 들면, 써리와 버밍엄 대학교에서 공동으로 발표한 연구에서는 야행성 인간 22명에게 무슨 일이 일어났는지를 조사했다. 보통은 아침 10시 14분에 일어나서 새벽 2시 30분에 자는데, 3주 동안 아침형 인간의 행동 양식에 맞추도록 했다.

피실험자에게 다양한 일을 시켰다. 평소보다 2~3시간 일찍 자게 하고, 알람시계를 비슷한 시간으로 다시 맞추게 하며, 평일과 주말에 똑같은 수면-각성 주기를 유지하도록 했다. 매일 똑같은 시간에 점심을 먹고, 오후 7시 이후에는 저녁을 삼가야 했다.

3주가 지나자 참가자의 반응 시간이 빨라졌다. 최고 성과를 내는 시간대도 저녁에서 오후로 바뀌었다. 아마 가장 중요한 건 건강이 좋아졌다는 점이리라. 스트레스와 우울 수준이 전체적으로 낮아졌다.

7월 15일
5시간, 46분

수년 전에 나락으로 휙 떨어졌는데, 지금은 다시 올라오고 있다. 내가 다시는 절대 못 할 줄 알았던 일을, 자, 지금은 하고 있다. 수월하게 할 때도 많다.

'자전거를 다시 탄다'*는 비유가 계속 머릿속에 떠오른다. 난 자전거를 타기엔 아직도 좀 뚱뚱하니까, 아마 덜덜 떨다가 갑자기 떨어지고는 주저앉겠지.

여기에는 이런 일이 포함된다.

- 운전: 아빠 집으로 이사한 뒤부터 운전을 안 했다. 처음에는 자신감이 없었고, 그다음에는 눈 수술을 한 뒤라 잘 안 보였다. 여러 번 검사하고 나서 교정시력은 정상이라 안심했다.

- 대중교통 타고 다니기: 런던 지하철에 처음 발을 들인 순간, 내가 덜덜 떠는 젤리 같다고 생각했다. 하지만 열차가 도착했을 때 뇌가 조건반사적으로 맞추어졌다. 팔꿈치를 쫙 펴고 매의 눈으로 원하는 자리를 찾았다. 양보는 전혀 안 했다. 이런 경험을 한 덕에 난 어마어마한 기쁨을 느꼈다. 대부분 당연히 '평범'하게 여기는 기쁨이었다.** 난 사실상 활짝 웃고 있었다.***

- 체중 감량하기(에헴, 6.35킬로그램, 에헴, 몇 킬로그램): 살 빼기 진짜 어렵지 않나? 재미없고, 따분하다. 그래도 날씬해지고 있다. 내가 바라는 속도까지는 아니더라도. 새벽 5시에 발가벗은 채 안경을 안 쓰고 머리를 말린 뒤에 몸무게를 재면 도움이 되더라(젖어 있을 땐

---

* 직업을 찾으려 애를 쓰며 여기저기 다닌다는 뜻.-옮긴이
** 미래에서 온 쪽지: 이건 곧 사라진다.
*** 더는 활짝 웃지도 않는다. 사람들이 자리를 옮기기 시작했다.

몸무게가 더 나간다).

- 꿈꾸기: 다시 꿈꾸기 시작했다. 그렇게 자주까진 아니라고 해야겠
다. 하지만 밤에 아주 생생한 꿈을 꾼다.

8월 8일
5시간, 13분

'회복'을 당연하게 받아들이지 않고 기억하려고 글로 남긴다. 아직
조심해야 한다는 것도 기억해야 한다.

오늘 밤에는 친구 K랑 J랑 시티오브런던 지역에 요새 인기 있는
식당에서 만나 저녁을 먹기로 했다. K는 시내 다른 쪽에서 오지만, J
는 그쪽에서 일해서 곧장 식당으로 온다. 난 이제 돌아다니는 일이
신경 쓰이지 않는다. 열차에 앉기만 하면 될 뿐이다. 하지만 혼자 새
로운 식당을 찾아가는 건 좀 불안하다. K가 리버풀스트리트역 지하
철 개찰구에서 만나서 목적지까지 같이 가자고 한다.

K는 자기가 어찌할 수 없는 이유로 25분 지각한다. 평소에는 정말
믿음직스러운 친구다. 하지만 지하철에는 프런트가 없으니, 나한테
전화해서 최신 정보를 알려 주진 못한다. 난 K가 있는 곳으로 가지도
못한다.

15분 뒤에 개찰구 근처에서 돌아다니던 나는 안절부절못하기 시
작한다. 한창 퇴근 시간일 때라 에스컬레이터에 퇴근한 사람들이 흘
러넘친다. 다들 벌떼같이 내 주변에 우글거린다. J한테 전화한다. J는

줄을 서 있다가 이제야 웨이트리스한테 자리를 안내받고 있다고 했다. 나보고 K한테 나온다고 문자를 보낸 다음, 자신이 있는 레스토랑에 오라고 한다. 구글 지도(난 구글 지도가 뭔지 모른다)를 쓰라고 하더라.

리버풀스트리트역 중앙 홀에서 나오니 겁에 질린다. 9년 동안 사람을 별로 많이 못 봤건만, 방방곡곡에서 퇴근에만 몰두하며 이 각도 저 각도로 나를 포위하고는 엄청난 속도로 행진한다. 난 '차도'를 건너 길에서 빠져나오지도 못한다.

알프레드 히치콕 감독의 영화 〈새〉에 나오는 티피 헤드런을 기억하는가? 티피 헤드런한테 공감이 간다(안경이 깨져서 시야가 왜곡되는 바람에 도움이 안 된다).

공황 상태에 빠져들어 간다. '불면증 쇼크'가 시작될 때부터 평일에 느꼈던 감각이다. 사실 더 무섭다. 죽을힘을 다해 화장실을 찾는다(정말로 걷잡을 수 없는 공포감이라 할 만하다). 울 것 같다. 무표정한 직장인과 여행객이 화장실 밖에 엄청나게 줄을 서 있어서, 발걸음을 돌려 다른 피난처를 찾는다. J가 "어디야?"라고 전화한다. 내가 얼마나 괴로워하는지 듣더니 역에서 나오라고 한다. 하지만 출구를 못 찾는다. 중앙 홀 구조는 너무 헷갈리고, 피는 뇌에서 빠져나갔다. 이성적인 사고를 할 수가 없는 상황이다.

결국 J가 참을성 있고 아주 쉽게 에스컬레이터를 찾도록 설명해준다. 에스컬레이터는 밖에 있는 길로 연결된다. 엄청나게 마음이 놓인다. J가 "이제 움직이는 계단이 보이지? 계단에 발을 올리고, 끝부분에서 내려"라고 한다. 안 웃고는 못 배기겠다. 시내 길가로 나올 무렵에는 다시 내 모습을 좀 더 되찾은 느낌이 든다. 그래도 아직 좀 떨고 있다. 그래서 택시를 잡아탄다. 식당까지 걸어서 10분밖에 안 걸리는데.

도착하니 나를 너무 무심하게 대하는 친구한테 화가 난다. 와인을 주문해 단번에 비우고 잔을 식탁에 탁 내려놓는다. K가 도착하더니 미안하다는 말과 집안싸움 때문에 늦었다는 이야기를 쏟아낸다. 내가 얼마나 짜증이 났는지 이야기한다. 둘 다 당황했다. "네가 잘 지내는 줄 알았어. 너한테 확실히 새로운 일이라는 걸 우리가 까먹었다"라고 하더라.

사과를 받아들인 뒤에 근사한 저녁을 보낸다. 하지만 이 사건은 내가 놀랄 만큼 빨리 회복했어도 최소한 얼마 동안은 두 걸음 나서면 반걸음 물러서야 한다는 걸 깨닫는 계기로 남는다.

8월 10일
4시간, 30분

친구들한테 소리를 꽥꽥 질러서 좀 죄책감이 든다. 짜증을 낼 만하긴 했지만, 나도 내가 참을성이 부족하고 예전보다 변덕스러워졌다는 걸 안다. 보통은 아직도 너무 피곤해서 그렇다.

수면이 부족하면 낮잠을 못 잔 아기가 되는 이유

섬세한 감정은 사람이 지치면 사라져 버린다. 몸이 완전히 기본 기능에만 초점을 두기 때문이다. 여기에는 누가 아이들을 데려갈 차례고, 휴대전화 충전기는 어디에 있는지 따위는 분명히 안 들어가지 않나?

밤에 불면증에 시달렸다면 편도체, 즉 뇌에서 감정을 조절하는 부분 때문에 안 좋은 행동을 하게 된다. 다시 말해 불면증 때문에 세 살짜리 어린아이가 된다는 말이다. 과격하게 반응하거나 다른 사람의 감정을 무시할 수도 있다. 그러면 싸움으로 이어져서 관계에 그늘을 드리우게 된다.

수잔 퀼리암이라는 관계 전문가이자 코치랑 이야기를 나누었다. 난 25년이 넘도록 퀼리암에게 내 글에 자문을 구했다.

"새로운 내담자를 만날 때 제일 처음 하는 일이 있어요. 삶에서 겪는 현실적인 문제 때문에 관계에 어려운 부분이 있는지 묻는 거예요. 현실적인 어려움이 사라지면 감정 문제가 저절로 해결될 때가 많거든요. 그래서 전 불면증을 앓는 사람한테 그런 부분을 찾아보라고 해요."

퀼리암은 불면증 환자한테는 그게 말처럼 쉬운 일만은 아니라고 인정한다.

"수면 부족 때문에 겪는 손상을 과대평가하긴 어려워요. 불안 증세처럼 분노 수준이 올라가거든요. 문제 해결 능력도 뚝 떨어져요. '미어캣'처럼 예민하게, 공격적으로 변하죠. 배우자가 위협하면 급속도로 내리막길에 접어들어요. 방어적으로 반응하게 되고요. 혼란에 빠진 채 마지막 경고를 하면서 발끈한 상태에서 험한 말을 하죠. 의도치 않은 말을 할 때도 많고요."

그렇다면 어떻게 해야 할까? 우선 아주 쓸모 있는 조언을 들어 보자.

"적개심을 품고 대립하고 있다면, 방에서 나가세요. 3분도, 5분도 아니고, 적어도 20분 동안요. 30분까지도 좋고요. 아드레날린 수치가 가라앉는 데 걸리는 시간이거든요. 그런 뒤에는 더 이성적으로 대화하게 될 거예요."

퀼리암이 한 조언은 '감정 규율'에 가깝다.

"그렇게 하면 '감정 형태'에서 '행동'으로 넘어가는 데 도움이 돼요. 배우자와의 관계가 나빠지는 상황이라면 '다 괜찮아질 거야. 근데 나가서 잠깐 다른 일 좀 해야겠어'라고 말해 보세요. 그다음에 마음이 가라앉을 만한 일을 찾아보고요."

여기에는 차를 한잔 마시거나, 산책하러 가거나, 명상 앱을 듣는 것처럼 쉬운 일이 들어간다.

"전 내담자한테 자기만의 방법을 찾으라고 해요. 그 뒤에는 그걸 적어 보라고 하죠. 발끈한 나머지 올바른 생각을 하지 못하는 순간에 읽도록요."

결국에는 가라앉을 거라고 생각하면, 배우자한테 시간을 주는 것도 중요하다. 이런 상황에서는 본인이 정한 사회생활을 최선을 다해 유지하라는 뜻이다. 집에 틀어박혀 우울해하면서 지쳐 있으면 말다툼하기가 더 쉽다. 자신한테서 '벗어나는 것'도 지친 상태에서 빠져나오는 방법이다.

8월 15일
5시간, 49분. 게다가 공짜다!

일은 잘되어가고 있고, 〈잠 못 들던 시절에 쓴 일기〉 칼럼도 참 재미있다고 한다. 난 '믿고 써도 된다고 검증'된 제품을 맡게 해 달라고 편집자를 설득했다. 수면에 도움이 된다는 제품이다.

온갖 물건을 공짜로 잔뜩 받을 뿐 아니라, 나 자신이랑 독자 모두에게 도움이 되는 부분도 있겠지. 다음 몇 가지는 내가 써 보거나 알게 된 제품이다.

수면 로봇

솜녹스 수면 로봇은 커다랗고, 회색이다. 꼭 껴안아 주고 싶은 강낭콩처럼 생겼다. 이 장치를 가지고 침대에 누우면 '몸과 마음이 진정되고 빨리 잠들며, 오래 자서 완전히 회복되고 힘을 얻은 채 하루를 시작할 수 있다'라고 한다.

솜녹스는 실망감을 안겨 주지 않는다. 출생증명서도 있다. 난 솜녹스를 비니라고 부르기로 한다. 설명서가 있다는 사실에 가슴이 철렁 내려앉았지만, 따라 하긴 쉽다. 아니나 다를까, 비니는 숨도 쉬기 시작한다.

비니는 사랑스러운 구석이 있다. 비니는 내가 일하는 내내 온종일 내 곁에 앉아 있는다. 난 가끔 비니를 토닥인다. 입을 맞추어 줄 때도 있다.

잘 시간인 11시 30분쯤에 누비로 된 기계를 침대에 가져가자니 좀 바보 같다. '앰비언트 사운드'* 기능은 꺼 두었다. 고래가 흐느끼는 듯한 소리를 썩 좋아하지 않으니까. 비니는 마음이 편해질 정도로 둔감하다. 우리는 숨도 동시에 쉰다(스마트폰 앱으로 호흡을 설정한 뒤에 잠자리에 든다).

사실 더 많이 자는 건 아니지만, 기분 좋게 눈을 뜬다. 비니가 제일 처음 눈에 들어오니 기분이 좋다. 초현실적인 유럽 예술 영화 내용 같다.

---

* ambient sound: 자연적으로 발생하는 소리.—옮긴이

비니한테 단점이 있다면 가격이 500파운드라는 거다.

중력 담요

자, 미국에서 중력 담요가 잠시 '핫템'이 되었다. 불면증부터 불안증, 주의력 결핍 과잉 행동 장애, 자폐증이나 아스퍼거 증후군이 있는 아이한테도 도움이 된다고 홍보한다. 담요 안내문에는 "따뜻하면서 압력을 주어서 안거나 안겨 있는 느낌이 든다"라고 되어 있다. 이해할 수 없는 과학 전문 용어에 따르면 중력 담요는 '심부 압박'을 흉내 낸다고 한다.

담요를 상자 밖으로 끌어낸다. 총 6.8킬로그램이다. 오늘은 신문사에 낼 원고 마감이 촉박해서 스트레스를 받았다. 바닥에 질질 끌고 가서(약간 꿍꿍대며) 담요를 목까지 끌어당긴다. 담요 무게 덕에 바로 긴장이 풀린다.

어릴 적에 몸을 거의 못 움직일 만큼 이불에 꽉 밀어 넣었을 때의 기분을 떠올리면 된다는 게 제일 적절한 표현 같다. 목욕한 뒤에 잘 때 읽는 이야기를 들으면서 느끼는, 안전하고 사랑받는 기분이다. 고요하고 기분 좋은 느낌이다. 요즘에는 걱정을 썩 많이 하진 않지만, 담요를 덮으니 확실히 '긴장감'이 덜 느껴진다.

난 그해 후반기에 잘 때 중력 담요를 써 보기로 한다. 결국 내가 불면증이니까. 담요를 거칠게 침대 위로 잡아 올렸다. 단단히 싸인 아기 같은 기분이 어느 때보다도 더 좋다. 늦가을인 만큼 바로 따뜻해진다. 입고 있던 윗옷을 벗어도 될 정도다.

첫날 밤에는 좀 이상하고 무거웠는데, 다음 날 밤부터는 계속 더 오래 자면서 잠을 설치지도 않는다(보통 밤에 한 번은 깨고, 새벽 즈음에 또 깬다). 잠자는 시간이 늘었다는 말은 아니지만, 더 깊게 자는 느낌이다. 다음 날에도 도움을 받는다.

참고: 여름에는 이불을 덮으니 좀 덥다. 게다가 내 담요는 그것만 덮을 만큼 많이 크지가 않다(피부 가까이 대고 싶은 대나무면 섬유도 아니다). 그래서 잘 때는 안 쓴다. 하지만 7월이랑 8월에도 하루를 마칠 때쯤에는 담요를 덮는 게 좋다. 텔레비전 앞에서 긴장을 푸는 순간에 말이다.

추천!

수면-각성 등

큰 전자 제품 회사에서 매끈매끈한 도넛 모양 장비를 보내 준다. 켈리 호픈*이 디자인한 집에 어울릴 법하다. 미니멀리스트 시크 디자인에 한쪽으로 기울어져 있다. 이 등은 '몸이 수면의 마지막 5~60분이나 마지막 단계에서 천천히 깨어나도록 준비하게 한다'라고 되어 있다. 아침에 '기분이 전반적으로' 더 나아지는 데도 도움이 되고, 힘도 더 얻게 된단다.

알람시계를 새벽 5시에 맞춘다. 내가 평소에 저절로 깨는 시간이다. 난 밤 12시 30분에 잔다. 평소보다 좀 더 늦은 시간이다 보니 빛

---

* 영국 유명 인테리어 디자이너.-옮긴이

이 점점 편안해지는 순간, 정말 빨리 잠든다. 모닝콜을 다시 새벽 6시로 맞추는 게 좋겠다. 하지만 부드러운 '새벽빛'이랑 숲에서 나는 새소리에 눈뜨는 게 오히려 좋다. 이 빛이 마음에 든다. 분명히 계속 쓰게 될 거다.

그사이에 이런 물건 때문에 내 방이 좀 비좁아졌다. 비니를 침대에서 내쫓을 타이밍인가?

칸나비디올

요즘에는 건강식품점이나 약국에서 꼼짝할 수가 없다. 선반에 칸나비디올 제품이 꽉 차 있으니까.

온라인 자료에 따르면 칸나비디올은 대마초 성분으로, 체내 칸나비노이드 체계와 상호작용한다. '몸이 균형 있고 안정된 상태를 유지하는 데 도움이 되는데, 이는 항상성이라고도 한다.' '취한 상태'가 되는 '마약' 성분은 제거했다.

칸나비디올은 만성 통증과 염증 완화에 가장 도움이 많이 된다고 한다. 연구 결과와 일화적 근거를 보면, 칸나비디올 덕에 잠을 푹 잘 수 있다고도 한다. 예를 들면, 미국에서 진행한 소규모 연구에서는 피실험자의 약 80퍼센트가 매일 칸나비디올 25밀리그램을 복용하자 첫 달 동안 불안증이 감소했다고 나타났다. 3분의 2는 더 잘 잤다고 했다.

칸나비디올은 통증이나 염증 등 외부 요소 때문에 불면증이 생겼을 때 특히 도움이 된다고 해석하기도 한다. 나한테는 다 '호소하는 듯한' 말로 들린다. 하지만 연구에 호기심이 생겨서 혀 밑에 넣는 오일부터 피부에 바르는 밤에 꼭꼭 씹어 먹는 사탕 모양 알약까지, 다양한 칸나비디올을 사 봤다.

이쯤에서 완전히 솔직해져야겠다. 어떤 제품은 고급스럽다. 사탕 모양 알약은 맛있기까지 하다. 하지만 칸나비디올 덕은 하나도 못 봤다. 제법 비싸기까지 하다. 하지만 다른 사람은 다르게 생각할 수도 있다.

침구 관련 짧은 메모

매트리스와 베개

고급 매트리스가 놀라울 만큼 많이 진열되어 있다. 질리 쿠퍼 소설에 나오는 주인공처럼 이름을 대면 다 알 만한 것들이다.

광고 문구에는 매트리스를 8년마다 바꾸어야 한다고 되어 있지만, 건강상 이유로 그러는 건 아닌 듯하다. 그 너머에는 매트리스 회사 은행 잔고가 관련이 있겠지.

실용적인 조언 하나. 케미스트포유 약국을 관리하는 제임스 오로안은 매트리스를 깨끗한 상태로 유지하라고 추천한다. 난 2019년에 기사를 쓰면서 오로안을 인터뷰했다.

"대부분 매트리스를 씻는 건 깜빡해요. 시트에 집중하거든요. 하지만 매트리스를 철저하게 청소해야 해요(베이킹 소다로 청소하면 좋아요). 진공청소기로 밀어야 하고요. 매트리스를 매달 뒤집는 것도 좋아요."

집먼지진드기 알레르기로 고통받는 사람은 다른 문제를 겪는다.

에벨리나 런던 어린이 병원 소아과 알레르기 전문의인 애덤 폭스 교수는 "집먼지진드기를 없애기란 정말 어려워요. 집먼지진드기 배설물 때문에 코가 막히고, 피부가 가려워서 수면에 심하게 방해될 수 있어요. 1년 내내 독감을 앓는 격이죠. 가장 좋은 방법은 이 알레르겐* 노출도를 줄이는 거예요"라고 한다.

"전 환자한테 항균 매트리스 커버를 장만하라고 해요. 매트리스를 모두 감싸는 커버죠(이렇게 하면 집먼지진드기가 들어가지 않는다). 매트리스를 진공청소기로 청소하면 어떤 효과가 있는지를 다루는 연구 자료는 적어요. 하지만 나쁠 이유는 분명히 없어요."

폭스 교수는 더마실크 잠옷을 추천하기도 한다(293쪽 참고). 습진을 가라앉히는 옷 중 하나다. 아직도 장난감을 껴안고 자는 사람도 주의해야 한다. 곰인형은 집먼지진드기 배설물을 품는다고 악명이 자자하다. 폭스 교수는 곰인형이 알레르기 관점에서 보면 안 좋다고 한다.

"하지만 별다른 방법이 없다면 곰 인형을 한 달에 한 번씩 뜨거운 물로 세탁하세요. 그걸 못 하면 냉동고에 밤새도록 넣어 두어도 돼요."

시트

최근에 조사한 결과에 따르면, 영국인 중 4분의 1이 시트를 한 달에 한 번만 간다고 한다. 웩.

논문에는 "조사 결과에 따르면 4주 동안 똑같은 침대 시트를 쓰면 침팬지 우리보다 더 더럽고 박테리아가 많은 곳에서 잠을 자는 셈이다"라고 나온다. 토할 것 같다.

---

* Allergen: 알레르기 유발 항원.-옮긴이

오로안은 이를 두고 이렇게 말했다.

"몇 주가 지나면 침대가 박테리아의 온상이 된다는 말은 놀랍지도 않아요. 어쨌든 밖에서 보면 침대 시트가 꽤 깨끗해 보이죠. '딱딱한 똥'을 그렇게까지 자주 보게 되지는 않으니까요."

오로안은 목욕이나 샤워를 안 하고 잠자리에 들면 침대가 박테리아의 '온상'이 된다고 한다. "박테리아가 침대 시트에서 수확하도록 놔 두면 알레르기 비염이나 폐렴 같은 합병증이 생길 수 있어요."

성인 대부분은 침대에서 8시간을, 어린이는 12시간까지 보낸다고 생각해 보면, 이런 건강 문제를 다루는 일은 무척 중요하다.

그래서 시트는 얼마나 자주 빨아야 할까?

"일주일에 한 번씩 빨라고 말씀드리고 싶어요(조사한 결과, 28퍼센트가 그렇게 한다고 했다). 적어도 격주로요. 세탁기를 최소 60도에 맞추고, 표백제를 쓰세요. 맨 위에 올라가는 베개는 이보다 더 자주 빨아야 해요, 얼굴이랑 입 등 예민한 부분이랑 직접 닿으니까요."

오로안은 항박테리아 섬유 살균제를 쓰라고 권하기도 한다("요즘에는 가격이 제법 저렴해요. 5유로도 안 되죠").

"시트를 빠는 사이에 이틀에 한 번씩 살균제를 쓰세요. 이렇게 하면 침대 시트에서 상쾌한 냄새가 날 뿐 아니라, 박테리아가 번식하는 것도 막을 수 있어요."

시트를 햇볕에 말리고 축축한 상태로 두지 않도록 해야 한다. 습한 조건 역시 세균의 온상이기 때문이다.

8월 17일
1시간, 24분

'회복'한 이후부터 꿈을 아예 안 꾸었다. A급으로 한바탕 잔 것도 아니다. 하지만 지난 밤에는 둘 다 겪을 만큼 운이 좋았다. 아래는 프랑스 사람이 좋아하는 표현대로 잠 못 이루던 밤에 처음으로 잠깐 쓴 일기다.

새벽 1시 34분: 화들짝 놀라서 깬다. 막 끔찍한 악몽을 꾸었는데, 웬 남자가 마체테 칼*로 나를 공격했다. 리즈에서 온(이유는 나도 모른다) 친절한 의사가 내 팔을 낫게 해 주겠다고 약속할 때까지 공포와 절망감에 빠져 있다.

꿈이 어쩜 이렇게 진짜 같을 수 있는지 충격받았다. 내가 1) 다시 잘 수 있을지, 2) 혹시 악몽을 계속 꾼다면 과연 더 자고 싶을지도 잘 모르겠다. 그래서 아래층에 내려가기로 한다. 모차르트 피아노 협주곡을 틀고 녹차를 한 잔 끓인다.

새벽 2시: 로스앤젤레스에 사는 친구한테 전화해서 다 말한다. 친구는 (앉아서 늦은 오후 햇살을 즐기며) 내가 밤에 겪은 트라우마를 객관적으로 보면서 좀 더 자려고 노력해 보라고 한다.

---

* 날이 넓고 무거운 칼.-옮긴이

새벽 3시 15분: 다시 침대에 눕는다. 하지만 15분쯤 지나도 아직 졸리지 않아서 다시 일어난다. 이렇게 특별한 밤에는 게임 끝이다.

인터넷에 들어간다. 수다들을 떨고 있다. 외국에 있는 실제 또는 인터넷 친구한테 '다이렉트 메시지'가 온다. 세상 어딘가에는 늘 깨어 있는 사람이 있다는 걸 알고 나니 위로가 된다. 미국 동해안에서 해가 뜨는 순간, 호주 사람은 점심을 먹으려 한다.

새벽 5시: 동이 트기 시작한다. 커피를 끓여서 토스트랑 통통한 대추야자 몇 개를 먹는다. 뒤뜰로 간다. 운동복 윗도리를 입은 채 양손으로 커피를 꼭 붙들고 있다. 오래된 영화 광고가 생각난다. 여자아이가 비슷한 행동을 하는 영화였다. 배경 음악으로 〈I Can See Clearly Now〉가 흐른다.

트위터에 이 이야기를 했더니 몇 초 만에 누가 〈아침노을〉이라는 1988년 네스카페 광고 링크를 올렸다.

아침에 듣기 제일 좋은 노래가 뭔지 물어보는 트윗을 올린 뒤에 알렉사한테 틀어 달라고 한다. 목록은 이렇다.

- 비틀즈의 〈Here Comes the Sun〉이랑 〈Good Day, Sunshine〉
- 빌 위더스의 〈Lovely Day〉
- 뮤지컬 〈사랑은 비를 타고〉에 나온 〈Good Morning, Good Morning〉
- 〈Morning Has Broken〉(캣 스티븐스 버전)

새벽 6시 30분: 록시땅 리치 포밍 배쓰로 거하고 뜨겁게 목욕을 한다.

아침 7시: 오늘 입을 옷을 고르면서 흰색 상의를 입기로 한다. 패션지 기자가 전에 나한테 피곤할 때 흰색을 입으면 괜찮아 보인다고 했으니까. 주위에 아무도 없지만, 화장을 살짝 한다. 어제 산 부드럽고 고급스러운 스카프도 두른다. 그러면 기분이 좋으니까. 난 지칠 대로 지쳤다.

아침 7시 10분: 운동을 하면 잠이 좀 깨겠지. 잠깐 나가서 조카 생일 축하 카드를 부치기로 한다. 맑은 공기를 마시면서 아침 풍경을 보니 좋다. 우체통까지 멀지는 않지만, 단지의 4분의 3 정도를 빠르게 걷는다. 8월치고는 바람이 마구마구 불어대는데도 아주 신이 난다. 근육을 쓰니까 좋다.

여태껏 본 달팽이 중에 가장 작은 달팽이를 밟을 뻔한다.

오전 8시~11시 45분: 일을 다 끝내지 않은 채로 마무리해 버린다(뇌가 취해 있어서 논리적으로 생각해야 하는 일이라면 뭐든지 시작하는 게 의미가 없다). 페이스북이랑 트위터도 좀 만지작거린다. 둘 다 줄여야 한다는 걸 안다. 기자 친구 몇 명이랑 성인이 SNS에 중독된 이야기를 나눈다(물론 온라인상에서). 우리는 그게 진짜 문제라고 생각한다.

낮 12시: 수영하러 간다. 아, 물속에서 온 정신을 쏟으면서 근육을 쭉쭉 뻗으니까 정말 좋다. 사실 그렇다는 걸 아니까 나중에 정신적으로 훨씬 덜 지친다.

낮 1시 30분: 무릎에 맥북을 올리고 맨체스터 시티 대 웨스트햄 경기 후반전을 시간 맞추어 본다. 난 늘 축구를 보면 마음이 편해진다. 멋지고 위협적이지 않은 남자들이 1시간에서 1시간 반 정도 동안 판에 박힌데다 쓸데없는 말을 늘어놓는다. 이런 의견에 공감하는 사람은 별로 없을 듯하다. 웨스트햄 선수랑 팬이라면 더더욱(웨스트햄이 5대 0으로 진다).

오후 4시: 난 지금 심각한 슬럼프에 빠져 있다. 올바른 생각을 하기엔 너무 피곤하다. 낮잠을 자는 것도 의미가 없다. 살면서 유일하게 낮잠을 잔 순간은 아기가 낮잠 자던 시간뿐이었다(외부 요소 때문에 생긴 수면 박탈은 불면증이나 뇌에서 생긴 나쁜 꿈이랑은 무척 다르다). 걱정되기 시작한다. 불면증 이야기를 쓰면서 불면증 생각을 이렇게 많이 하면 사실 불면증이 생기는데. 충분히 달렸건만, 오랫동안 잠을 아예 못 자던 시절로 되돌아가면 어떡하지? 스트레스를 받는다. 기분도 안 좋다.

오후 5시 30분: 이른 시간이긴 한데, 배가 고파서 아빠랑 내가 먹을 요리를 하기로 한다. 보통은 이때 와인이나 진토닉을 마시지만, 기분이 너무 나빠서 좋은 생각 같지가 않다.

　　그슬린 연어, 올리브유에 담근 토마토, 고구마가 술술 넘어가니 잠시 활기를 되찾는다.

저녁 6시~8시 22분: 일을 좀 한다. 일요일 신문, 전화 통화, 트위터, 또 목욕하기 등이다. 지치긴 했지만, 든든하고 강해진 느낌이 든다. 극심한 불면증으로 '아파한' 몇 년 전이랑은 확 다르다.

저녁 8시 22분: 그래, 엄청나게 이른 시간인데, 또다시 눈뜨고 있을 수가 없다. 침대에 눕는 순간, 얼마나 빨리 잠들지, 그런다 해도 마체테 칼을 들고 사냥감을 찾아다니는 남자가 다시 나를 잡으러 오지 않을지 걱정된다. 그런데⋯.

⋯별안간 새벽 2시 28분이 됨: 6시간 동안 푹 잤다. 요즘 이보다 더 좋을 순 없다. 난 잘하고 있다. 더는 잠들려고 노력할 이유가 없다. 요즘 한 번 깨면 계속 깨어 있으니까.

적어도 오늘만큼은 회복되었다.

8월 23일
4시간, 15분

점점 자신감이 생긴다. SNS 아바타를 바꾸고 통통하게 살찐 사진을 온라인 기사에 실어도 된다고 허락했기 때문이다.

내 페미니스트 친구가 좋아한다.

8월 25일
3시간, 24분

이번 주에는 다른 때랑은 다르게 무더위가 심했다. 밖에 나가면 뜨겁고 축축한 수건으로 된 벽으로 걸어 들어가는 느낌이 든다.

다들 밤에는 타는 듯이 덥다고 한다. 우리 같은 불면증 환자는 샤덴프로이데*를 좀 즐긴다. '정상적으로' 자는 사람이 우리 같은 불면증 환자가 매번 어떻게 사는지를 맛볼 수 있으니까. 세상에, 그렇게나 강인한 침실 워리어가 투덜거린다니.

아래는 후텁지근한 계절에 살아남는 방법이다.

냉동고에 파자마를 넣지 말 것. 아니면 젖은 양말을 신은 채 침대에 올라가지 말 것. 이런 건 분명히 '문제'다. 녹고 나면 흠뻑 젖기만 할 뿐이다.

자려고 애쓰지 말 것. 대신에 미국 영화배우랑 휴가를 보낸다고 상상해 보자.

"뜨거운 열기를 만끽할 만한 시간과 장소로 휙 이동하세요. 실제여도 좋고, 상상해도 괜찮아요. 좋아하는 바닷가나 수영장, 일광욕용 긴 의자도 괜찮고요. 거기에 누가 있나요? 무슨 소리가 들리나요? 어떤 느낌이 드나요?"

---

* Schadenfreude: 타인의 불행에 쾌감을 느끼는 것.-옮긴이

수면 전문가 소피 보스토크 박사가 이렇게 묻는다.

"이미지를 활용해 현재 불편한 부분에서 다른 데로 시선을 돌리세요. 바로 잠들지 않는다고 해도 (저는) 적어도 브래들리 쿠퍼랑 일광욕을 즐길 수 있답니다."

낮잠을 자지 말 것. 낮잠을 자면 일주기(낮/밤) 리듬에 방해된다. 하지만 남부 유럽에서는 시에스타(남미나 유럽 등지에서 이른 오후에 낮잠 자는 시간)가 먹힌다.

시원하고 축축한 천이나 아이스팩을 천에 감싸서 손목, 겨드랑이나 사타구니에 잠깐 댈 것. 피가 피부 표면 가장 가까이에서 흐르는 곳이기 때문이다.

이뇨제를 복용하고 있다면 병원에 가 볼 것. 무더운 날씨에는 얼마나 마셔야 하는지 확인해야 하기 때문이다.

침실에 있는 선풍기 앞에 각 얼음통을 둘 것. (선풍기에 관해: 내 선풍기처럼 끼익 소리가 안 나는지 확인해라. 난 그래서 낮에만 쓴다. 침대에 조심조심 배열해 둔 정산용 영수증도 바람에 날아가 버렸다.)

반려동물과 배우자는 침대 밖으로 보낼 것. 동물하고 사람은 뜨끈뜨끈하고 땀을 뻘뻘 흘린다. 둘 다 같이 있으면 혼자 잘 때보다 두 배로 덥고 땀도 많이 난다.

화장실 불은 밤새 켜 둘 것. 화장실을 쓰게 될 테니까. 일부 전문가는 물을 하루에 3리터 정도 마셔야 한다고 한다(하지만 미국 웹사이트인 메디컬 뉴스 투데이에서는 1시간에 1리터 이상 마시면 안 된다고 나온다. 저나트륨혈증이라는 드물지만 끔찍한 질환이 생기기 때문이다. 혈액 속 나트륨이 희석되면서 몸이 아주 불편해질 수 있다).

에어컨을 살 것. (영국에서 태어난) 친구 T가 이렇게 말한다. 지금은 로스앤젤레스에 산다.

"완전히 살 만한 가치가 있다니까. 영국인은 실내에서 공기가 이동하는 걸 거부하나 봐. 난 선풍기를 사라고 아빠를 설득하지 못했어. 근데 늘 덥다고 불평하시더라고. 드디어 하나 사서 보내드렸지. 물론 엄청 좋아하셨어. 신비롭고 현대적인 기적처럼 여기시더라. 에어컨이 있으면 더워지든 말든 상관없어. 오늘 여기는 38도였거든…. 근데 아파트 안에 있으니까 꽤 추울 정도였다니까. 그런데 에어컨을 켜고 있는 동안엔 세탁기 겸 건조기가 왜 그렇게 엉망진창일까? 샤워는 또 어떻고?"

겨울에 잠자기

무더위가 계속되는 동안에 잠자는 방법에 대해 다루고 있는데, 그렇다면 한 해 중에 제일 추운 시기에는 어떨까? 겨울에는 온도 조절 장치가 더 세게 돌아가고, 두툼한 스웨터를 입는다. 활활 타오르는 난로 앞에 앉기도 한다. 그런데 밤에 이불 속으로 기어들어 갈 땐 어떨까?

소피 보스토크 박사는 이렇게 말한다.

"여름에 잠자는 것과 관련된 정보가 더 많은 경향이 있어요. 추운 날씨에 뜨끈뜨끈한 집에 있으면 더 빨리 잠들고, 푹 잘 수 있다고 생각하거든요. 하지만 꼭 그렇지만은 않아요."

두 극단적인 계절에 잠드는 법을 알려면 일주기 리듬을 제대로 파악해야 한다. 낮 동안 몸속 온도가 어떻게 변하는지도 마찬가지다.

"심부 온도, 심박수, 혈압, 호르몬 생성, 반응 시간, 기분은 24시간마다 오르락내리락해요. 인간은 생물학적으로 체온이 가장 낮을 때는 수면에 방해받지 않도록 적응했어요. 동트기 전, 이른 아침에 자연스럽게 그렇게 되죠. 이때 요령은 잠들 수 있는 최적 온도를 찾는 거예요."

이는 침실에서 시작된다. 보스토크 박사는 이렇게 말한다.

"최적 온도는 계절에 상관없이 18~21도예요. 그래서 중앙난방을 밤새도록 틀면 안 좋아요. 호텔에서 난방이 절절 끓어서 밤에 푹푹 찌고 불편했던 경험을 한 사람이 많죠. 전 방에 있는 내내 방열기를 꺼 두는 걸 선호해요. 밤에도 마찬가지고요. 겨울에도 그래요."

"몸 중심부는 피를 손발로 보내는 과정, 즉 '혈관 확장'을 통해 잠들게 돼요. 너무 추우면 이 과정은 멈추어 버려요. 그래서 자기 전에 따뜻한 물로 목욕이나 샤워하면 좋아요. 찬물로 샤워하거나 얼음물로 목욕하면 몸이 너무 긴장돼요. 사우나를 하면 몸 중심부가 너무 뜨거워지고요."

보스토크 박사는 2019년 연구 13건을 요약한 내용을 언급한다. 잠자리에 들기 1시간이나 2시간 전에 몸을 최소한 10분 동안 따뜻하게 하면 '수면 잠복기'(잠드는 데 걸리는 시간)가 10분까지 줄어들 수 있다는 것이다.

발 쪽에 뜨거운 물병을 두거나 수면 양말을 신어도 도움이 된다고 한다. 하지만 잠자리를 너무 뜨겁게 하는 위험은 무릅쓰지 않는 편이 최고다. 전기담요를 밤새 켜 두는 게 그 예다.

"너무 뜨거우면 깊은 수면에 방해가 돼서 깰 수 있어요. 수면 후반부, 즉 렘수면 동안에 깰 가능성이 제일 크죠. 체온이 덜 조절되는 시기거든요."

온도는 꼭 적당히 맞추어야 한다. 하지만 어두컴컴한 계절에는 빛 노출량을 조절하는 일도 그만큼 중요하다. 미국 수면 전문가 마이클 브레우스 박사는 이렇게 말한다.

"햇빛에 노출되면 계속 편하게 자는 데 도움이 돼요. 더 긍정적인 기분으로 겨울을 보낼 수 있고요. 빛에 노출되면 우선 멜라토닌 생성이 억제돼요. 코르티솔도 자극되는데, 이 호르몬은 행동을 활성화해요. 그 덕에 낮 동안 힘을 더 얻고, 밤에 쉽게 잠들 수 있죠. 더 개운하면서 기운 나도록 쉴 수 있고요."

"겨울에 일주기 리듬이 늦추어지는 사람이 많아요. 체내 시계를 움직여서 다시 맞추어야 하죠. 시작하기가 어렵다면 아침 일찍 걸어서 잠에서 깨 보세요. 멜라토닌이랑 움직임을 통해서요."

9월 15일
3시간. 이상한 시차 적응 문제 때문임.

리버풀스트리트역에서 공황 발작이 일어난 뒤부터, 돌아다니고 사람이 붐비는 곳에 가는 데 더 익숙해졌다. 혼자서 에든버러랑 런던 중심부에 생각보다 훨씬 더 많이 다녀왔다. 아무 일도 일어나지 않았다. 사실 혼자 다니니까 오히려 좋다.

뉴욕에 여행 가는 건 좀 과장이라 할지도 모른다. 나아진 뒤에 처음으로 해외여행을 떠나니까. 하지만 난 뉴욕이 세상에서 제일 좋아서, 다시 가 보고 싶다.

"두려움에 떨며 사는 인생은 반쪽짜리 인생이다."(바즈 루어만 감독의 영화 〈댄싱 히어로〉에서 스콧 헤이스팅스가 말한 것처럼. 루어만 감독은 다 안다.)

어쨌든 재미있는 삶은 놓칠 만큼 놓쳤다. 정말 감사하게도 빅 애플*에 좋은 친구가 여럿 산다(다정한 미국인 작가도 만나고 싶다. 우린 좀 가까워졌다).

이 책에서는 새로운 연애 이야기는 너무 많이 안 하려고 한다. 하지만 수면 관점에서 보면 난 괜찮다. 오히려 반 좀비 상태로 돌아다니는 데 익숙해져서, 시차 5시간쯤이야 별일 아니다.

미국으로 떠나기 전, 난 장거리 전문가한테 서로 다른 시간대를 뛰어넘는 일을 견뎌 내는 팁과 비결을 물어볼 기회를 잡았다.

장거리 비행사에게 배우는 수면

이국적인 휴가지에 다다르려면 더럽게 지루한 장거리 비행을 견뎌내야 한다.

---

* 뉴욕을 뜻함.-옮긴이

따분함과 형편없는 음식뿐 아니라(대부분은 그렇다. 운이 좋거나 약을 먹은 게 아니고서야) 불면증도 있다. 혼란스럽게도 서로 다른 시간대를 휙 지나가기도 한다.

그러면 기장은 어떻게 민감하게 깨어 있을까? 우리도 그걸 교훈 삼아 일상생활에 적용할 수 있을까? 비행을 하든 말든? 난 영국 항공 고참 비행사랑 이야기를 나누었다. 그리고 평소처럼 수면 전문가 소피 보스토크 교수한테 장거리 여행을 단거리 생활에 적용할 방법을 조언해 달라고 했다.

이 조언은 교대근무를 하는 사람한테도 도움이 될 거다. 사실 이는 수면 '안전지대'에서 나오면 여러 상황에 적용할 수 있다.

찰스 에버렛 기장은 영국 항공에서 32년 동안 근무했다. 최근에는 최첨단 A350 항공기를 조종하고 있다.

잠을 못 자도 걱정하지 마라

찰스 기장: "전 모닝콜이 울리기 전에 '4시간 동안 쉴' 계획을 세워요. 잠을 자면 참 좋죠. 하지만 전 수년 넘게 잠이 안 와도 불안해하지 않는 법을 알게 되었어요."

보스토크 박사: "모두에게 통하는 조언이네요. 수면의 가장 큰 적은 자려고 너무 열심히 노력하는 거예요. 쉴 수 있다는 점만 받아들여도 스트레스 수준이 내려가서 기분이 나아지거든요."

배고플 때 먹고, 피곤할 때 자라

찰스 기장: "장거리 생활 방식에서 나타나는 결과를 복잡한 일상생활하고 같이 놓고 고민하기 쉬운데요. 전 적응하는 걸 좋아해요. 하지만 비행할 무렵에는 가볍게 먹어요. 샐러드랑 흰 살 육류, 아보카도나 달걀을 토스트에 올려서 먹죠. 비행 중에는 낮 동안에 물을 많이 마셔요."

보스토크 박사: "훌륭한 조언이네요. 몸의 소리에 귀를 기울이니까요. 피곤하지 않을 땐 억지로 자려고 하지 마세요. 역효과가 날 수 있거든요. 식단 같은 경우, 몸이 수면 박탈로 스트레스를 받을 때 언제든지 건강하게 먹는 게 중요해요. 한밤중에 먹는 건 자제해야 하고요. 체내 시계가 음식 대사 작용을 덜 하는 시기거든요. 수분도 계속 공급해야 하고요."

좋아하는 운동을 해라

찰스 기장: "저보다 어린 동료 몇 명은 카이트 서핑처럼 위험한 운동을 해요. 다른 사람은 요가나 필라테스를 하고요. 전 하이킹을 좋아해요. 특히 캘리포니아에서 하는 게 좋아요. 도움 되는 운동인데, 사회적이기도 해서요. 따라오고 싶어 하는 사람이 늘 있거든요."

보스토크 박사: "수면과 운동은 서로 관련 있어요. 꼬박꼬박 운동하면 자연스럽게 수면 욕구가 늘고, 스트레스는 줄어들어요. 동시에 수면의 질이 높으면 힘을 얻어서 활기도 높아지죠. 신체 활동은 체내 시계에 신호도 보내요. 이제 깰 시간이라고요."

중요한 날을 앞두고 술을 마시지 마라

찰스 기장: "기장은 혈중에 알코올이 조금이라도 있으면 안 돼요. 규정 위반이거든요. 전 비행 전날 밤에는 절대 술을 마시지 않아요. 무작위 검사 때문만은 아니에요. 언제든지 검사받을 수도 있어서 그렇기도 하지만, 알코올에 영향을 받으면 잘 못 자서 그런 것도 있어요."

보스토크 박사: "다음 날에 걱정되는 일이 있으면 술을 마시고 싶은 유혹에 빠지죠. 하지만 술을 두 잔 이상 마시면 수면의 질은 더 떨어져요. 일어나면 광

천수를 계속 마셨을 때보다 더 피곤하고 몸을 가누기가 힘들 테고요."

머릿속 받은 편지함을 비워라

찰스 기장: "친구가 저한테 조언을 해 주었어요. '답장하거나 삭제할 게 아니라면 이메일은 절대 읽지 마'라고요. 이걸 매번 고집하지는 않지만, 복잡한 업무나 사소한 일 때문에도 유의미하게 수면의 질이 낮아질 수 있어요. 설명해 볼게요. 전 두바이에 비행을 다녀온 뒤라서 지금 이틀 쉬고 있어요. 보고서를 써야 하는데, 미루어도 되거든요. 하지만 전 끝내 버리고 오늘 밤을 속 시원히 보내고 싶어요."

보스토크 박사: "어떤 사람은 '내일 꼭 해야 할 일' 목록을 적으면 도움이 된다고 해요. 긴장을 풀고 잠자리에 들어서 머릿속에서 윙윙 맴도는 생각을 계속 하지 않도록요."

(나: 봤지, 목록이란다!)

새벽 3시에 한계를 받아들여라

찰스 기장: "비행 이야기를 해 보자면, 미국 서해안에 갈 때는 보통 기장 한 명이랑 동료 비행사 두 명이 탑승해요. 셋일 때도 있고요. 비행사는 6시간 단위로 교대하고, 3시간씩 쉬어요. 서로 격려를 많이 해 주죠. 경험상 '일주기 리듬이 처지는 시기'인 새벽 3시나 4시가 힘들어요. 전 커피를 마시면 된다고 생각했는데요. 이제는 제가 느끼는 걸 이해하고 받아들여요. 필요할 땐 동료한테 도와 달라고 부탁하죠. 저도 나중에 돕고요."

보스토크 박사: "일주기 리듬이 처져 있는 동안에 깨어 있기가 가장 어려워요.

그때 체온이 저절로 제일 낮아지고, 전날에 쌓인 수면 압력의 영향을 많이 받거든요. 깨어 있어야 한다면, 10~20분 동안 잠깐 낮잠을 자면 도움이 돼요."

카페인에 의존하지 마라

찰스 기장: "빨리 깨야 한다면 얼굴에 물을 철벅 철벅 튀기고 나서 차를 한 잔 마실래요. 보통 페퍼민트, 레몬이나 생강차를 마셔요. 그다음에는 조종석 뒤에 서 있겠죠. 비행을 맡을 만큼 정신이 깰 때까지요."

보스토크 박사: "카페인 함량이 높은 음료를 마시면 자연 수면 욕구가 사라져요. 그래서 피곤하게 느끼는 정도를 휴식이 필요하다는 척도로 삼을 수는 없어요. 영국 항공 기장님의 조언이 더 훌륭하네요."

9월 21일
5시간, 32분

미국 작가를 만나러 간 일이 꽤 잘 되었다는 말이 반갑게 들리겠지.

하지만 이번 여행에서 즐거웠던 이유는 새로운 연애 감정이 단단해져서 그런 것만은 아니다. '불면증 쇼크 전'의 나라면 혼자 뉴욕으로 날아가는 걸 망설였을 거다. 몇 년간 잠을 못 잔 나라면 그런 일을 한다는 생각만으로도 제정신이 아니라고 했으리라.

하지만 다시 잠자는 나는 일분일초가 마음에 든다.

마음에 들었던 일을 예로 들어 보겠다. 동트기 전에 블랙프라이어스역에서 커피 사기, 런던시티에서 개트윅 익스프레스를 기다리는 동안 해 뜨는 모습 보기. 같이 열차 타는 사람들의 목적지 짐작해 보기. 1시간 동안 가방을 다섯 번만 더듬어서 여권 찾기. 평소처럼 20번 만이 아님. 혼자서 일 해내며 설레기. 바로 보안 검색대 지나가기, 탑승구 찾기, 기내 와이파이 설정하기 등이다. 다정한 미국 작가가 안 나타날 거라며 최악의 상황 상상하지 않기(나타남). 그래도 만일의 사태를 대비해 계획 세워 두기. 혹시 모르니까.

심지어 미드타운에서 마티니를 마시고, 소호에서 저녁을 먹고, 하이라인파크를 산책하고, 전기 스쿠터를 타고 브루클린을 바쁘게 돌아다닌 뒤에 러스 앤 도터스에서 베이글이랑 훈제 연어를 먹기 전 이야기다. 난 아까 말한 작가가 일해야 했던 시간에 혼자 윌리엄스버그에서 오후를 보낼 정도로 대담했다. 며칠 뒤에 작별 인사를 했지만, 행복하고 안정된 느낌이었다. 서로 다시 보게 될 테니까. 돌아오는 길에는 세 자리를 차지하고 낮잠도 잤다.

이게 바로 자유니까. 이게 바로 인생이니까. 다시 자게 되면서 받은 선물이니까(다시 혼자가 되어서 받은 선물이기도 함). 난 이렇게 깨달음을 얻었다.

후기

10년 차
코로나의 해

3월 23일
6시간, 10분

이제 1년이 넘도록 상태가 괜찮다. 삶이 제법 정상으로 되돌아왔다. 막 뉴욕에 여행을 또 다녀왔다. 보리스 존슨 총리가 충혈된 눈으로 엄숙하게 '락다운'을 선언한 때다. 코로나바이러스 때문이다. 오싹해진다. 그래, 지금은 코로나19가 심한 상황이다.

하지만 난 바로 *"내 잠은 어떡하고?"*라며 이기적으로 생각한다.

10년이 다 되도록 불면증을 앓은 건 가정불화 때문이었는데, 전 세계에 재난이 일어났으니 이제 무슨 기회를 얻을 수나 있겠어?

특별히 불안하진 않다. 참 우습다. 하지만 지금이 바로 '불면증을 위한 인지 행동 치료'를 다시 돌아볼 때다.

장 보러 갈 때랑 하루에 한 번 산책할 때만 빼고 집 밖을 나서지도 못하는 시대에는 일과가 가장 중요하다. 난 하루를 이렇게 보낸다.

대체로 일어나서 〈투데이〉라는 프로그램을 보고, SNS를 하고, 목욕하고, 일 좀 하고, 정해진 시간에 밥을 먹는다. '하루에 한 번' 허락된 운동을 한다. 동네 들판을 최소 20분 동안 걷는다. 맑은 공기는 진짜 중요하다. 가을, 겨울, 초봄에는 햇빛에 덜 노출되어서 일주기 리듬에 영향을 받으니까. 체내 시계도 제대로 깨어나질 않는다. 우리가 밤에 잠을 푹 잘 가능성이 적다는 뜻이다.

늦은 오후에는 저녁 일과를 시작한다. 똑똑한 치료사가 어릴 때나 아기를 낳았을 때를 돌이켜보라고 한다. "일찍 차를 마시고, 느릿느릿 놀고, 목욕하고, 따끈한 음료를 마시면서 자기 전에 이야기를 들었죠. 어른도 그런 게 있어야 해요"라고 하더라. 난 와인을 한 잔 마시고(아, 그래, 두 잔이다), 텔레비전이나 SNS를 보거나 스마트폰으로 채팅을 한다.

요리를 좋아하게 되었다. 꼭 치료받는 것 같다. 온종일 뇌에서 서로 다른 부분을 써 가면서 컴퓨터 안에 든 일을 하는 느낌이다. 오후 늦게는 따뜻한 물에 엡솜 소금을 넣고 두 번째로 목욕한다. 향초도 켠다. 〈10시 뉴스〉는 안 본다.

짜증 나는 뉴스는 불안감에 불을 지핀다. 잠들 때 필요한 거랑은 정반대다. 최근에는 〈6시 정각 뉴스〉를 보지만, 그마저도 안 보려 한다.

'수면 제한'(231쪽 참고)을 더 끈질기게, 열심히 하고 있다. 이름과는 다르게 잠자는 시간을 줄이는 게 아니다. 침대에서 다른 일을 하는 시간을 줄인다. 그랬다가는 수면에 방해되니까. 그래서 난 자정 무렵에 잠자리에 들었다가 새벽 6시쯤에 저절로 깬다. 밤 동안 최소한 한

번은 깨서 휴대전화를 확인한다. 나쁜 습관이다! 하지만 다시 잠이
들 만큼 운이 좋다.

완벽하게 돌아가진 않는다. '고작' 6시간만 자서 피곤할 때가 많
다. 그래도 18개월 전하고 비교하면 놀라울 따름이다.

4월 20일
1시간, 30분. 코로나바이러스 꿈을 꿈.

어젯밤 새벽 1시 30분, 난 쭉 펴고 앉은 채 땀을 뻘뻘 흘렸다. 꿈에
서 깼는데, 내가 좁아터진 유리 엘리베이터 안에 갇혀 있었다. 사방
이 너무 꽉 끼고 머리 위 천장도 너무 낮아서 꼼짝할 수가 없었다. 숨
도 거의 쉴 수가 없었다. 일주일 전에도 악몽을 꾸었는데, 남자친구한
테 나 좀 구해 달라고 계속 전화하고 있었다. 무슨 위험에 빠졌는지
는 모른다. 하지만 계속 엉뚱한 번호에 전화를 걸었다(수백 번). 다 너
무 불안했다.

난 늘 꿈을 꾸었다. 기분 좋은 꿈도, 아닌 꿈도 있었다(251쪽에 있는
마체테 칼 꿈 이야기를 보시라). '평화로운 시기'에도 내내 그랬다. 하지만
코로나 시기에 꾼 꿈이 더 생생하고 자세한 듯하다.

친구 몇 명한테 비슷한 경험을 했는지 물어봤다. 거의 전부가 그
렇다고 한다. 몇 명은 진짜 웃기고 이상한 꿈을 꾼다고 한다. 두 개를
예로 들어보면 이렇다.

"어젯밤엔 내 친구가 자기 남편을 아기만 하게 오그라들게 하더니

안고 다녔어."

이런 꿈도 있다.

"다 같이 소비에트 휴가 캠프로 휴가를 갔는데, 케이트 베킨세일*을 마주쳤지 뭐야. 자기가 아직도 내 남편이랑 결혼 생활을 유지한다면서 씩씩대더라고. 별거 재산 분할 비용 2800만 유로를 못 받았다나 뭐라나."

좌파를 지지하는 지인 하나는 보리스 존슨이랑 불륜을 저지르는 꿈을 꾸었다고 했다. 하지만 어디까지나 정부를 무너뜨리는 게 목적이었다.

하지만 대부분 가정생활을 바탕으로 한 꿈을 꾼다고 이야기한다. 이는 좌절감, 불안감이나 두려움을 나타내는 것 같다. 칫솔을 못 찾는다거나 속도를 위반하는 차를 어쩌지 못하는 것, 공부를 안 했는데 시험을 보러 가는 꿈도 있다.

내가 아는 편집자는 "진짜 생생한 꿈을 꾸었어. 직장에 엄청나게 지각해서 상사랑 문제가 생겼지. 꿈을 꿀 때는 반은 잠들고, 반은 깨어 있는 느낌이야. 깨고 나면 꿈이었는지 생시였는지 알아내는 데 좀 걸린다니까"라고 하더라.

대체 무슨 일이 일어나고 있는 걸까? 락다운은 그저 환상일 뿐일까? 보리스 총리가 바비 유잉**처럼 그저 샤워하다 걸어 나와서는 다

---

* 영국 영화배우.-옮긴이
** 석유업계의 거물 유잉가의 사랑과 갈등을 그려내며 경이적인 시청률을 기록한 TV 시리즈 〈달라스〉의 등장인물.-옮긴이

꿈이었다고 말하게 될까?

더 재미있는 일은 아마도 우리 뇌에서 일어나고 있으리라.

꿈의 배후에 과연 과학이 있을까?

가이 레시자이너 교수는 런던 가이 병원 소속으로, 영리한 신경학자다. 악몽과 흥미로운 야간 모험을 속속들이 다 알고 있다.

"과학자는 렘수면이 '활발'할 때 꿈을 꾼다고 생각해요. '보통' 수면이 아니고요. 렘수면 상태에 있는 사람의 뇌파는 거의 깨어 있는 것처럼 보여요. 선잠을 잘 때 꾸는 꿈에는 짧은 사건이 이것저것 엮여 있어요. 하지만 렘수면 때 꾸는 꿈은 구조가 더 서사적이죠."

"수면 과학자들은 락다운을 시작하고 출근하러 집을 나서거나 통학을 할 필요가 없어진 뒤부터 렘수면 상태가 더 늘어났다고 말해요. 보통 밤 후반부에 렘수면에 들어가요. 역사적으로 인간은 대부분 잠이 부족했어요. 전에는 시계 알람을 듣고 일어나는 게 당연한 일이었어요. 이제는 일찍 일어날 필요가 없어진 사람이 많아요. 다시 렘수면에 들어가게 되었죠. 다들 현 세상을 이해하려 하고 있어요. 이렇게 새로운 환경에 뚝 떨어졌으니 우리 자리를 찾으려고 애쓰는 거죠. 1년 내내 뉴스를 보고 또 보는 건 도움이 안 돼요. 모든 뉴스를 다 끊을 순 없지만, 균형을 잡는 게 중요해요."

"'평범한 시기'에는 보통 일어나서 집 밖에 나서는 데 지나치게 집중하느라 꿈을 기록하지 않아요. 이제는 꿈을 돌이켜보고, 이야기를 나누며, 끄적일 시간이 생겼죠."

"비현실적인 꿈을 기분 좋게 꾸는 사람도 있고, 꿈을 전혀 안 꾸는 사람도 있지만, 지금은 많이들 악몽을 꾸어요. 나쁘지는 않아요. 꿈을 꾸면 밤사이에 치료를 받는 셈이거든요. 정상적인 일이에요. 병이 아니죠. 외상 후 스트레스 장애를 겪는 사람은 밤에 계속 깨요. 그래서 정서적인 경험을 충분히 처리할 수가 없어요. 코로나 시기에 트라우마를 호소하는 사람도 있어요. 예를 들면, 매일 최전선에서 죽음을 목격하는 사람들이요. 대부분은 어렴풋하게 느껴지면서 보이지 않는 위협에 전전긍긍해요. 그래서 극심한 고통보다는 불안감을 느끼게 되죠."

"그러면 꿈을 제어할 수 있을까요? 완전히는 아니지만, 불안감은 줄일 수 있어요. 뭘 하면 마음이 편해지는지 생각해 보세요. 명상이든 마음 챙김이든 간에요. 운동도 도움이 돼요. 기본적인 '수면 위생'처럼요. 카페인 섭취를 제한하고, 배고픈 채로 잠자리에 들지 않으며, 일상에서 수면 시간을 지키면 돼요. 밤늦게 뉴스를 안 봐야 하고요."

하지만 가이 교수는 이상한 꿈이 코로나 이후 세상에서도 계속될 거라고 본다.

"고용 불안과 계속되는 건강에 대한 위험성 때문에 불안감이 더 약한 형태로 계속 끈질기게 나타날 거예요. 앞으로 다가올 재미있는 밤을 단단히 대비해 두세요."

흔한 꿈에는 무슨 뜻이 있을까?

가이 교수는 "꿈 해석은 과학적 근거가 탄탄하지 않아요. 꿈을 통해 삶을 구체적으로 알 수 있지도 않고요"라고 한다.

그래도 인터넷에서 모은 흔한 가설을 재미 삼아 살펴보자.

• 이가 빠지는 꿈: 외모와 다른 사람이 보는 자기 모습에 대한 불안감을 보

여 준다.

- 쫓기는 꿈: 살면서 두렵고 걱정되는 일에서 도망치고 싶다는 뜻이다.
- 화장실을 못 찾는 꿈: 특정 상황에서 욕구를 표현하는 데 어려움을 겪는다는 뜻이다.
- 여러 사람 앞에서 알몸을 보이는 꿈: '자신을 알지 못하거나' 부당하게 비난받는다는 것을 상징한다.
- 시험공부를 안 한 꿈: 부족한 자신감과 삶의 다음 단계로 나아가지 못한다는 뜻이다. 5명 중 1명은 분명히 이 꿈을 꿀 것이다.

현재

이 책을 끝맺는 순간에도 아직도 코로나 락다운 가까이에 있다. 불확실한 미래를 향해 나아가기도 한다. 난 수면에 도움을 준 신사분들(숙녀분들도) 덕에 쿨쿨 잠자는 부분을 잘 해내고 있다.

좋은 점이 또 있다.

일: 잘 돌아가고 있다(부정 타지 않길). 꼬박꼬박 글을 쓰고, 국내 신문, 잡지랑 웹사이트를 편집한다.

약: 나머지 약을 내 속도에 맞추어서 끊고 있다. 현재로서는 프레가발린을 점점 줄이면서 끊어가는 단계다. 하지만 야생마들이 그렇게 서두르도록 내버려 두지 않겠지. 난 조피클론을 아직 복용하고 있다. 순수주의자라면 반칙이라고 하거나 아직도 중독되었다고 하겠지만,

난 하나도 신경 안 쓴다.

그래, 약은 한 번에 하나씩 정리해야 한다. 조피클론을 끊을 거지만, 내 속도에 맞추려 한다. 항우울제인 트라조돈도 복용하고 있는데, 그건 어떻게 할지 아직 못 정했다. 나는 미신에 사로잡히는 구석이 있어서, 평지풍파를 일으키고 싶지가 않다. 그리고 사실 서두를 이유는 없잖아? 생각도 또렷하고, 행복하고, 건강하고, 창의력도 있는데. 내가 생각하기엔 늘….

…**몸무게:** 이 부분도 잘해 나가고 있다. 엄청 심한 올란자핀 부작용이랑 내 몸무게 사이 어디쯤에서 노력하고 있다. 눈에 띄게 진전되지는 않았어도 꾸준하다. 식단 관리를 철저하게 하지는 않는다. 그냥 건강하게 먹으면서 운동을 꽤 많이 한다. K 트레이너랑 계속 같이한다. 난 패드로 복싱하는 훈련이 제일 좋다. 신체 건강에 기가 막히게 좋고, 뭔가를 탁탁 후려치면 정신적으로도 만족스럽다. 좌절감이 사라지는 데도 도움이 된다. 건강하고 강해진 느낌이다. 내가 다시 47.6킬로그램이 되지는 않으리라는 것도 안다.

'스타일': 다시 외모를 신경 쓰고 있다. '네일 숍' 문화도 완전히 받아들이게 되었다(이게 다 OPI '말라가 와인' 손톱 광택제 때문이다). 난 이제 하이 스트리트 브랜드에도 딱 들어맞는다(돈도 좀 번다). 돋보이는 옷을 산다. '마크스 앤드 스펜서'에서 파는 새틴 잠옷을 엄청 좋아하긴 하지만.

아! 부츠랑 구두도! 어찌나 다시 좋아하게 되었는지. 스포츠 다이 렉트에서 산 분홍색 테두리가 있는 찍찍이 운동화는 신발장에 계속 있다. 내가 얼마나 해냈는지를 볼 수 있는 증거다. 끌로에 베이 백은 제롬 드레이퓌스 빌리 버블 핸드백으로 막 업그레이드했다.

'은혜 갚기': 체인지 그로 리브 레스트 모임의 멜라니 데이비스 간사를 인터뷰한 뒤, 멜라니가 나한테 일주일에 몇 시간을 내서 봉사를 해 줄 수 있는지 물었다. 지금 기쁜 마음으로 하고 있다.

빌어먹을 성격 장애 진단: 사미 티미미 박사(109쪽 참고)를 인터뷰하기 전까지는 까맣게 잊고 있었다. 결국 난 지역 보건의한테 전화했다. 아직도 진료 기록에 남아 있었다. 삭제하길 살짝 망설이더라. 그래도 난 지역 보건의한테 다른 정신과 의사가 새로 진단한 내용을 읽어 보라고 말했다. 지금은 지역 보건의가 흔적도 없이 말끔히 지웠다고 확인해 준다. 하지만 이렇게 사소한 이야기에서 난리를 안 치면 달갑잖은 꼬리표가 끈질기게 들러붙어 있다는 걸 알 수 있다.

가족이랑 친구: 옛사람이 거의 다 돌아왔다. 훌륭하고 새로운 친구도 알아 가고 있다. 이 책을 쓰면서 멋진 전문가랑 언론사 관계자도 좀 만났다.

드디어 이혼한다. 우리가 겪은 일을 생각하면 아마 아이들 하고는 전형적인 모자 관계가 될 리는 없겠지. 그래도 기분이 좋다. 매번 더 나아지고 있으니까. 안타깝게도 사설 정신 건강 코치가 5년 차에 내 웨딩드레스를 버리는 바람에 딸이 입지는 못하겠지만, 그래도 400유로짜리 펜윅 가죽 재킷만큼은 건졌다.

다정한 뉴요커 작가랑도 계속 잘 지내고 있다.

'자기 발전' 관련: 재활 치료소에서 받았던 텅 빈 '감사한 일 목록'을 채워야 한다면, 두 장이 필요할 거다. 그다음에는 종이를 더 달라고 하겠지.

'불면증 쇼크'를 겪고 난 뒤부터 공감을 더 잘한다는 말을 듣는다. 다른 사람의 슬픔과 기쁨을 전보다 더 강렬하게 느낀다. 나이가 들어서 그런지, 내가 겪은 일 때문인지는 잘 모르겠다.

난 완벽하지도 않고, 성인군자도 아니다. 오히려 그쪽이랑은 거리가 멀다. 아직도 참을성이 없고, 사람들 말을 자른다. 서둘러서 내 생각을 꺼내려 하니까. 이미 시간을 잃을 만큼 잃었다고 생각하니까. 그래서 예의 없어 보일 수 있다. 난 자기 연민이랑 쓸데없이 극적인 사건, 위선 때문에 짜증이 난다. 특히 후자에 더더욱.

난 자조할 줄 모르는 사람 때문에 열 받는다. '에너지 뱀파이어'*가 그렇듯이.

'두려움 없는'은 사실 적절한 단어가 아니다. 두려움 없는 사람이 어디 있다고? 하지만 난 헛소리를 덜 귀담아듣고, 남이 나를 어떻게

---

* 남한테서 긍정적인 에너지를 빼앗아 가는 사람.—옮긴이

생각하는지 곱씹지 않는다. 나랑 제일 가까운 사람이 하는 말이 아니라면. 난 앙심을 품지 않는다. 어떤 치료사가 나한테 '외상 후 성장'을 한 것 같다고 했다. 일리 있는 말이다. 좀 마음에 들기까지 한다.

난 깡충깡충 뛴다.

난 '처져 있던 시절' 동안에 폭발하던 SNS를 놓쳤다. 익명의 키보드 워리어랑 대립각을 세우는 일에 익숙해지는 데 시간이 좀 걸렸다. 그 자리에서 후딱후딱 대꾸하는 글을 쓰지 않는 게 중요하다는 걸 알게 되어서 나중에 후회했다. 몇 번 '데이기도' 했다. 이제는 그런 상황은 대부분 피한다. 그리고 난 페이스북이 좋다. 십 대인 우리 아이들은 계속해서 내가 '문제가 있다'라고 생각하는지 물어본다.

21세기 중독인 것 같다. 아니면 '의존성'이라고 해야 하나?(윙크한다.)

자, 나한테 대체 무슨 일이 일어난 걸까? 왜 다시 나아졌을까?

내가 조언을 구했던 전문가는, 그러니까 (수면) 전문가랑 (미란다 전문가인) 친구는 다 다르게 생각한다.

누구는 내가 결혼 생활 끝물에 외상 후 스트레스 장애에 시달렸다고 했다. 우울해진 뒤부터 잠을 못 잤다고도 했다. 즉, 불면증은 정신 건강 문제로 생긴 결과이지, 그 반대는 아니라는 이야기다.

두 의견 모두, 특히 두 번째는, 문제가 있다. 우울함이 밤에 찾아오진 않는다. 난 7월 15일에는 괜찮았다. 7월 16일에 그 당시 남편한테 안 좋은 소식을 들었을 땐 안 괜찮았고. 그리고 결혼 생활이 끝장난 게 트라우마일까? 아마 나한테는 그랬겠지.

내가 괴로운 인생사에 '평범'하고 '이해가 가는' 반응을 했다던 사미 티미미 박사의 의견에 일리가 있다(109쪽 참고). 티미미 박사는 그때 불면증이 문제가 되었다고 단정 짓는다. 내가 문제를 문제로 바꾸어 놓았다는 말이다. 그리고 가이 레시자이너 교수 논문에는 수면이 "생리학, 신경학, 심리학, 환경 등 여러 가지 요소의 결과"라고 나온다(203쪽 참고). 이 부분도 나한테 의미가 크다. 난 회복하려면 모든 요소에서 완전히 변해야 했다.

내가 그냥 되돌아간 건 아니다. 새로 쌓아 나갈 것을 찾기도 했다.

게다가 약, 특히 벤조도 있다. 이런 약을 너무 쉽게 먹은데다 너무 오랫동안 많이 처방받았다고 생각한다. 그런 뒤에 엉망이 되었다. 재활 치료소는 대실패였다. 내 개인적인 문제를 이해해 주지 못했으니까. 의료진은 벤조를 너무 빨리 끊게 했다. 그리고 나도 스스로 끊어버렸다. 복용량을 너무 빨리 줄였다.

난 내가 '금단 증후군'에 시달렸다고 거의 확신한다. 헤더 애쉬튼 교수가 간단하게 "약학과 심리 요소가 벤조디아제핀 복용에 직접·간접적으로 결합"된 형태라고 정의한 증상이다. 조애나 몬크리프 교수가 저서 『돌직구 정신과 약 입문서: 작용 원리와 끊는 법에 관한 진실』(국내 미출간)에서 이를 아주 잘 설명했다. 155쪽에 인용되어 있다. 레스트 소속 멜라니 데이비스도 마찬가지다(141쪽).

물론 결국 어떤 해답도 찾지 못할 것이다. 이제 주요 과제는 이런 일이 다시 일어나지 않도록 하는 거다. 할 수 있을진 모르겠다. 내가 확실히 실수해서 교훈을 얻었다면 모를까. 벤조디아제핀은 또다시 안 먹을 거라는 점만 빼고. 항우울제를 계속 복용하면 어느 정도 막을 수는 있겠지. 하지만 난 '쇼크'를 받은 순간에 이미 트라조돈을 복용했다(소량일지라도). 그런 뒤에는 수년간 훨씬 더 많은 양을 복용했다. 눈에 띄는 변화는 없었다.

약을 먹고 있었는데도 회복되기 시작했다. 오히려 약 때문은 아니었다.

나한테 도움이 된 것 세 가지를 소개한다.

1. 식단과 운동 관련 '초보자 수준' 조언. 쉬워 보이는데, 실천하는 게 관건이다. 의견에 '네, 네, 네'라고 대답하면서 원래 습관을 유지하면 안 된다. 잘 먹고 더 움직이면 기분이 나아지고, 낮 동안 힘도 더 얻는다는 데는 의심할 여지가 없다. 두 가지 덕에 잠도 더 잘 자게 된다.

2. '제품' 이름을 대야 한다면, 난 중력 담요에 투자하라고 하고 싶다 (245쪽 참고). 확실히 1) 따뜻함이 오래가고, 2) 가을철이랑 겨울철에 더 깊게 자는 데 도움이 된다.

3. 불면증을 위한 인지 행동 치료 원칙. 이 마지막 본문을 쓰기 전날 밤에 잠을 설쳤다. 책을 끝마칠 무렵이라 제법 '흥분'해서 그랬으리라. 아니면 내가 해낸 일에 용기를 얻어서 그랬을 수도 있다. 프레가발린도 몇 밀리그램 확 줄었다. 만세! 불면증은 약을 점점 줄이면서 생기는 부작용이다.

새벽 2시가 되어서야 잠이 들었다. 악몽을 꾸다가 새벽 3시 30분에 깼다. 공황 상태나 절망에 빠질 수도 있었다. 하지만 그러지 않았다. 아래층에 내려가서 뜨거운 차를 끓이고는 방으로 가져와서 책을 한 권 집어 들었다. 한밤중에 "문제를 문제로 바꾸어 놓지 말자"라고 큰 소리로 말했다(티미미 박사님, 고마워요).

소피 보스토크 박사가 생각하듯이 내 수면 압력이 쌓여서 다시 피곤해졌으리라. 그래서 씨름 좀 했다. 책을 엄청 재미나게 읽고 있었으니까. 하지만 새벽 4시에 뻗어 버렸다. 새벽 5시 30분까지 잤다. 그 다음에는 또 아침 7시까지 잤다. 4시간 30분이니까 '4시간 법칙'에 들어간 셈이다.

1년 차 때보다 대체로 정서적으로 더 쾌활하다. 별안간 끝난 결혼 생활이 이 모든 일의 기폭제가 되긴 했다. 꽤 큰 사건이라는 점을 인정해야 한다. 하지만 이런 일이 또 일어날지 모른다는 두려움에 누군가를 사랑하는 일에 마음의 문을 닫아 버리겠다는 뜻은 아니다. 난 여러 사람하고 정서적으로 두텁게 연결되어 있기도 하다. 연애 상대만 있는 게 아니다. 상처받는 일도 삶의 일부다.

난 매일매일과 일상에서 얻는 작은 기쁨이 좋다. 물론 재난이 곳곳에서 도사리고 있긴 하다. 2020년 초에 전 세계에서 목격하지 않았나? 또다시 무너질 수도 있다. 하지만 그렇게 안 될 가능성도 조금은 있겠지.

내가 내리막길을 내려갈 때 도움을 받을 만한 구절이다.

바즈 루어만 감독의 〈댄싱 히어로〉: "두려움에 떨며 사는 인생은 반쪽짜리 인생이다."

라이너 마리아 릴케: 계속해 나가라. 어떤 감정도 끝이 아니다.

크리스 위티 교수가 코로나 팬데믹 때 해서 유명해진 말: 다음 장으로 넘겨 주세요.*

12단계 프로그램에서 살짝 수준 낮게 바꾼 말: 오늘만은. 난 빌어먹게 잘하고 있다.

그리고 내가 하는 말: 계속해 나가자!

2021년 1월 13일

7시간, 20분(6시간 동안 꽤 많이 잠. 낮잠도 80분 잠)

매직 넘버에 도달했다.

실눈을 뜨고 시계를 보면서 졸린 눈으로 눈썹을 추켜세운다. 놀라우면서도 기분이 좋다. 알렉사한테 라디오 4 채널을 틀어 달라고 한다. 잠이 솔솔 오게 하는 도미니크가 큰 목소리로 쉴 새 없이 경제 뉴스를 떠들어댄다. 몸을 뒤집고 이불을 몸에 감싸 모은다. 그리고 다시 잠든다.

---

* 영국 최고 의료 책임자인 크리스 위티 교수가 코로나 관련 발표를 하던 도중 다음 PPT 슬라이드로 넘어가 달라(Next slide, please)고 한 말인데, 이것이 인기를 끌었다. 유튜브에 해당 장면을 편집한 영상이 여러 개 올라가 있기도 하고, 온라인 쇼핑몰에서 크리스 위티 교수의 사진과 글귀가 찍힌 컵을 팔기도 하는 걸 보니 영국 내에서 유행어가 된 듯하다.-옮긴이

주석

웹사이트는 모두 2021년 2월에 접속함.

추천의 글

Espie, C. A., Emsley, R., Kyle, S. D., Gordon, C., Drake, C. L., Siriwardena, A. N., ... & Luik, A. I. (2019). Effect of digital cognitive behavioral therapy for insomnia on health, psychological well-being, and sleep-related quality of life: A randomized clinical trial. *JAMA Psychiatry, 76*(1), 21–30.

Longstreth, W. T. J., Koepsell, T. D., Ton, T. G., Hendrickson, A. F., & van Belle, G. (2007). The epidemiology of narcolepsy. *Sleep, 30*(1), 13–26.

Morin, C. M., & Benca, R. (Mar. 2012). Chronic insomnia. *Lancet, 379*(9821), 1129–1141.

Pigeon, W. R., Bishop, T. M., & Krueger, K. M. (2017). Insomnia as a precipitating factor in new onset mental illness: A Systematic review of recent findings. *Current Psychiatry Reports, 19*(8), 44.

1장: 어둠이 밀려오다

27쪽, 불면증이란?

Dr Sophie Bostock, interview with author, November 2020.

Healthline (24 Jul. 2020). Everything you need to know about insomnia. Retrieved from www.healthline.com/health/insomnia

Lubit, R. H. (21 Aug. 2019). Sleep–wake disorders clinical presentation. *Medscape.*

Mayo Clinic (15 Oct. 2016). Insomnia. Retrieved from www.mayoclinic.org/diseases-conditions/insomnia/symptomscauses/syc-20355167

Roth, T. (2007). Insomnia: Definition, prevalence, etiology, and consequences. *Journal of Clinical Sleep Medicine, 3*(5 suppl), S7–S10.

Saddichha, S. (2010). Diagnosis and treatment of chronic insomnia. *Annals of Indian Academy of Neurology, 13*(2), 94–102.

Sleep Foundation (4 Sep. 2020). Insomnia. Retrieved from www.sleepfoundation.org/insomnia

Sleep Foundation (22 Jan. 2021). Women and sleep. Retrieved from www.sleepfoundation.org/women-sleep

32쪽, 첫 번째 불면증 정류장: 지역 보건의

Dr Sarah Levy, interview with author, June 2020.

34쪽, 7월 21일, 수면 위생

Sleep Foundation (14 Aug. 2020). Sleep hygiene. Retrieved from www.sleepfoundation.org/sleep-hygiene

Sleep.org. What is sleep hygiene. Retrieved from www.sleep.org/sleep-hygiene

UT News (19 Jul. 2019). Take a warm bath 1–2 hours before bedtime to get better sleep, researchers find. Retrieved from www.news.utexas.edu/2019/07/19/take-a-warm-bath-1-2-hours-before-bedtime-to-get-better-sleep-researchers-find/

36쪽, 수면제, 항우울제와 기타 '수면 보조제'

Barnard, K., Peveler, R. C., & Holt, R. I. (2013). Antidepressant medication as a risk factor for type 2 diabetes and impaired glucose regulation: Systematic review. *Diabetes Care, 36*(10), 3337–3345.

Dr Sophie Bostock, interview with author, September 2020.

Fiore, V. (11 Sep. 2020). Antidepressants dispensed up almost a quarter in last five years. Chemist + Druggist. Retrieved from www.chemistanddruggist.co.uk/news/antidepressants-dispensed-almost-quarter-last-five-years

Grigg-Damberger, M. M., & Ianakieva, D. (2017). Poor quality control of over-the-counter melatonin: What they say is often not what you get. *Journal of Clinical Sleep Medicine, 13*(2), 163–165.

Harvard Health Publishing (2019). Improving sleep: A guide to a good night's rest. A Harvard Medical School Special Health Report, 24–27.

Healthline (25 Feb. 2020). Why withdrawal symptoms can be serious when someone stops taking antidepressants. Retrieved from www.healthline.com/health-news/antidepressants-physical-dependence-withdrawal-symptoms

Kirsch, I. (2014). Antidepressants and the placebo effect. *Zeitschrift für Psychologie, 222*(3), 128–134.

Mind (Aug. 2016). Sleeping pills and minor tranquillisers. Retrieved from www.mind.org.uk/information-support/drugsand-treatments/sleeping-pills-and-minor-tranquillisers/about-sleeping-pills-and-minor-tranquillisers/

National Institute for Health and Care Excellence (15 Jan.2015). Hypnotics. Retrieved from www.nice.org.uk/advice/ktt6/resources/hypnotics-pdf-1632173521093

Public Health England (3 Dec. 2020). Prescribed medicines review: Summary. Retrieved from www.gov.uk/government/publications/prescribed-medicines-review-report/prescribed-medicines-review-summary

42쪽, 7월 23일

Diamond, J. (2001). *Snake Oil and Other Preoccupations*. Vintage.

Preston, P. (1 Jul. 2001). Polished Diamond. *The Observer*. Retrieved from www.theguardian.com/theobserver/2001/jul/01/society

46쪽, 잠은 얼마나 자야 하고, 언제 자야 할까?

American Psychological Association (May 2020). Why sleep is important. Retrieved from www.apa.org/topics/sleep/why

Dr Sophie Bostock, interview with the author, July 2019.

Capuccio, F. P., D'Elia, L., Strazzullo, P., & Miller, M. A.(2010). Sleep duration and all-cause mortality: A systematic review and meta-analysis of prospective studies. *Sleep, 33*(5), 585–592.

Centers for Disease Control and Prevention (2017). How much sleep do I need? Retrieved from www.cdc.gov/sleep/about_sleep/how_much_sleep.html

Consensus Conference Panel, Watson, N. F., Badr, M. S., Belenky, G., Bliwise, D. L., Buxton, O. M., ... & Tasali, E.(2015). Recommended amount of sleep for a healthy adult: A joint consensus statement of the American Academy of Sleep Medicine and Sleep Research Society. *Journal of Clinical Sleep Medicine, 11*(6), 591–592.

Harvard Health Publishing (Aug. 2019). How much sleep do we really need? Retrieved from www.health.harvard.edu/staying-healthy/how-much-sleep-do-we-really-need

Sleep Foundation (31 Jul. 2020). How much sleep do we really need? Retrieved from www.sleepfoundation.org/how-sleep-works/how-much-sleep-do-we-really-need

University of Warwick (May 2010). Short sleep increases risk of death & over long sleep can indicate serious illness. Retrieved from www.warwick.ac.uk/newsandevents/pressreleases/short_sleep_increases/

53쪽, 언제 정신과 의사한테 보내며, 가면 무슨 일이 일어날까?

Mind. Drugs and treatments. Retrieved from www.mind.org.uk/information-support/drugs-and-treatments/

Mind (2016). Psychiatric medication: Drug names A–Z. Retrieved from www.mind.org.uk/information-support/drugs-and-treatments/medication/drug-names-a-z/

Mind (2016). Psychiatric medication: What is psychiatric medication? Retrieved from www.mind.org.uk/informationsupport/drugs-and-treatments/medication/about-medication/

Dr Sami Timimi, interview with author, June 2020.

61쪽, 일시적인 불면증에서 완전한 만성 불면증이 되는 원인은?

Dr Sophie Bostock, interview with author, December 2020.

2장: 이리저리 뒤척이기

67쪽, 탄수화물을 더 먹거나 덜 먹어라.

Afaghi, A., O'Connor, H., & Chow, C. M. (2007). Highglycemic-index carbohydrate meals shorten sleep onset. *The American Journal of Clinical Nutrition, 85*(2), 426–430.

Gangwisch, J. E., Hale, L., St-Onge, M. P., Choi, L., LeBlanc, E. S., Malaspina, D., ... & Lane, D. (2020). High glycemic index and glycemic load diets as risk factors for insomnia: Analyses from the Women's Health Initiative. *The American Journal of Clinical Nutrition, 111*(2), 429–439.

68쪽, 인지 행동 치료를 받아 봐라.

NHS (16 Jul. 2019). Overview: Cognitive behavioural therapy (CBT). Retrieved from www.nhs.uk/conditions/cognitive-behavioural-therapy-cbt/

74쪽, 자살 충동을 느낄 때 해야 할 일

Mind (2020). Suicidal feelings. Retrieved from www.mind.org.uk/media-a/6164/suicidal-feelings-2020.pdf

Rilke, R. M. (1996). Go to the limits of your longing. In: Macy, J., & Barrows, A. (trans.). *Rilke's Book of Hours: Love Poems to God*. Riverhead Books.

91쪽, 불면증: 신체 건강에 어떻게 영향을 끼칠까?

Dr Sophie Bostock, interview with author, July 2010.

Harvard Health Publishing (2019). Improving sleep: A guide to a good night's rest. A Harvard Medical School Special Health Report.

Kim, H., Hegde, S., LaFiura, C., et al. (2021). COVID-19 illness in relation to sleep and burnout. *BMJ Nutrition, Prevention & Health*

100쪽, 2월 9일

Dr Sarah Levy, interview with author, August 2020.

Lubit, R. H. (5 Nov. 2018). What are the DSM-5 diagnostic criteria for borderline personality disorder (BDP)? *Medscape*.

105쪽, 성격 장애

American Psychiatric Association (Nov. 2018). What are personality disorders? Retrieved from www.psychiatry.org/patients-families/personality-disorders/what-are-personalitydisorders

Dr Sophie Bostock, interview with author, September 2020.

Freedenthal, S. (15 Oct. 2013). Should we abolish the diagnosis of borderline personality? [blog]. GoodTherapy. Retrieved from www.goodtherapy.org/blog/should-we-abolish-thediagnosis-of-borderline-personality-1015134

Mayo Clinic (23 Sep. 2016). Personality disorders. Retrieved from www.mayoclinic.org/diseases-conditions/personality-disorders/symptoms-causes/syc-20354463

NHS (12 Oct. 2020). Personality disorder. Retrieved from www.nhs.uk/conditions/personality-disorder/

Rethink Mental Illness. Personality disorders. Retrieved from www.rethink.org/advice-and-information/about-mentalillness/learn-more-about-conditions/personality-disorders/

Dr Sami Timimi, interview with author, August 2020.

113쪽, 헤더 애쉬튼과 <애쉬튼 매뉴얼>에 관해

Ashton, C. H. (Aug. 2002). *Benzodiazepines: How They Work and How to Withdraw* (aka *The Ashton Manual*). Retrieved from www.benzo.org.uk/manual/bzcha00.htm

www.benzo.org.uk

114쪽, 하지만 빌어먹을 벤조를 끊으려 하면 삶은 더 형편없어진다…

Moncrieff, J. (2020). *A Straight Talking Introduction to Psychiatric Drugs: The Truth About How They Work and How to Come Off Them* [second edition]. PCCS Books, 147.

115쪽, 중독이냐 의존이냐? 이해하기

Addiction Center (30 Nov. 2020). Addiction vs. dependence. Retrieved from www.addictioncenter.com/addiction/addiction-vs-dependence/

Dr Mark Horowitz, interview with author, March 2021.

127쪽, 12단계 프로그램

Alcoholics Anonymous. The Twelve Steps of Alcoholics Anonymous. Retrieved from www.alcoholics-anonymous.org.uk/about-aa/the-12-steps-of-aa

Nicky Walton-Flynn, interview with author, July 2020.

Wilson, W. G. (1939). *Alcoholics Anonymous: The Story of How More Than One Hundred Men Have Recovered from Alcoholism.* The Anonymous Press.

140쪽, 재활 치료소 - 다 어디서부터 잘못되었을까?

Nicky Walton-Flynn, interview with author, July 2020.

141쪽, 벤조 끊기: 무슨 일이 일어날까?

Melanie Davis, interview with author, July 2020.

155쪽, 10년 차: 미래에서 온 쪽지

Moncrieff, J. (2020). *A Straight Talking Introduction to Psychiatric Drugs: The Truth About How They Work and How to Come Off Them* [second edition]. PCCS Books, 147.

157쪽, 1월 14일

Letter to author and her GP from private psychiatrist.

158쪽, 정신증의 정의

NHS (10 Dec. 2019). Overview: Psychosis. Retrieved from www.nhs.uk/conditions/psychosis/

Dr Sami Timimi, interview with author, August 2020.

163쪽, 3월 3일

Letter to author and her GP from private psychiatrist.

175쪽, 수면 측정기에 관해

Glazer Baron, K., Abbott, S., Jao, N., Manalo, N., & Mullen, R. (2017). Orthosomnia: Are some patients taking the quantified self too far? Journal of Clinical Sleep Medicine, 13(2), 351–354.

Professor Guy Leschziner, interview with author, August 2019.

178쪽, 1월 23일

Letter to author and her GP from NHS psychiatrist.

180쪽, 사미 티미미 박사가 나중에 하는 말

Dr Sami Timimi, interview with author, August 2020.

181쪽, 6월 15일

Letter to author and her GP from NHS psychiatrist.

183쪽, 6월 6일

Letter to author and her GP from NHS psychiatrist.

190쪽, 수면의 구조

National Institute of Neurological Disorders and Stroke(13 Aug. 2019). Brain basics: Understanding sleep. Retrieved from www.ninds.nih.gov/Disorders/Patient-Caregiver-Education/Understanding-Sleep

Schneider, L. (2017). Anatomy and physiology of normal sleep. In: Miglis, M. G. (ed.). *Sleep and Neurologic Disease.* Academic Press, 1–28.

195쪽, 12월 14일

Letter to author and her GP from sleep specialist.

3장: 커튼 걷기

202쪽, 역설적 불면증이냐, 수면 인식 장애냐

Professor Guy Leschziner, interview with author, September 2020.

Wikipedia (12 Jan. 2021). Sleep state misperception. Retrieved from https://en.wikipedia.org/wiki/Sleep_state_misperception

206쪽, 12월 19일

Letter to author and her GP from NHS psychiatrist.

219쪽, 5월 22일

Levy, M. (22 May 2019). Insomnia robbed me of my job, family, and sanity. Daily Mail. Retrieved from www.dailymail.co.uk/femail/article-7059837/Insomniarobbed-job-family-sanity-former-editor-Mother-Babymagazine.html

220쪽, 5월 25일

Fortune Business Insights (Aug. 2020). Fitness tracker market size, share & COVID-19 impact analysis. Retrieved from www.fortunebusinessinsights.com/toc/fitness-trackermarket-103358

McGurk, S. (31 Mar. 2020). The business of sleep. GQ Magazine. Retrieved from www.gq-magazine.co.uk/lifestyle/article/the-business-of-sleep

RAND Europe (30 Nov. 2016). Lack of sleep costing UK economy up to £40 billion a year. Retrieved from www.rand.org/news/press/2016/11/30/index1.html

222쪽, 6월 5일

Letter to author and her GP from NHS psychiatrist.

224쪽, 그래서 프레가발린은 뭘까?

Green, K., O'Dowd, N. C., Watt, H., Majeed, A., & Pinder, R. J. (2019). Prescribing trends of gabapentin, pregabalin, and oxycodone: A secondary analysis of primary care prescribing patterns in England. *BJGP Open, 3*(3).

Professor David Healy, interview with author, September 2019.

226쪽, 6월 18일

Levy, M. (18 Jun. 2019). I've just woken up from a seven-year news coma – what have I missed? *Daily Telegraph*. Retrieved from www.telegraph.co.uk/women/life/justwoken-seven-year-news-coma-have-missed/

231쪽, 불면증을 위한 인지 행동 치료

Dr Sophie Bostock, interview with author, September 2020.

Drake, C., Roehrs, T., Shambroom, J., & Roth, T. (2013). Caffeine effects on sleep taken 0, 3, or 6 hours before going to bed. *Journal of Clinical Sleep Medicine*, 9(11), 1195–1200.

Sleepio. CBT for insomnia – the science behind Sleepio. Retrieved from www.sleepio.com/cbt-for-insomnia/

www.thesleepscientist.com/

235쪽, 7월 11일

Burchill, J. (7 Jun. 2020). Psychedelic dreams are the best thing about lockdown. *Telegraph*. Retrieved from www.telegraph.co.uk/news/2020/06/07/psychedelic-dreamsbest-thing-lockdown/

236쪽, 아침형 인간이냐, 저녁형 인간이냐? 당신의 '크로노타입'은?

Dr Sophie Bostock, interview with author, August 2019.

Curtis, B. J., Ashbrook, L. H., Young, T., Finn, L. A., Fu, Y. H., Ptáček, L. J., & Jones, C. R. (2019). Extreme morning chronotypes are often familial and not exceedingly rare: The estimated prevalence of advanced sleep phase, familial advanced sleep phase, and advanced sleep–wake phase disorder in a sleep clinic population. *Sleep*, 42(10), zsz148.

MasterClass (2 Feb. 2021). How to determine your chronotype and ideal sleep schedule. Retrieved from www.masterclass.com/articles/how-to-determine-your-chronotype

Sleep Foundation (8 Jan. 2021). Chronotypes. Retrieved from www.sleepfoundation.org/how-sleep-works/chronotypes

University of Birmingham (10 Jun. 2019). Night owls can 'retrain' their body clocks to improve mental well-being and performance. ScienceDaily. Retrieved from www.sciencedaily.com/releases/2019/06/190610100622.htm

242쪽, 수면이 부족하면 낮잠을 못 잔 아기가 되는 이유

Susan Quilliam, interview with author, September 2019.

247쪽, 칸나비디올

Harvard Health Publishing (24 Aug. 2018). Cannabidiol(CBD) – what we know and what we don't. Retrieved from www.health.harvard.edu/blog/cannabidiol-cbd-what-we-know-and-what-we-dont-2018082414476

Heathline (11 May 2020). CBD for insomnia: Benefits, side effects, and treatment. Retrieved from www.healthline.com/health/cbd-for-insomnia

Medical News Today (29 Sept. 2020). Does CBD help treat insomnia? Retrieved from www.medicalnewstoday.com/articles/cbd-for-insomnia

Shannon, S., Lewis, N., Lee, H., & Hughes, S. (2019). Cannabidiol in anxiety and sleep: A large case series. *The Permanente Journal*, 23, 18–41.

248쪽, 침구 관련 짧은 메모

Professor Adam Fox, interview with author, August 2019.

James O'Loan, interview with author, August 2019.

Warren, J. (26 Apr. 2019). Clostridiales, Neisseriales, and Fusobacteriales: The bacteria that lurks in four-week-old bedsheets. Time4Sleep. Retrieved from www.time4sleep.co.uk/blog/clostridiales-neisseriales-and-fusobacteriales-the-bacteria-that-lurks-in-four-week-oldbedsheets

Warren, J. (28 Feb. 2020). How often should you change your bed sheets. Time4Sleep. Retrieved from www.time4sleep.

co.uk/blog/how-often-should-you-change-your-bed-sheets

256쪽, 8월 25일

Dr Sophie Bostock, interview with author, July 2019.

Breus, M. (23 Jul. 2019). 7 ways to sleep better in the next heatwave. The Sleep Doctor. Retrieved from www.
thesleepdoctor.com/2019/07/23/sleep-better-next-heat-wave/

Department of Health, Government of Australia. Sleeping in very hot weather. Retrieved from www.healthywa.wa.gov.
au/Articles/S_T/Sleeping-in-very-hot-weather

Medical News Today (14 Mar. 2020). What happens if you drink too much water? Retrieved from www.medicalnewstoday.
com/articles/318619

Somerset Urology Associates (26 Oct. 2013). Drink three litres of water a day or risk kidney stones warns expert as
hospital admissions for renal conditions rise. Retrieved from www.somerseturology.co.uk/food-tips/water-a-day-or-risk-
kidney-stones/

259쪽, 겨울에 잠자기

Dr Sophie Bostock, interview with author, November 2020.

Breus, M. (9 Dec. 2019). Why is my insomnia worse in winter? Your cold-weather sleep questions answered. The Sleep
Doctor. Retrieved from www.thesleepdoctor.com/2019/12/09/why-is-my-insomnia-worse-in-winter-your-cold-weather-
sleep-questions-answered/

Haghayegh, S., Khoshnevis, S., Smolensky, M. H., Diller, K. R., & Castriotta, R. J. (2019). Before-bedtime passive body
heating by warm shower or bath to improve sleep: A systematic review and meta-analysis. *Sleep Medicine Review*
Aug(46), 124–135.

261쪽, 장거리 비행사에게 배우는 수면

Dr Sophie Bostock, interview with author, October 2019.

Captain Charles Everett, interview with author, October 2019.

후기

274쪽, 꿈의 배후에 과연 과학이 있을까?

Professor Guy Leschziner, interview with author, April 2020.

275쪽, 흔한 꿈에는 무슨 뜻이 있을까?

Atherton, S. The 10 most common dreams & what they mean. Dreams. Retrieved from www.dreams.co.uk/sleep-matters-
club/the-10-most-common-dreams-what-they-mean/

Professor Guy Leschziner, interview with author, April 2020.

281쪽, 자, 나한테 대체 무슨 일이 일어난 걸까? 왜 다시 나아졌을까?

Ashton, C. H. (2004). Protracted withdrawal symptoms from benzodiazepines. Retrieved from www.benzo.org.uk/pws04.
htm

참고 도서와 자료

책

Professor David Healy, *Psychiatric Drugs Explained*, London: Churchill Livingstone, 2016

Professor Guy Leschziner, *The Nocturnal Brain: Nightmares, Neuroscience and the Secret World of Sleep*, London: Simon & Schuster, 2019

Dr Guy Meadows, *The Sleep Book: How to Sleep Well Every Night*, London: Orion, 2014

Professor Joanna Moncrieff, *A Straight Talking Introduction to Psychiatric Drugs: The Truth About How They Work and How to Come Off Them*, second edition, Monmouth: PCCS Books, 2020

Dr Sami Timimi, *Insane Medicine: How the Mental Health Industry Creates Damaging Treatment Traps and How You Can Escape Them*, self-published, 2021

Matthew Walker, *Why We Sleep: The New Science of Sleep and Dreams*, London: Penguin, 2018

도움 되는 웹사이트와 자료

Note: *If you live outside the UK, speak to your doctor about where to seek help and they should be able to direct you to the appropriate resources.*

samaritans.org

    Call the Samaritans on 116 123

giveusashout.org

    text 'SHOUT' to 85258

mind.org.uk

Alcoholics Anonymous: alcoholics-anonymous.org.uk

Allergy UK: allergyuk.co.uk

American Psychiatric Association: psychiatry.org

benzo.org.uk

benzobuddies.org/forum

Bristol & District Tranquilliser Project: btpinfo.org.uk

www.changegrowlive.org

    www.changegrowlive.org/recovery-experience-sleeping-pills-and-tranquillisers-rest

    www.changegrowlive.org/advice-info/alcohol-drugs/drugs-chat-to-someone-online

Council for Information on Tranquillisers, Antidepressants, and Painkillers: citap.org.uk

DermaSilk: dermasilk.co.uk

Mad In America: madinamerica.com

Mayo Clinic: mayoclinic.org

Narcotics Anonymous: ukna.org

nhs.uk

Rethink Mental Illness: rethink.org

Sleepio: sleepio.co.uk

Dr Sophie Bostock: thesleepscientist.com

Dr Michael Breus: thesleepdoctor.com

전문 학자

소피 보스토크 박사는 노팅엄대학교에서 의학을 전공한 뒤 기업가 정신으로 이학 석사 학위를 받았으며, 유니버시티 칼리지 런던에서 건강 심리학 박사 학위를 받았다. 보스토크 박사는 불면증을 위한 인지 행동 치료 프로그램인 슬리피오가 영국 인구의 5번째 국민 서비스에서 성공적으로 활용되도록 힘썼다. <테드 엑스>와 <톡스 앳 구글>에서 연설했으며, 영국 내 언론에 수면 전문가로 꼬박꼬박 출연한다.

멜라니 데이비스는 레스트(회복, 경험, 수면제와 신경 안정제를 뜻함) 운영자다. 레스트는 수면제와 벤조디아제핀을 복용한 사람을 돕는 서비스를 제공하는 단체다. 데이비스는 증거 기반 정신 의학 협회 회원이자 처방 약 의존성을 위한 초당파 의원 그룹의 일원이기도 하다. 처방 약에 의존하는 성인 3000명 이상을 정서적으로 지지하며 실용적인 도움을 주었다.

마크 호로위츠 박사는 정신과 수련의이자 유니버시티 칼리지 런던 정신 의학부 연구원이다. 원래는 호주 시드니 출신이다. 2015년에 정신 의학 연구소에서 항우울제의 신경 생물학적 효과를, 킹스 칼리지 런던에서 심리학과 신경 과학을 연구해 박사 학위를 마쳤다. 정신 의학에서의 합리적 처방에 관심이 있다. 여기에는 탈처방이 포함된다. 이는 약물을 중단하는 시기와 방법을 다루는 것이다. 호로위츠 박사는 현재 임상 연구원으로서 항정신병 약 중단과 축소를 시험하고 있다. 항우울제를 중단하는 방법에 관한 영국 왕립 정신 의학회 지침을 공동 저술하기도 했다.

가이 레시자이너 교수는 킹스 칼리지 런던 신경학과 수면 의학 교수다. 가이 병원 수면 장애 센터를 이끈다. 이는 유럽에서 으뜸가는 수면 클리닉이다. 레시자이너 교수는 『야행성 뇌: 악몽, 신경 과학과 수면이라는 비밀의 세계The Nocturnal Brain: Nightmares, Neuroscience and the Secret World of Sleep』(국내 미출간)의 저자이며, BBC 라디오 4 채널에서 <수면 미스터리> 진행자로 활동하고 있다.

조애나 몬크리프 교수는 뉴캐슬대학교에서 의학을 전공한 뒤 런던과 동남부 지역에서 정신 의학을 수련했다. 정신 재활 입원 환자실에서 10년간 정신과 전문의로 근무했으며, 지난 3년 동안에는 런던 북동부 정신 건강 서비스에서 활동했다. 유니버시티 컬리지 런던에서 강의와 연구를 하고 있으며, 비판 정신 의학 네트워크의 창립자이자 공동 의장이기도 하다.

수잔 퀼리암은 심리학자이자, 관계 코치이자, 작가이자, 고민 상담사다. 성과 관계 치료사 컬리지의 조교수이며, 왕립 의학 협회 준회원이다. '릴레이트 케임브리지' 대표이자 '아웃사이더스' 자선 단체 홍보대사이기도 하다.

앤서니 스톤은 개인 병원에서 30년 이상 심리 치료사로 근무했다. 그전에는 재계에서 일했다. 실존주의와 인본주의를 지향하며, 정신분석학에 정통하다. 약의 효험성을 신뢰하지 않으며, 최소 70살이 되기 전까지는 누구도 심리 치료사가 되면 안 된다고 믿는다. 심리 치료는 '나이 든 사람'이 하는 일이기 때문이라고 한다.

사미 티미미 박사는 소아청소년과 전문의이자 아동 정신 의학과 정신 건강 개선 분야 방문 교수다. 링컨셔에서 거주하며 일하고 있다. 정신 건강을 비판적인 관점에서 바라보며 글을 쓰기도 한다. 유년기, 정신 요법, 행동 장애를 주제로 책을 출간하기도 했다. 최근에 출간한 책으로는 『미친 정신 의학: 정신 건강 산업이 치료라는 덫을 놓는 방식과 이를 빠져나가는 방법Insane Medicine: How the Mental Health Industry Creates Damaging Treatment Traps and How You Can Escape Them』(국내 미출간)이 있다.

니키 월튼-플린은 중독 심리학자이자 트라우마 치료사다. 2007년에 런던 중독 치료를 설립했다. 니키는 런던에 있는 사설 주거형 재활 치료소에서 근무했다. 그뿐만 아니라 노숙자와 길거리 중독자가 입는 피해를 최소화할 수 있도록 돕는 자선 단체에서도 일했다.